강원용 나의 현대사

강원용 나의 현대사

젊은이에게 들려주는 나의 현대사 체험

1 엑소더스

한길사

Kang Won-Yong, My Historical Journey

1 Exodus
by Kang Won-Yong

Published by Hangilsa Publishing Co., Ltd., Korea, 2003

강원용 나의 현대사
1 엑소더스

지은이 강원용
펴낸이 김언호

펴낸곳 (주)도서출판 한길사
등록 1976년 12월 24일 제74호
주소 413-120 경기도 파주시 광인사길 37
홈페이지 www.hangilsa.co.kr
전자우편 hangilsa@hangilsa.co.kr
전화 031-955-2000~3   **팩스** 031-955-2005

디자인 창포   **출력** (주)써니테크 21   **인쇄** 오색프린팅   **제본** 광성문화사

제1판 제1쇄 2003년 6월 10일
제1판 제3쇄 2015년 2월 25일

값 17,000원
ISBN 978-89-356-5466-6 04900
ISBN 978-89-356-5465-9 (전 5권)

● 이 도서의 국립중앙도서관 출판시도서목록(CIP)은 서지정보유통지원시스템 홈페이지(seoji.nl.go.kr)와
  국가자료공동목록시스템(www.nl.go.kr/kolisnet)에서 이용하실 수 있습니다.
  (CIP제어번호: CIP2015004127)

크리스찬 아카데미에서 수락산을 바라보며. 산은 그 자리에 늘 우뚝 서 있지만 나의 삶은 현대사
의 격랑 속에서 늘 출렁이며 흘러왔다. 몸으로 부딪치며 참여해온 생생한 역사의 증언이라 할 수
있는 이 글이 후배들에게 조금이나마 보탬이 되기를 바라는 마음으로 붓을 잡는다.

용정에 있는 은진중학교에 다닐 때 나는 영양실조에 걸릴 만큼 배를 곯고 동상에 걸릴 정도로 추위에 떨었다. 하지만 학생회장으로서 적극적인 학생회 활동을 하는 한편 연극과 웅변을 열심히 했으며, 전도활동에도 심혈을 기울였다.

모교인 은진중학교의 정문과 교기, 교가, 교모(1937년). "발해나라 남경터에 흑룡강을 등에 지고 태백산을 앞에 놓은 장하다 은진"으로 시작되는 가사가 당시의 분위기를 느끼게 한다.

아래 _ 은진중학교의 은사들. 앞줄 오른쪽에서 세번째가 김재준 목사이다. 김재준 선생님과 만나면서 나는 신앙의 본질을 깨달았으며 인격적으로도 크게 감화를 받았다.

조지 브루스와 비원에서. 은진중학교 교장이었던 그가 1971년 한국을 방문해 반갑게 재회했다.

선린회 멤버들과 함께. 선린회는 '착한 사마리아인의 모습으로 고난받는 겨레를 위해 함께 살자'는 뜻으로 만든 기독청년 단체였다. 뒷줄 맨 왼쪽이 김재준 목사. 뒷줄 오른쪽에서 네번째가 필자이다.

좌우합작위원들과 함께. 앞줄 왼쪽부터 안재홍, 김붕준, 김규식. 가운데 줄 왼쪽에서 두번째가 필자이다.

일본 메이지학원 영문과 재학생 시절인 1940년 12월 27일 용정에서부터 선교활동을 함께하던 김명주와 용정의 동산교회에서 결혼식을 올렸다. 남녀 들러리를 각각 세 사람씩 세운 신식 결혼식 이었다.

위 _ 약혼기념사진

아래 _ 결혼 청첩장

오른쪽 _ 우리 부부의 30대 시절 모습

강원용 나의 현대사

젊은이에게 들려주는 나의 현대사 체험

1 엑소더스

강원용 나의 현대사

1 엑소더스

젊은 날의 초상

빈민운동가 가가와를 만나다

결혼을 하다

쫓기는 삶

인간의 얼굴을 가진 야만

아! 해방

해방공간의 카오스

누가 참다운 영웅인가

친탁인가 반탁인가

민족의 큰 별들이 암살에 희생되다

우리 세대는 모두 죄인이다

역사의 언덕에서 내가 본 것은

• 머리말

나는 러시아에서 볼셰비키 혁명이 일어난 1917년 한반도에서 태어났다. 그때 한반도는 나라 잃은 민족의 땅이었다. 내가 두 살 되던 해 3·1운동이 일어났는데, 이후 나의 젊은 시절은 일제의 거센 탄압과 착취의 연속이었다. 그 시절 나는 가난한 화전민촌의 소년가장으로 농사를 지어 대가족을 부양했고, 만주와 일본에서는 배고픔과 나라 잃은 설움을 참으며 배움에 목말라하던 식민지 청년이었다.

수천 년 역사 속에서 겨우 86년의 짧은 세월을 살아왔으나 그 세월 동안 내게 일어난 사고의 변천, 특히 종교적 사회적 사고의 엄청난 변화와 함께 급변하는 역사의 격랑 속에서 내가 겪은 일들을 생각해보면 적어도 천 년 이상 살아온 느낌이다.

이런 격랑의 세월을 헤쳐오며 내 눈으로 보고 내 머리로 판단하고 내 몸으로 겪어온 일들을 사실 그대로 써보고 싶었다. 죽은 뒤에 하나님 앞에 나아가 내 삶을 심판받기 전에 나와 함께 살아온 사람들 앞에서 나를 장식해온 모든 옷을 벗어버리고 심판을 받고 싶었다. 더욱이 이 기간 동안 일어난 일에 대해 너무도 많이 왜곡된 기록들이 계속해 나오는 것을 보면서 이 역사의 법정에 증인, 또는 배심원이 되어야 할 책임감마저 느끼게 되었다.

내 곁에서 함께 일해온 여성신문사 이계경 사장이 내 뜻을 알고 후배 몇 명과 함께 나의 기록을 『빈들에서』라는 제목을 붙여 세 권의 책으로 펴냈는데, 이 책에 대한 반응이 기대 이상으로 좋았다. 그러나 그로부터 10년이 지나 그 책을 보니 '악의 영들이 사는 빈들'이라고 너무 부정적으로 역사를 그렸던 점과 미래지향적이지 못한 점이 눈에 띄었다. 그래서 아직 뇌 세포가 건전하게 활동하는 동안 새로운 시각으로, 불필요한 오해를 일으킨 점들을 고려해 그 내용을 보충하고 수정하고 싶은 마음이 들었다.

이 뜻을 평소 믿고 아껴온 한길사의 김언호 사장에게 의논했더니 아예 새로 다섯 권을 써보라고 제안하였다. 그는 수십 년 후에도 학설로서가 아니라 몸으로 부딪치며 참여해온 생생한 역사의 증언으로서 이 책을 찾는 사람들이 있을 것이라고 용기를 북돋아주었다. 이렇게 해서 『빈들에서』 세 권의 내용을 수정하고 새로 두 권 이상의 원고를 써서 이 책을 내게 되었다.

독선적이고 폐쇄적으로 대립하는 역사 속에서 나는 양극을 넘어선 제3지대에 내가 설 자리를 마련하려고 애쓰며 살아왔다. '중간 그리고 그것을 넘어서'(between and beyond) 살고자 했던 나는 항상 양극 사이에서 좁고 험한 길을 걸어야 했고, 나를 잘못 이해하는 사람들에게 중간파, 때로는 회색분자 취급도 받았다. 그러나 어느 편은 절대 선이고 그 반대편은 절대 악이란 사고방식은 옳지 않다고 보았기에 이를 해소하고자 1959년 크리스챤아카데미 운동을 시작하면서 '대화'로 각 방면의 대립을 해소하고 화해의 길을 열기 위해 노력했다.

이 책을 쓰는 데도 그런 어려움이 있었다. 밝은 햇빛이 있으면 그림자가 있듯이 이 세상에 완전한 선은 존재하지 않기에 내 눈에는 완벽한 성자도 없고, 그렇다고 사형에 처해 없애버려야 할 악인도 존재하지 않는다. 이런 나의 생각 역시 절대 선이 아니면 절대 악으로 보는 이분법적 사고를 가진 사람들에게는 받아들여지기 어렵다는 것을 알고 있다. 그럼에도 역사 속에서 애국자로 존경받아온 사람들에게도 있게 마련인 어두운 면을 쓰지 않을 수 없으니, 그 부담이 감당하기 힘들 정도로 컸다. 이는 한 인간에 대해서 뿐만 아니라 모든 분야에서, 정도의 차이는 있어도 마찬가지였다.

종교간의 대화와 협력도 그렇다. 내가 믿는 예수 그리스도는 "너희 원수까지도 사랑하라, 우리가 믿는 하나님은 악한 사람이나 선한 사람이나 똑같이 태양빛을 비춰주고 비를 내려주신다"고 하셨다. 그런데 그 예수를 믿는 사람들의 믿음이 독실할수록 독선적이고 배타적인 닫힌 사람이 된다. 어느 종교를 가지고 있든 항상 자기가 절대적으로 옳다고 믿는 신앙 속에는 알게 모르게 과오가 있고, 나와 대립되는 믿음을 갖고 있거나 다른 종교를 가진 다른 집단 속에서도 나의 편견만 버리면 이해할 수 있는 정당

성을 발견할 수 있다. 이런 열린 사랑, 열린 사상, 열린 종교로 대화하고 협력해보려고 노력하며 살아온 나는 비판과 박해까지 받았다. 물론 나의 입장이나 주장에도 비판받아야 할 잘못이 있겠지만 이런 일로 평생 어려움을 겪으며 살아온 나로서는 아흔을 바라보는 나이에 다시 상처받는 일은 피하고 싶었다.

그러나 이제 얼마 남지 않은 나의 삶이 끝나기 전에 담담한 심정을 유지하면서 기록을 남겨놓으면 후배들이 이를 비판적으로 수용하여 우리 역사를 새로운 각도에서 이해하고 좌절 속에서 희망을 찾아 역사를 바로잡는 일에 참여하는 계기가 될 수도 있으리라 생각했다.

이 글은 권위 있는 전문가들이 쓴 자료를 참고하여 구성한 것이 아니라 내가 살아오며 경험한 일들을 내 기억에 의지해 기록한 것이다. 기억력을 더듬어 쓰자니 이미 잊어버린 것도 문제였지만 남아 있는 기억조차 확실한지 자신이 없어 자꾸 혼돈 상태가 되곤 했다. 나의 노화(老化)가 훨씬 심해졌다는 자괴감 때문에 몇 번이고 집어치우려 했으나 포기하고 중단할 용기도 없어 어쨌거나 마무리를 했다. 이제 이 책을 심판대 앞에 내놓게 되었으니 독자 여러분의 너무 가혹한 심판이 없기를 바랄 뿐이다.

이 책을 내는 데 힘이 되어준 많은 분들에게 감사 드릴 기회를 별도로 갖고자 하나 그 중에서도 이 책을 쓰도록 용기를 북돋아주고 출판해준 한길사 김언호 사장과 윤문해준 한경심 씨에게 감사한다. 또한 80여 년 간 나와 함께 우리 민족과 사회 개혁을 위해 애쓰다가 먼저 세상을 떠난 이들과 비명에 갔던 많은 사람들에게 마음 속 깊이 애도의 뜻을 보내며 이 책을 펴낸다.

2003년 5월 10일
백운대 기슭 여해기념관에서
여해(如海) 강원용

식민지 화전민의 아들

오랜 벗나무에 기대서서

내 연구실이 있는 크리스챤 아카데미 하우스 마당 가운데에는 한 그루 우람한 벗나무가 서 있다. 식당에서 밥을 먹을 때도 나는 되도록 이 벗나무가 가까이 보이는 창가에 앉는다. 이 토종 벗나무는 내겐 40년 지기의 친구 같은 나무다.

1963년 겨울, 함박눈이 내리는 날, 나는 북한산에 오르다가 지금 크리스챤 아카데미가 들어서 있는 이 땅을 만났다. 1965년 아카데미 건물 공사를 시작하면서 이 한국 토종 벗나무를 베어내지 않기 위해 건물 방향을 틀기까지 했는데, 그럼에도 뿌리가 다치고 말았다. 웬만하면 벗나무를 포기해야 할 상황이었지만, 나는 나무전문가를 불러 어떻게든 살려보려고 했다.

나무는 약병을 매달고 새끼줄을 두른 채 어렵게 생명을 이어나 갔다. 그러기를 3년, 1968년 봄 마침내 벗나무는 꽃망울을 터뜨렸다. 그 뒤로 해마다 봄이면 어김없이 연분홍 꽃을 피워 올렸다. 죽음의 문턱까지 갔다가 살아난 늙은 나무는 내가 지나갈 때마다 고맙다고 아는 체를 한다. 그러면 나는 대답한다.

"이 친구야, 그 동안 나는 이렇게 늙었는데 자네는 여전히 꽃을 피우고 있네그려."

그런데 얼마 전 그 벚나무가 이제는 더 이상 꽃을 피우지 못하리라는 소식을 들었다. 뿌리가 완전히 말라버려 나무로서 생명을 다했다는 것이다. 그 이야기를 들으며 나의 인생 역시 벚나무와 같다는 생각을 했다. 봄이 오면 꽃을 피우고 싶은 나무의 욕망처럼 내게도 더 살아서 마무리하고 싶은 일들이 있지만 산에 들에 무성한 초록빛처럼 새 세대들이 있지 않은가. 나의 벚나무 친구는 우리네 삶이 이 대자연 속에서 얼마나 작고 짧은 것인지를 가르쳐준다. 아울러 그 덧없음을 그리 아쉬워하지 말라는 것도.

한 자리에 뿌리를 박고 평생 움직이지 않고 버텨왔을 저 벚나무와는 달리 나의 인생은 끊임없이 출렁이며 흘러왔다. 나의 꿈도 사상도 신앙도 한 자리에 머물지 않고 끊임없이 변화해왔다. 내가 살아온 시대의 격랑이, 숱한 사람들과의 만남이, 나를 실어 이 자리에까지 왔다. 그러나 돌아보면 나의 뿌리는 그대로다. 나의 뿌리는 내 나이 열다섯에 처음 만난 그리스도의 사랑이고 살아오는 동안 그 뿌리는 더욱 깊어 갔다. 결국 중요한 건 사랑이라는 걸, 사랑말고 인간은 다른 뿌리를 가질 수 없다는 것을 발견한다.

저 벚나무가 척박한 땅에서 비바람을 견뎌온 것처럼 나의 인생도 고난과 시련의 연속이었다. 그러나 벚나무가 꽃을 피워왔듯이 나는 시련 속에서 사랑을 발견하고 확인해왔다. 그렇다. 그것이 내가 그리스도를 만난 이유라는 걸, 내가 열아홉 살 때 고민했던 '왜 태어났는가'라는 실존적인 물음에 대해 내 인생이 내게 가르쳐준 대답이라는 걸 알게 되었다.

예수님도 겟세마네 동산에서 심히 괴롭다고 하셨다. 기독교 가정집 응접실에서 흔히 마주치는 예수의 초상화에는 하얀 옷을 입고 긴 곱슬머리를 풀어내린 남자가 평화로운 모습으로 기도를 드리고 있다. 그러나 그때 그는 지옥의 한복판에서 '이마에 피땀을 흘리고' 있었던 게 아니었을까? 십자가에 못박히는 마지막 시련은 또 어떤가? 나는 그가 시련을 고통 없이 초월할 수 있었던 '슈퍼스타 지저스 크라이스트'였다고는 생각하지 않는다. 그는 괴로워하며 "왜 저를 버리시나이까"라고 외친 마음이 가난한 자였다.

그러나 그는 시련의 정점에서 좌절과 원망 대신 사랑을 보여준다. 자신을 못박은 이들을 용서해달라고 빌었고, 같이 십자가에 묶인 옆 사람에겐 천국을 약속했다. 심지어 자신을 그러한 시련과 고통의 운명에 던져넣은 하나님을 향해서도 "나의 하나님"이라고 불렀다.

"너희가 사는 동안 시련을 겪을 것이다. 그러나 이미 세상을 이겼다."

시련 속에서 승리를 보고 사랑을 발견하는 이 역설. 어쩌면 우리 인간이 살아가며 겪는 고난이나 시련은 사랑으로 나아가는 여정인지도 모른다. 시련과 고통 없이는 감사와 사랑을 깨닫기가 이토록 어려운 일임을, 아니 아예 불가능한 것인지도 모른다는 생각을 하게 된다.

나는 시련에 끄떡도 하지 않는 용감한 영웅이나 초월한 도인도 아니고, 그렇다고 시련에 무릎을 꿇어버린 패배자도 아니다. 그 저 보통 사람으로서 시련의 고통에 몸서리치면서, 그 속에서 내 가 깨달아야 하는 게 무언지, 무엇을 배워야 하는지 끊임없이 자 문하며 지내왔다. 그렇지만 시련 '때문에' 내가 고통스러웠다고 하소연하기보다는 시련에도 '불구하고', 더 나아가 시련을 '통해 서' 사랑을 확인했다. 사랑을 보는 것이야말로 내겐 진정한 초월 이자 승리였다.

성 프란체스코가 죽어가면서 갈대 잎 사이로 비친 햇살을 보며 하나님을 찬양한 것도 사랑이었다. 예수와 성 프란체스코가 느낀 사랑이 그저 아름답게 꾸민 말이나 전설일 뿐일까? 그건 아닐 것 이다. 아니, 신화나 전설이라고 해도 좋다. 여든을 훌쩍 넘긴 지 금 나는 믿는다. 사실이든 아니든 그것은 진실이라는 것을.

고집쟁이 울보 '증손이'

모든 인간이 그렇듯 나 역시 시련을 타고난 사람이다. 나는 식 민지에서, 가난한 화전민의 아들로 태어났다. 어느 시대, 어느 나 라에나 나름대로의 시련은 있게 마련이지만 하나님께서 내게 마 련해주신 시대와 땅은 신산하고 척박했다.

나는 일제의 무단통치가 극악했던 1917년, 함경남도 이원군(利 原郡) 남송면(南松面) 원평리(原坪里)라는 시골 마을에서 태어났다. 남송면에는 모두 18개 리가 있었는데, 이 중 원평리를 포함한 다섯 마을이 '다보(多寶)골'이라고 불렸다. 벼농사도 지을 수 없는 가난한 화전촌이 왜 다보골이라고 불렸는지는 알 수가 없다. 아마 보배로운 것이 너무도 없는 각박한 현실을 위로하기 위해 그처럼 아이러니컬한 속칭이 생겨난 것인지도 모르겠다.

나라를 잃은 땅에서, 게다가 가난한 화전민의 아들로 태어났지만 나의 출생은 우리 집안에서는 큰 기쁨이었다. 특히 시집온 지 10년 가깝도록 아들을 낳지 못해 죄인처럼 숨죽이며 살아온 어머니에겐 구원과도 같은 것이었다. 어머니가 나의 출생을 전후한 시절 이야기를 귀에 못이 박일 정도로 되풀이했던 것도 그 때문이리라.

그렇게 얻은 아들을 목숨처럼 사랑했던 어머니는 그 시대의 전형적인 촌부로 평생을 살다 가셨다. 호적에는 염효성(廉曉星)이라는 이름으로 올라 있었지만 '샛별'이라는 예쁜 이름으로 불렸다. 어머니는 농민의 딸로 태어나 열일곱 살 나던 해, 진주 강씨 집안의 장손인 열한 살 어린아이 강인옥(姜仁玉, 후에 浩然으로 개명)과 혼인했다. 아버지는 장가가던 날, 처가 담장 밑에 심어놓은 호박씨를 파서 까먹을 정도로 철부지 소년이었으므로 어머니는 혼인을 했다기보다 우리 집에 맏며느리로 말 그대로 '시집온' 셈이었다.

다보골 우리 집은 4대가 함께 사는 전형적인 대가족으로 증조부, 조부모, 부모, 숙부, 숙모 등 식구가 열 명이 넘었다. 한 남자의 아내 노릇보다 시조부의 손자며느리, 시부모의 며느리 노릇이 더 중하고, 거기다 시동생과 시누이들 시중까지 들어야 하는 처지가 된 어머니의 시집살이는 고달픔과 고초의 연속일 수밖에 없었다.

유교 가정의 장손이었던 아버지는 부부유별의 법도에 묶여 아내에게 따뜻하게 대해주지 못했다. 당시 대다수 조선 여인의 삶이 그러했듯, 어머니의 삶은 가부장적 대가족 속에서 순종과 희생으로 일관됐다. 집안 살림을 하고 가축을 돌보고 농사일을 거드는 중노동과 가난의 질곡이었다.

그런 어머니를 더욱 죄었던 것은 맏며느리로서 대를 이을 아들을 출산해야 한다는 과제였다. 시집온 지 몇 해가 지나도록 태기가 없자 어머니는 죄인 취급을 당했다. 집안에서는 궁합이 맞지 않으니 하루 빨리 내치는 것이 좋다는 강경론과 혼인 날짜를 잘못 잡았으니 택일을 다시 하고 혼례를 새로 올리자는 온건론 등 의논이 분분했다. 당시 아버지 나이가 사춘기도 되기 전이었으니 아이를 가지기 힘든 게 당연했는데, 어머니만 애꿎게 괴롭힘을 당한 것이 아닌가 싶다.

이렇게 집안이 시끄러운 가운데 다행히 어머니는 임신을 하게 되었다. 아버지의 나이가 열일곱쯤 되었을 때였다. 따지고 보면 늦은 편도 아니었지만 그때는 남녀가 한 이불 속에 들어가기만 해도 애를 낳는 줄 알던 시대였다.

집안의 기대와 관심 속에 마침내 출산을 하게 되었는데, 결과는 딸. 집안의 냉대는 이루 말할 수 없었다. 어머니가 다시 아이를 가진 것은 4년 후였다. 이번에도 아들을 못 낳으면 큰일이라는 걱정이 아들에 대한 강박관념으로 변할 정도였으니 어머니가 받은 정신적 고통은 대단했으리라. 해산날 내가 고추를 달고 나온 것을 확인한 어머니의 기쁨과 안도감을 짐작하기 어렵지 않다.

"널 낳고서야 비로소 사람 대접을 받아보았지."

오랜 기다림 끝에 장손으로 태어난 나는 집안의 귀여움을 독차지하며 자랐다. 어른들은 따로 이름을 붙이지 않고 나를 '증손'(曾孫)이라고 부르며 귀여워했다. 그러나 어머니에겐 기쁨도 잠깐, 곧 내게 시달려야 하는 시간이 시작되었다. 어린 내가 어찌나 별나고 사나웠는지 후에 어머니는 이렇게 말씀하시곤 했다.

"네 밑으로 사내애를 둘이나 더 낳아 키웠지만 난 너 하나밖에 기르지 않은 것 같아."

우선 나는 굉장한 울보였다. 한번 울기 시작하면 좀처럼 그치지 않았으므로 어머니는 내가 울 때마다 어른들께 송구스러워 바늘방석이었다고 한다. 왜 그렇게 울어댔을까? 늘 과로해 있던 어머니가 내게 충분한 모유를 주지 못했던 탓이 아니었을까?

한번은 내가 밤새워 계속 울자 혹시 병이 난 것은 아닐까 걱정하신 어른들이 의원을 불러다가 손가락 사이에 침을 놓게 한 일이 있었는데, 울음을 그치기는커녕 내가 더욱 세차게 울어 온 집안 어른들이 안절부절못했다고 한다.

몸이 약했던 나는 두 살 때 홍역에 걸려 죽을 뻔한 일도 있었다. 다 죽게 된 나를 살려 보려고 백방으로 애를 썼지만 결국은 의사도 죽은 것으로 진단하고 내게 홑이불을 덮어씌웠다고 한다. 그때 어머니는 실성한 사람처럼 웃어른들의 제지도 뿌리치고 나를 등에 업고 뛰쳐나가 30리 길을 달려 유명하다는 한의사를 찾아갔다. 나는 그 의사의 치료로 기적적으로 회생했는데, 그 의사의 의술보다는 어머니의 간절한 집념 덕분이었을 것이다.

어려서 나는 여간한 떼쟁이가 아니었다. 세 살 무렵이었을까, 내가 원하는 것을 마구 조르다가 그게 통하지 않자 소싸움 하는 가운데로 뛰어들던 생각이 어렴풋이 난다. 세 살 꼬마가 집안 형편을 헤아릴 리 만무했을 터이니 틀림없이 부모가 해줄 수 없는 것을 원했을 것이다. 나는 증손으로 귀염받고 있는 것을 배경으로 어른들에게 내 고집을 피우곤 했다. 엉엉 울면서 위험한 곳으로 뛰어드는 귀한 증손에게 식구들은 웬만한 것은 다 들어주게 되어 있었다.

모두가 어려웠던 그 시절, 마을에서 우리 집이 특별히 못사는 편은 아니었다. 사람들은 우리 집을 '백섬집'이라고 불렀는데, 그것은 우리가 그리로 이사해 오기 전에 살던 동네 이름을 딴 것이라고 한다. 우리 집에서는 소, 돼지, 닭 등 가축도 많이 키웠다. 화전민촌이라 논은 없었고, 집 앞과 산에 있는 밭에서 조, 옥수수, 콩, 팥 등을 재배하는 것이 농사의 전부였다.

을사조약 이후 우리 토지를 야금야금 빼앗아 들어오던 일제는 국권을 강제로 앗은 뒤로는 토지강탈 정책을 본격적으로 추진했다. 1910년부터 1918년까지 실시한 토지조사 사업이 그것이다. 이는 전국의 토지를 측량하여 소유권과 지적(地積)을 확정한다는 명분을 내세운 것이었지만, 대대로 일구어온 자기 땅을 익숙지 않은 까다로운 절차를 밟으면서까지 신고하는 농민은 많지 않았다. 그러다 보니 빼앗기기가 일쑤였다. 국유지나 마을과 문중의 공유지는 신고주가 없어 자연히 총독부나 유력한 인사들에게 넘어갔다. 그 결과 18만 정보의 땅이 총독부 소유로 고스란히 넘어가 1930년 총독부 소유 토지는 전 국토의 40퍼센트에 달했다.

결국 총독부와 동양척식주식회사의 배만 불리게 된 이 사업으로 소유권을 획득한 이는 소수의 지주와 일본에서 농업이민온 사람들이었고, 자작과 소작을 겸해온 대다수 소농들은 소작농과 농업 노동자로 전락하거나 화전민이 되지 않으면 만주로 이주할 수밖에 없었다.

내가 나서 자란 함경남도에도 논농사는 있었지만 대부분이 산이고 밭이라 주민들이 먹고사는 방식은 주로 화전이었다. 그것마저도 자기 땅이 없는 소작농들은 터무니없이 비싼 소작료를 내고 남의 땅을 부쳐야 했다.

한문서당에서 신식학교로

네 살이 되어 증조할아버지에게 한문을 배우기 시작했다. 내 기억이 비롯되는 시기도 이 무렵부터다. 나는 증조할아버지 앞에서 하루종일 머리를 앞뒤로 흔들며 글을 읽고 저녁이면 글을 써서 바쳐야 했다. 한 자라도 틀리면 할아버지는 나를 초달하곤 했다. 한번은 회초리를 맞던 나의 비명과 울음소리에 어머니가 놀라 방에 뛰어들어와선 나를 들쳐안고 나간 일도 있었다. 어머니가 그 일로 집안 어른들께 호된 꾸지람을 받던 모습이 지금도 눈에 선하다.

나는 그렇게 초달을 당하거나 대통으로 머리를 얻어맞아 가면서 『천자문』을 마친 다음, 『동몽선습』을 거쳐 『논어』까지 한문책 네댓 권을 떼었다. 쓰기 연습을 할 때는 종이가 귀했으므로 안이 오목하게 파인 정방형 널빤지에 모래를 담아 편편하게 고른 다음 꼬챙이로 글자를 썼다.

다섯 살이 되면서 서당에 다니기 시작했는데, 그리 멀지는 않았으나 밭을 지나 다녀야 했고 밤에도 가야 했으므로 나는 서당 가기가 매우 싫었다. 그래서 서당에 가는 척하고는 다른 곳으로 도망치곤 했는데, 한번은 그러다가 집안 어른들에게 붙잡혀서 양손과 발이 들어올려진 채로 버둥거리며 서당에 끌려간 일도 있었다.

서당에서는 훈장 한 사람 밑에 학생 열댓 명이 한문책을 외워 가면서 배웠다. 지금 생각해보면 이런 전통적인 학습법은 암기를 통해 자연스럽게 머리를 쓰도록 유도하는 조기 교육이었던 셈이다.

그 무렵 이원군에는 이미 면 단위로 보통학교가 있었다. 일제는 1911년 8월 조선교육령을 공포한 후 잇따라 보통학교 · 실업학교 · 사립학교령을 공포했으며, 3·1운동 이후에는 이른바 문화정책을 표방해 소학교의 교육 연한을 4년에서 6년으로 늘리고, 폐지했던 조선어 과목도 환원시켰다.

우리 동네는 그때까지 보통학교에 다니는 학생이 하나도 없었을 정도로 뒤처져 있었지만 시대의 물결은 우리가 사는 두메 산골에도 밀려들어왔고, 이 흐름을 제일 먼저 받아들인 사람이 우리 아버지였다.

아버지는 유학을 공부하여 성격이 매우 엄했다. 어머니 말씀에 의하면, 나는 자라나는 동안 아버지 품은 고사하고 무릎에도 앉아본 일이 없었다고 한다.

"네 아버지가 혼자 방에 계실 때 일부러 너를 방안에 슬그머니 밀어넣어본 적도 있었어. 그러면 네 아버지가 곧 문을 열고 널 밖으로 내놓았을 정도였단다."

나는 아버지의 얼굴에서 웃음을 본 기억이 별로 없다. 부모 앞에서 자식을 귀여워하는 것이 예에 어긋나던 시절이기도 했지만 아버지는 자식들이 애정을 느낄 수 있도록 따뜻하게 대해 주신 적이 거의 없었다. 아버지의 사랑은 말없는 가운데 결단이나 행동으로 표현될 뿐이었다.

아버지는 유교적인 집안의 장손인 시골 농부였지만 무척 진취적인 사람이기도 했다. 일제 치하의 산골 마을에 살아보았자 아무 희망이 없다는 것을 진작 깨닫고는 국외로 눈을 돌려 소련의 해삼위(海參衛, 블라디보스토크)를 다녀오시기도 한 분이다.

어느 날, 밖에 나갔던 아버지가 느닷없이 상투를 자른 상태로 돌아와 격노한 증조부님 앞에서 쫓겨난 적도 있었다. 아버지는 쫓겨나면서도 상투 자른 것은 잘못이 아니라고, 끝내 의견을 굽히지 않았다.

그런 아버지였기에 내가 만 여덟 살 되던 해 20리쯤 떨어진 바닷가 동네에 있는 염분학교에 나를 입학시켰고, 그후 차호읍에 차호보통학교가 생기고 좋은 학교라는 평판이 나자 그리로 전학까지 시켰다. 이것은 우리 집안에 떨어진 두번째 폭탄이었다. 뒷날 아버지의 결정이 옳았다는 것이 인정되긴 했지만 이 일로 아버지와 집안 어른들 사이의 갈등과 불화는 꽤 오래 갔다.

아버지 당신은 전통적인 유교 가풍대로 교육받고 어린 나이에 장가들어 어른들이 바라는 대로 사셨지만, 아들인 나에게만은 다른 삶을 살게 해주려고 집안 어른들과 맞선 것이다. 그게 아버지가 자식을 사랑하는 방식이었다.

그것은 아버지 특유의 정의감과 의협심과도 연관이 있는 것 같다. 당신 자신의 이익과 관련된 일에는 강한 주장을 내세우지 않았지만 남들을 위한 일에는 누구보다 적극적이고 고집도 강했던 분이었으니까. 옳지 않은 일은 절대 용서를 못했고 억울한 일을 당한 사람을 그냥 지나치지 못하여 곤란한 처지에 놓인 이웃을 위해 3백 리 떨어진 법원에까지 다닐 정도였다. 이웃에 궂은 일이 생기거나 수재 등 재난이 닥치면 앞장서서 돈과 쌀을 모으는 사람도 아버지였다. 동네 사람들의 존경을 받은 것은 당연했다.

내게 민족의식을 일깨워준 사람도 아버지였다. 당시는 일제가 3·1운동 이후 문화정책을 표방하며 외관상 유화적 몸짓을 보인 데다가 우리 동네가 워낙 오지였던 관계로 일제의 영향력이 거의 미치지 못해 식민지 현실에 대한 자각이 무딜 수밖에 없었다. 다보골에는 일본인이 하나도 없었으며 공산주의자들의 활동 이외에는 이렇다 할 조직적인 항일 투쟁도 없었다. 내 기억으로는 10리 밖에 떨어져 있는 주재소에서 순사가 가끔 나와 자륜차(자전거)를 타고 동네를 한 바퀴 돌고 가는 게 고작이었으니 일경의 감시나 통제도 심한 편이 아니었다.

그런 상황에서 아버지는 내게 이승만 등 해외 독립운동 지도자들의 얘기를 들려주었을 뿐만 아니라, 당신 자신이 일제 경찰에 불려다님으로써 내게 민족 현실에 대한 자각을 자연스럽게 일깨운 것이다.

그 시절 부모님에 대한 따뜻한 기억이 하나 떠오른다.

우리 집에서 학교가 있는 차호읍까지는 산을 넘고 강을 건너 20리나 가야 하는 먼 길이어서 아침 일찍 집을 나서야 했다. 집 안팎 일로 밤늦도록 시달리던 어머니는 혹시라도 늦게 일어나 내 아침밥을 차려주지 못할까봐 바가지를 베고 주무셨다. 깊이 잠들면 머리가 바가지에서 미끄러져 저절로 깰 수 있도록 하기 위해서였다. 자명종이 없던 시절 늦잠을 방지하기 위한 고육책이었다. 그러나 어머니가 늦을세라 별 보며 일어나 지어주신 밥을, 새벽잠에서 겨우 깨어나 졸린 눈을 비비며 일어나 앉은 나는 입맛이 없어 별로 먹지 못했다.

어린 내게 새벽 산길을 혼자 다니는 것은 무서웠다. 아직 어둑한 새벽길을 걷노라면 산짐승보다도 할머니에게 이야기 들었던 귀신이나 도깨비가 나타날까봐 머리털을 곤두세우곤 했다. 이따금 차호읍에 볼일이 있는 아버지가 일부러 새벽 시간을 택해 동행해주시곤 했는데, 두 시간 남짓 함께 걷는 동안 아버지는 한마디 말씀이 없으셨다. 그러나 굳이 새벽길을 택해 학교 가는 길에 동행해주신 당신의 깊고 묵묵한 애정을 나는 지금도 느낄 수 있다.

문제아의 약혼과 파혼

성격이 사납고 불량했던 나는 학교를 결석하는 날은 있어도 싸움을 안 하는 날은 없었다. 어머니가 도시락을 보자기에 싸서 등에다 단단히 매어줘도 싸움을 하다 보면 도시락이 떨어져 밟히기 예사였다. 그 때문에 어머니는 어른들께 야단을 맞아가면서도 매일 학교로 점심을 가져다 주셨다.

나는 싸움만 잘한 게 아니라 술과 담배에도 일찌감치 맛을 들인 문제아였다. 우리 집에는 증조할아버지가 계셔서 동네 노인들의 발길이 끊이지 않았는데, 그분들이 즐기던 술과 대통 담배가 어린 내 눈에 그렇게 맛있고 좋아 보일 수가 없었다. 어른들이 술을 들이켠 다음 "커!" 하고 입맛을 다실 때마다 얼마나 맛이 있으면 저럴까 하고 호기심을 품어오다가 마침내 어느 날 어른들 몰래 술독에서 몰래 술을 퍼마셔서 어머니를 놀라게 해드린 적도 있다. 그때가 일곱 살이었다. 당시 담배는 열다섯 개비가 들어 있는 '네부르' 한 갑이 5전, 열 개비 든 '마코'는 10전, '피전'은 15전이었다. 나는 1학년 때부터 '네부르'를 사서 식구들 몰래 피웠는데, 그러다 선생님께 들켜 벌을 선 일도 있었다.

열 살 되던 해 우리 동네에 소년단이 생겼다. 이 소년단은 3·1운동 후 활발히 전개된 애국청년운동의 하나로 이원군 일대에 조직된 이원청년회의 하부 조직이었는데, 아동 교육과 예술운동을 적극적으로 펼쳤으며 해마다 어린이날에는 갖가지 행사를 벌였다.

나는 소년단에 들어가고 싶었지만 입단할 수 있는 연령이 열두 살 이상이었으므로 들어갈 수가 없었다. 낙심한 나는 혼자 궁리하다가 아홉 살부터 열두 살에 이르는 내 또래들을 모아 어린이단을 만들고 내가 단장이 되어 딴에는 여러 가지 활동을 펼쳤다.

그 중 하나가 아침 일찍 일어나서 온 동네를 돌아다니며 고함을 질러대는 조기운동이었다. 나는 나팔을 뛰뛰- 불며 돌아다니고 싶었지만 나팔 살 돈이 없었다. 단원들과 의논 끝에 우리는 가을 추수판을 찾아가 위문공연을 하기로 했다. 동네 아저씨들이 벼를 베어 단으로 묶는 곳에 찾아가 노래를 들려주고 사례로 볏단과 콩단을 받아 모아서 드디어 나팔을 장만할 수 있었다. 우리 단원들은 산에 올라가 옛날 이야기에 나오는 전쟁 장면을 흉내내어 청과 백으로 편을 가른 후 상대편 고지를 점령하는 전쟁놀이도 많이 했다.

우리는 연극도 했다. 소년단에서는 명절이면 나무로 가설무대를 만들어 연극을 하곤 했는데, 연극이 너무너무 하고 싶어 끼워달라고 졸라댔지만 어리다고 끝내 끼워주지 않았다. 화가 난 나는 『장화홍련전』 『심청전』 『흥부전』 등이 실려 있는 10전짜리 빨간 책을 사서 연극으로 각색한답시고 끙끙거렸다. 그리고는 명절을 앞두고 단원들과 연습에 들어갔는데, 내 멋대로 연출을 하고 여자역도 주로 내가 맡았다.

어린아이들이 꾸민 우습기 짝이 없는 엉터리 연극이었지만 워낙 구경거리가 없는 시골이었는지라 명절 공연에는 여러 동네에서 사람들이 구경오는 성황을 이루었다. 나는 이렇게 어린 나이에 연극과 인연을 맺게 된 후 평생 연극을 사랑하게 되었다. 만약 목사가 되지 않았더라면 연극배우가 되었을지도 모른다.

당시에는 웅변대회도 자주 열렸다. 어릴 때부터 남 앞에 나서서 말하기를 좋아하던 나는 산에 올라가 늘어선 소나무 앞에 서서 웅변 연습을 하곤 했다. 열한 살 때는 웅변대회 구경을 갔다가 청중들에게도 웅변할 기회가 주어져 얼른 어른들 틈에 끼어 즉흥 연설을 해서 칭찬을 듣기도 했다.

열두 살 되던 해, 내게 일어난 가장 큰 사건은 약혼이었다. 할아버지는 나를 이웃 각종리(角宗里)에 사는 어떤 색시와 약혼시켰다. 각종리는 차호보통학교로 가는 도중에 있는 마을이었으므로 나는 장가간다는 것이 무엇인지도 모르면서 그 마을을 지날 때면 혹시 그 색시가 나를 보고 있지 않을까 하는 조심스러운 마음으로 옷매무새를 바로잡곤 했다.

그러나 내 약혼은 조혼을 경험한 아버지의 반대로 결국 파기되고 말았는데, 그때는 그것이 그렇게 섭섭할 수가 없었다. 달리 섭섭한 게 아니라 어린 마음에 말 타고 장가가서 잔치를 벌이는 신나는 사건을 놓쳐버렸다는 생각에서 오는 서운함이었다. 아버지는 이 사건으로 또 한 번 집에서 쫓겨나야 했으니 할아버지가 나 대신 분풀이(?)를 톡톡히 해주신 셈이었다. 나를 증손이라고 부르며 끔찍이도 아끼셨던 증조할아버지께서는 그만 증손주 며느리를 보지 못하고 그 해에 87세를 일기로 돌아가시고 말았다.

파혼 후, 그 여자가 어찌 되었을까 나는 퍽 궁금하게 여겼는데 후에 내가 간도의 은진중학에서 공부를 하다가 여름 방학이 되어 고향에 돌아왔을 때였다. 어느 날 시골길을 걸어가는데, 한 아이는 등에 업고 또 한 아이는 걸리며 내 앞으로 걸어오던 여인이 내 곁을 지나면서 자꾸 돌아보는 것이었다. 의아한 마음에 그 여인의 얼굴을 유심히 보았더니 바로 나와 약혼했던 여자였다.

여자는 슬프다

나의 약혼 사건이 있은 다음 해 나보다 네 살 위인 누님의 약혼이 있었다. 3남 2녀인 우리 형제 중 맏이인 누이 강증섬을 할아버지와 아버지께서는 역시 각종리에 살던 어떤 사람과 약혼시킨 것이었다. 그때 열일곱 살이었던 누님은 키도 큰 편이고 몸매도 날씬했으며 얌전한 몸가짐에 조용한 성품을 지닌 여자였다.

누님은 결혼하고 싶어하지 않았다. 누나의 약혼자가 나와 같은 학교를 다녔기 때문에 그에 대해서 잘 알고 있었는데, 나는 그 사람을 별로 좋아하지 않아 결혼에 반대하는 입장이었다. 어머니도 반대하셨지만 아버지 앞에선 아무 말도 하지 못하셨다. 내 약혼에는 집에서 쫓겨나는 것을 감수하면서까지 진보적인 입장을 취했던 아버지였건만 누님에 대한 생각은 할아버지와 한 치도 다를 바가 없었다.

누님이 시집을 안 가겠다고 버티자 할아버지와 아버지는 어른 말씀에 순종하지 않는 계집애는 내쫓겠다고 펄펄 뛰셨다. 어린 마음에도 어른들의 처사가 부당하다고 생각되어 반발하며 달려들었다가 누님보다 내가 먼저 쫓겨났는데, 어머니마저 자식들을 잘못 키웠다고 쫓겨날 판국이었다.

형편이 이렇게 되자 누님은 결국 울며 빌게 됐다.

"제가 시집갈 테니 다른 사람들은 내쫓지 마십시오."

얼마 후 혼인날이 되어 집에 가마가 왔는데, 하염없이 울면서 가마를 타고 시집가던 누님의 모습이 지금도 잊혀지지 않는다.

그 시대는 으레 그랬지만 우리 집 역시 전형적인 유교 가정으로, 누님과 나를 차별대우해 왔다. 나는 어려서부터 그 사실을 느끼고 있었다. 이 같은 성차별에 대한 자각과 반감은 어머니를 보면서 더욱 강해졌다. 층층시하 엄한 시어른들을 모시며 시동생 가족과 함께 생활해야 했던 어머니의 시집살이는 말 그대로 '고초·당초보다 매운' 인고의 세월이었다. 우리 할머니는 특히 맏며느리보다 작은며느리를 편애하여 매사에 작은며느리 역성을 들었으므로 어머니로서는 억울한 경우가 많았는데, 그 같은 일을 옆에서 지켜보면서 나는 어린 마음에 충격을 받지 않을 수 없었다.

왜 우리 어머니같이 착한 사람이 저렇게도 사람 대접을 못 받고 억울하게 살아야 하는가, 왜 나는 학교에도 보내주고 파혼도 시켜주면서 누님에겐 그렇게 하지 않는 것일까, 어머니와 누님이 단지 여자라는 이유로 그런 대접을 받아야 한다면 그것은 너무도 부당한 처사가 아닐까 하는 의문이 저절로 꼬리를 물면서 성차별에 대한 문제 의식이 자연스럽게 자리를 잡아갔다.

내가 페미니스트라고 말하고 싶지는 않다. 무슨 '주의'나 '주의자'라는 말 자체를 나는 싫어한다. 여자든 남자든, 흑인이든 백인이든 인간이 인간으로 대접받지 못하고 차별 받는 것에 반대할 뿐이다. 남자 대신 여자가 주인 되는 세상도, 흑인 대신 백인이 억압받는 세상도 싫다. 노예와 억압이 사라지는 세상, 인간이 인간답게 존중받고 차별되지 않는 세상이 되어야 한다는 것이 소박한 내 생각이고, 그것은 어렸을 적 우리 집 여성의 삶을 보면서 자연스럽게 싹튼 것이다.

보통학교 시절에서 또 한 가지 기억나는 것은 공산당 활동이다. 우리가 살던 지역 일대는 공산당 세력이 강한 지역이었다. 1925년 우리나라 최초로 공산당이 결성된 후, 일경의 탄압을 받아 지하로 잠복한 공산당 조직은 비합법 투쟁을 전개했는데, 그들에 의한 노동자 파업과 적색 농민조합운동이 가장 활발하게 일어난 지역이 함경북도였다. 1931년 12월 24일 삼림조합 반대 사건으로 유명한 함경남도 단천은 전국에서도 공산당 세력이 가장 우세한 곳이었으므로 단천과 이웃해 있는 우리 고향 마을도 자연히 그 영향을 많이 받았다. 농민들은 알게 모르게 공산주의 조직에 속해 있기도 했다.

당시 어린이들은 아무 뜻도 모르고 공산당이 부르는 노래를 따라 부르곤 했다. 특히 나는 "레닌 동지가 떠난 후……" 하는 노래의 곡조가 어찌나 마음에 드는지 조기운동을 할 때 목청이 터져라 부르곤 했다. 또 내용을 제대로 알지도 못하면서 공산당 조직의 전단을 주머니에 넣고 다니며 독서회에 참가하기도 했다. 그러다 우리 마을에 큰 사건이 생겨서 나도 주재소에 붙들려 가게 됐지만 어린애가 어찌 사상범이 될 수 있겠느냐는 아버지의 강력한 항의 덕에 나는 미성년자라는 이유로 곧 석방되었다.

새를 친구로 삼은 소년

내가 자란 고향 마을은 깊은 산골이었으므로 개명된 바깥 세상과 접촉할 기회가 거의 없었다. 동네에 사진사조차 없었으므로 어린 시절에 찍은 사진이라고는 한 장도 없다. 그러나 푸르고 풍요로운 자연만은 어디고 지천으로 널려 있었다.

모든 어린이들이 그렇듯 나도 동물을 좋아했다. 개와 고양이는 물론이고 특히 새를 좋아해 여러 종류의 새를 산에서 잡아다 집에서 정성껏 키웠다. 그 중에서 까치는 내가 밖에 나갔다 돌아올 때면 푸르르 날아와 내 어깨에 앉곤 했다. 얼마 전 텔레비전에서 새들을 길들여 닭처럼 집에서 키운다고 해서 화제가 된 사람 이야기를 전해주었는데, 그걸 보며 어린 시절 내가 키운 새들이 떠올랐다. 새도 그렇지만 어떤 동물들과도 인간은 통할 수 있다는 것이 경험에서 나온 나의 믿음이다.

까치를 키우다가 불상사가 생긴 적도 있었다. 어느 날 작은어머니가 물통을 들고 나왔는데, 까치 한 마리가 먹을 걸 주는 줄 알고 쪼르르 물통 밑으로 날아 들어갔다가 작은어머니가 물통을 탁 놓는 바람에 그만 깔려 죽고 말았다. 까치의 죽음은 여리기만 한 어린 마음에 큰 상처가 되어 나는 며칠 동안이나 울며 지냈다. 그때 죽은 까치를 묻어준 자리에 내 애통한 마음을 담아 나무도 심었는데, 후에 간도에서 공부하고 와보니 그 나무가 크게 자라 있었다.

기르기 쉬운 것 같으면서도 까다로운 새는 꾀꼬리다. 꾀꼬리는 높은 나무 꼭대기에 둥지를 튼다. 어미 꾀꼬리가 물어오는 먹이를 잘 관찰해보면 먹이의 크기에 따라 새끼가 자란 정도를 짐작할 수 있다. 어느 정도 새끼가 자란 듯싶으면 나는 나무를 타고 올라가 둥지가 달려 있는 나뭇가지를 잘라 새끼 꾀꼬리를 집으로 데려왔다. 그러면 어미 꾀꼬리는 애절하게 울며 내 주위를 맴돌았다.

새끼 꾀꼬리에게는 날마다 강에서 작은 물고기를 잡아다 먹여 황금 빛깔의 털이 예쁘게 잘 자랐지만 노래는 하지 못했다. 그런데 그놈을 산 속 꾀꼬리 둥지에 며칠 매달아두어 꾀꼬리 소리를 듣게 하면 신기하게도 고운 목청으로 지저귀기 시작한다. 그러니 새의 노래 소리도 외부의 자극이 없으면 습득할 수 없는 것임을 짐작할 수 있다.

어느 해 여름 학질에 걸린 적이 있었는데 고열에 들떠 있을 때도 나는 새들이 굶어 죽을까봐 걱정을 할 정도였다. 그때는 어머니가 나 대신 강에 가서 물고기를 잡아와 새들을 먹여야 했다.

새 중에서 제일 기르기 힘든 것은 참새다. 참새는 영리해서 여간해서는 사람이 주는 모이를 먹지 않아 잡기도 힘들다. 흔하디흔한데다 작고 약해서 볼품없어 보이는 참새야말로 인간에게 길들여지지 않는 능력을 가진 새라고 할 수 있다.

동물과 관련해서 내 어린 눈에 기묘한 인상을 남긴 일은 삼복더위에 개를 잡아먹는 것이었다. 가난한 산골에서 개고기는 단백질을 섭취할 수 있는 훌륭한 식품이지만 집에서 기르던 개가 목매여 끌려나갈 때마다 나는 하염없이 울곤 했다. 어린 마음에는 그런 상황 자체가 충격이었다. 요즘 보신탕을 두고 찬반이 분분하지만 나는 개는 역시 애완동물이라고 생각한다.

열다섯 살 소년가장의 좌절과 방황

어느덧 보통학교 졸업이 가까워졌다. 지금의 초등학교는 말 그대로 초등교육에 불과하지만 당시의 보통학교는 대다수 학생들에게 학교 교육의 종결을 의미했다. 아울러 천진난만하고 즐겁기만 했던 어린 시절의 종말을 뜻하기도 했다.

보통학교 시절 나와 가장 친했던 친구는 김원주(金元柱)였다. 우리는 단짝이면서 공부도 서로 1, 2등을 다투었다. 나는 불량기는 있었지만 공부는 잘하는 편이었다. 내가 원주에게 밀려 2등을 할 때는 언제나 습자와 도화 과목의 점수가 낮아서였다.

우리는 장래를 설계하면서 보통학교를 졸업하면 고향 가까운 북청의 농업학교에 함께 진학하기로 약속했다. 3년제인 그 학교를 졸업하면 농촌에 들어가 지도자로 일할 수 있는 자격도 생기고 함흥의 4년제 학교로 옮겨갈 수도 있었다.

그런데 논 한 뙈기 없이 밭농사에만 의지해 살아가는 가난한 우리 집 형편으로는 보통학교 보내는 것도 벅찼는데 외지 유학이란 상상할 수조차 없는 일이었다. 집안 어른들은 나를 달래기 시작했다.

"그래도 네가 우리 동네에서 처음으로 보통학교를 나왔으니 그만하면 됐지."

그러나 나는 고집을 꺾지 않았다.

"아니에요. 나는 죽어도 상급 학교에 갈 겁니다."

그런데 시험을 치르는 날 아침 수험표가 보이지 않는 것이었다. 아무리 찾아도 나오지 않았다. 결국 그 때문에 시험을 치르지 못했는데 나중에 알고 보니 작은아버지가 치워버린 것이었다. 보통학교 공부도 제대로 못하신 그분은 조카가 중학교까지 진학하는 것이 못마땅했던 것이다. 결국 나는 열네 살에 보통학교를 졸업하고 그대로 집에 박혀 있을 수밖에 없었다.

증조할아버지가 돌아가신 다음 해에 할아버지도 세상을 뜨셨다. 내 나이 열세 살 때의 일이었다. 두 어른의 별세로 운신이 자유로워진 아버지는 더 이상 이 두메 산골에서 자식들의 운명을 망칠 수는 없다는 생각으로 가산을 챙겨 만주로 장사하러 떠나셨다.

우리가 살던 마을의 형편은 매우 비참했다. 우리 마을만 그랬던 것이 아니라 식민 치하에 신음하던 우리 농촌 전체가 비슷한 상황이었다. 토지조사 사업으로 소작농이 급증하자 소작 면적이 줄어들고 소작료가 올라가는 등, 뼈빠지게 일해도 입에 풀칠하기 어려운 상황이었으며 그나마 소작권을 언제 뺏길지 몰라 전전긍긍해야 했다. 소작권을 잃은 농민이 택할 수 있는 길이라곤 산 속에 들어가 화전민이 되거나 토목 공사장의 막일꾼이 되거나 나라 밖으로 일자리를 찾아 나서는 길밖에는 없었다.

우리 집은 말하자면 화전민이 되는 쪽을 택한 경우였다. 우리 집뿐 아니라 우리 동네 사람들 대부분이 평지 농민보다 어려운 생활을 하고 있어 당시 조선총독부가 규정했던 '세궁민'(細窮民, 매우 가난한 주민)의 범주에 들어 있었다.

그러다 보니 농촌을 떠나는 사람들의 숫자가 날로 늘어났다. 1925년의 한 통계에 의하면 이농 인구는 전국적으로 15만 명이다. 그 중 노동 또는 용인(傭人)으로 나간 사람이 46.4퍼센트, 일본·만주·시베리아로 옮겨간 사람이 19.7퍼센트, 상업으로 전업한 경우가 15.8퍼센트, 공업 및 잡업으로 나간 경우가 11.2퍼센트에 이르렀다(강만길, 『일제시대 빈민생활사 연구』, 창작과비평사, 1987).

이런 상황에서 아버지가 돈벌이를 찾아 만주로 눈을 돌린 것은 어찌 보면 당연한 일이었다. 만주 목단강과 도문 사이에는 마아령 산맥이 있는데 기차편을 빼놓고는 매우 험한 육로가 하나 있을 뿐이었다. 아버지는 트럭을 한 대 사서 목단강과 도문을 왕래하며 화물을 수송하는 일을 하셨다. 그러나 얼마 못 가 당시 극성을 부리던 마적단에게 짐을 털리고 트럭이 급회전 길에서 추락하여 운전수가 크게 다치는 등 불운이 겹쳐 그만 빈털터리가 되고 말았다. 일이 이렇게 되자 아버지는 집에 연락마저 끊었다.

그때는 작은아버지가 아버지 대신 집을 이끌고 있었다. 퉁소를 잘 불었던 작은아버지는 마을 악단에 들어가 마을에 어려운 사람이 생길 때마다 대원들과 함께 집집마다 돌아다니며 즐겁게 풍악을 울려주곤 쌀이나 돈을 받아 어려운 이들을 돕곤 했다. 그런데 작은아버지 역시 아버지가 떠난 후 집에 그냥 있을 수 없다며 일

자리를 찾아 만주로 떠나버렸다. 그리고는 만주 도문역에서 기차 승무원으로 취직을 한 후 집에 돌아오지 않았다.

집에는 할머니와 어머니, 작은어머니, 그리고 어린 두 동생과 사촌동생만 남게 되었고 이 식구들의 생계를 꾸려나가는 일은 열다섯 살 먹은 내 책임이 되었다. 하루아침에 소년가장이 되어버린 나는 이후 만 4년 동안 화전을 일구며 농투성이 생활을 해야 했다.

함경남도는 산이 많은 때문인지 전국에서 화전민이 가장 많았다. 화전민들은 시비도 할 수 없는 비탈진 산간 지대에 불을 질러 밭을 일군 후 조, 감자, 콩, 옥수수 등을 심어서 겨우 연명했다. 그나마 지력이 떨어지면 다른 곳으로 옮겨가 새 농토를 개간해야 했다. 우리 집은 논은 없고 밭만 있었는데, 그 중에서도 값나가는 것은 아버지가 팔아치우고 난 뒤라 우리는 호구지책으로 화전을 일구며 살아야 했다.

나는 산비탈에 불을 질러 밭을 개간한 후 조나 콩 등의 곡식을 심었다. 그리고 김을 매고 나서 추수 때까지는 산에 올라가 나무를 했다. 추수가 끝나면 소달구지에 나무를 스무 단씩 싣고 차호읍에 내다 팔았는데 쉬운 일이 아니었다.

사람들은 해가 질 무렵까지는 일부러 땔나무를 사지 않았다. 날이 어둑어둑해지고 추위와 지루함에 지친 나무장수들이 돌아갈 먼길을 생각해 서둘러 팔아치우려 할 때 사야 싼값에 살 수 있다는 것을 알고 있기 때문이었다.

나무를 팔려면 아낙네들의 비위도 맞춰야 하고 그들이 시키는 대로 나뭇단을 집까지 날라주어야 했다. 그리곤 그 집의 인분을 얻어 소달구지에 실어왔다. 이듬해 봄에 거름으로 쓰기 위해서였다. 우리 같은 화전민들에게는 밭에 거름을 주는 것도 보통 어려운 일이 아니었다.

하루도 쉴 수 없는 힘겨운 노동과 계속되는 가난은 어린 나를 지치게 했다. 그러나 육체적인 고통보다 더 나를 괴롭힌 것은 좌절감이었다. 열다섯 살의 겨울은 좌절과 고통으로 내겐 어느 해 겨울보다 추웠다. 그리고 그 추위를 이기지 못해 나는 방탕해지고 말았다.

나무를 다 팔면 술을 마시고 만취해 소달구지에 쓰러진 채로 돌아오곤 했다. 소가 제 스스로 집을 찾아갈 줄 알았으므로 나는 달구지 위에 쓰러지기만 하면 되었다. 내 나이 또래로는 술친구가 없어 주로 30대 아저씨들과 어울려 막걸리를 마셨는데, 속에 맺힌 울분 때문인지 아무리 마셔도 직성이 풀리질 않았다. 함께 마시던 사람들이 다 취해 돌아간 다음에도 마지막까지 남아 끝장을 보던 사람이 바로 나였다.

노름에도 맛을 들였다. 간혹 투전판에 나가는 날이면 이틀 사흘을 꼬박 새우느라 코피를 터뜨리기도 했다. 나는 희망이 없는 사람은 쉽게 방탕해진다는 것을 이해한다. 방탕한 사람들은 심성이나 도덕성에 결함이 있어서가 아니라 다만 희망과 믿음을 잃어버린 사람일뿐이다.

그러던 어느 날 저녁이었다. 차호읍에 있는 어느 집에 나무를 팔게 되어 나뭇단을 날라다주고 돈을 받는데, 문득 돈을 세어주는 사람을 보니 바로 보통학교 시절 단짝이던 김원주였다. 불빛이 내 뒤에 있었으므로 그쪽에서는 내 얼굴이 잘 안 보였을 테지만 나는 그의 얼굴을 똑똑히 알아볼 수 있었다.

그는 학년을 나타내는 줄 두 개가 선명하게 표시된 중학교 교복을 입고 있었다. 두어 해 전만 해도 나란히 앉아 공부하던 사이였는데, 지금 저 아이는 중학교 교복을 입고 있고 나는 나무장수라니……. 그날 저녁 나는 참담하기 그지없는 심정으로 술을 무진장 마셨다. 내 일생 그토록 술을 많이, 그토록 처절한 심정으로 마신 적은 없었다.

그런데 좌절과 방탕 속에 헤매던 내 삶에 커다란 전환점이 찾아왔다. 기독교와 만나게 된 것이다.

그리스도를 만나다

사울인가 바울인가

남송면 북쪽에 있는 수항리(壽巷里) 외가에는 외삼촌이 두 분 있었다. 큰외삼촌 염영석(廉英錫)은 사립 보통학교 책임자로 조용한 성품의 선비였고, 작은외삼촌 염쾌석(廉快錫)은 함흥고보를 졸업한 후 보통학교에서 교편을 잡고 계셨다.

내 성장 과정에 큰 영향을 준 작은외삼촌은 쾌활하고 음성이 컸으며 개성적인 인물이었다. 산골 마을이라 교회 구경도 못해 본 내게 성경 이야기를 들려준 외삼촌은 톨스토이와 일본의 유명한 빈민 전도자 가가와 도요히코(賀川豊彦)를 흠모해 그들의 사진을 방에 걸어놓고 그들의 책을 성경과 나란히 놓고 탐독할 정도였다. 외삼촌은 평범한 생활인이라기보다는 이상과 꿈을 가진 독특한 사람이었다. 그래서 어린 조카였던 내게 큰 영향을 줄 수 있었던 것 같다.

탁월한 설득력과 감화력을 갖고 있던 그는 웅변을 할 때면 사람들을 자유자재로 웃기고 울렸으며 학생들을 매우 사랑했다. 학생들 역시 그를 따르고 좋아하여서 외삼촌은 수항리의 청년들을 모아 조기단(早起團)을 만들고 아침마다 체조와 청소를 하는가 하면 여러 가지 문화운동과 독서운동, 야학활동을 벌이기도 했다. 계몽운동도 펼쳤는데, 예를 들자면 더러움을 잘 타는 흰옷에 염색을 하자는 등 매우 실용적인 내용이었다.

당시 수항리의 향학열은 "머슴살이를 하려거든 이왕이면 공부도 하고 일도 하는 수항리에 가서 하라"는 말이 있을 정도로 유난히 높았다. 수항리에는 통신 강좌로 독학한 다음 일본에 가서 시험을 쳐 의사와 변호사가 된 사람도 있고 동경 유학생도 많았다. 본래 함경도는 각박한 환경에도 불구하고 동경 유학생을 가장 많이 배출했을 정도로 교육열이 대단한 곳이었는데, 그 중에서도 이원군이 최고였다. 1개 읍 3개 면밖에 안 되는 이원군은 한때 조선에서 제일 높은 교육 수준을 자랑했는데, 여기에는 일찍부터 청년들의 가슴에 이상과 포부를 심어준 작은외삼촌의 영향도 적지 않다고 생각한다.

만능 운동선수로 정구를 특히 잘했던 외삼촌에게서 운동 신경만 빼고는 내 삶의 모든 부분이 영향을 받았다고 해도 과언이 아닐 것이다. 내가 외삼촌을 너무 좋아해서인지 사람들은 생긴 것도 비슷하다고들 했다. 특히 목소리가 아주 비슷해서 우리가 한 방에서 얘기하면 누가 무슨 얘기를 하고 있는지 밖에서 구별하기가 힘들 정도였다.

외삼촌은 기독교 신자였다. 나는 외삼촌을 통해서 톨스토이와 가가와 도요히코의 얘기를 감명 깊게 듣고 잘 알지도 못하면서 그들의 책을 열심히 읽었다. 외삼촌은 내게 그리스도와의 만남, 신자로서의 삶, 진정으로 이웃을 위해 사는 길이 무엇인지를 의식적 또는 무의식적으로 가르쳐줌으로써 후일 나의 구체적인 사상과 활동이 꽃필 수 있는 씨앗을 심어준 분이다. 외삼촌과 가까이 지내면서 내 마음은 기독교를 맞아들일 준비를 서서히 해나가고 있었다.

이원군에 기독교가 들어온 것은 1907년이었다. 그후 교회가 서고 목사와 전도사가 부임해 오면서 교세가 확장되자 우리 다보골에도 장로 한 분이 들어오게 되었다. 단천에서 온 강봉호 장로였는데 우리 동네 박성엽 씨 집에서 유숙하고 있었다. 박성엽 씨는 내가 보통학교 6학년이던 해 겨울, 일제의 국책회사인 동양척식 주식회사의 산림 간수로 우리 동네에 부임해온 사람으로 가족 모두가 기독교를 믿고 있었다.

그들 부부는 둘 다 고등학교를 졸업한 신식 사람들로 비록 직업은 사람들의 눈총을 샀으나 농민들과의 접촉이 원만해 호감을 사고 있었다. 그들은 우리 아버지와도 친하게 지내 우리 집에 자주 들렀고 나도 그 집에 자주 놀러다녔다.

강봉호 장로는 칠순이 넘은 할아버지로 그가 올 때까지 우리 마을에는 기독교 신자가 한 명도 없었다. 당시 나는 외삼촌을 통해 기독교를 접하기는 했으나 사회주의 사상에 더 쏠려 있었다. 빈민굴에 들어가 빈민운동을 벌이는 가가와 도요히코와 작품을 통해 가난한 사람들에게 인도주의적 관심을 쏟은 톨스토이의 영향 때문이었다. 게다가 어릴 때부터 몸에 밴 유교 사상 때문에 기독교를 받아들이기가 힘들었다. 종손으로서 선조의 제사를 모시지 못하게 하는 기독교를 받아들인다는 것은 생각도 할 수 없는 일이었다.

우리 집에서는 누님이 제일 먼저 박성엽 씨 집에서 열리는 예배 모임에 나가기 시작했다. 그것을 제일 반대한 사람은 나였다. 나는 동네 부녀자들을 몇 명 모아 박성엽 씨 집에 쳐들어가서는 예배를 보지 못하도록 소란을 피우고 사람들을 몰아내기도 했다. 그러나 박성엽 씨 집에나 가야 겨우 바깥 세상 소식을 들을 수 있고 그 집에서도 날 귀엽게 여겨주었으므로 자연스럽게 그 집에 계속 발걸음을 하게 되었다.

자연히 강봉호 장로와도 얘기를 나누게 되고 결국에는 그의 전도로 기독교에 귀의하게 되었다. 그때 우리 집에는 그 전해와 전전해에 세상을 떠난 증조부와 조부의 제단이 있었다. 그러니 아버지는 물론 할머니와 어머니도 내가 예수 믿는 것을 허락하실 리가 없었다.

오랜 고민 끝에 나는 드디어 박성엽 씨 집에서 주일마다 낮과 밤, 그리고 수요일 저녁에 열리는 예배에 참석하기로 했다. 설교를 듣고 성경을 공부하고 예배드리고 기도하는 가운데, 나는 그때까지 믿어온 귀신과 도깨비에서 해방되어 기독교의 하나님을 믿기로 확실하게 결정을 내렸다.

초보 예수쟁이의 풋사랑

내가 이른바 '예수쟁이'가 되니까 집안의 반대는 이루 말할 수 없었다. 특히 할머니는 "이제 내가 죽으면 제사도 못 받겠구나" 하며 매우 슬퍼하셨다. 집에서 쫓겨나기도 여러 번이었다. 특히 한 달에도 몇 번씩 돌아오는 제사 때가 되면 도망치다가 잡혀 집안에 난리가 나곤 했다. 어떤 때는 다락방에 숨어서 어머니가 몰래 갖다주는 밥을 먹기도 했다.

당시 나는 철저한 계율주의자였기 때문에 집안과 마찰이 심할 수밖에 없었다. 한 예로, 온 가족이 매달리던 콩 수확에도 나는 일요일에는 참가하지 않을 정도였다. 가을에 콩이 익을 무렵에는 수확해야 할 날을 하루만 넘겨도 바람에 콩이 다 날려가버리기 때문에 그때가 되면 새벽부터 온 식구가 밭에 매달려 콩을 거두었지만 나는 주일만 되면 성수주일(聖守主日)한다고 콩이야 어찌되든 상관하지 않고 일을 하지 않았다.

그런 가운데 어머니를 가장 속상하게 한 것은 내가 제사 음식을 먹지 않는 것이었다. 당시에는 평소 쌀밥은 구경하기 힘들고 조밥이나 콩밥, 잘해야 보리밥에 김치 한 가지였고 제대로 음식이라고 장만하는 것은 제사 때뿐이었다. 지금도 생각나는데, 명절이나 생일 때 모처럼 달걀을 삶아도 꼭 네 조각으로 잘라 그 중한 쪽만 먹을 수 있을 뿐이어서 삶은 달걀을 쳐다보며 언제쯤 저것을 통째로 다 먹을 수 있을까 하고 아쉬워하곤 했다. 그런데 내가 모처럼의 제사 음식을 먹지 않으니 어머니는 음식을 만들며 자꾸 우셨다.

또 시골에서 단백질을 섭취할 수 있는 음식은 보신탕밖에 없었는데 「사도행전」에 목 매단 짐승은 먹지 말라고 쓰여 있어 보신탕도 먹지 않았고, 피가 들어갔다고 돼지 순대도 안 먹는 등, 성경에서 먹지 말고 하지 말라는 것은 모두 하지 않고 철저히 계율을 지켰다.

당시의 내 태도는 물론 옹졸한 처사였다. 제사 문제만 해도 그것이 돌아가신 조상을 추모하는 한 의식일 뿐인데 당시 선교사들이 십계명의 제2계명인 우상숭배 금지를 잘못 해석하여 쓸데없이 문제를 만든 것이었다. 서양에도 조상을 추모하는 의식이 있는 것을 감안하면 기독교인의 제사 금지는 선교사들의 보수적 신앙에 문화적 우월감이 곁들여져 생겨난 결과였다고 할 수 있다.

어찌됐든 나는 집안과 온 마을의 반대를 무릅쓰고 열심히 예수를 믿고 하나님을 섬겼다. 그리고 열여섯 살이던 1932년 11월 중순 우리 마을에 순회온 정기헌 목사에게 드디어 세례를 받게 되었다. 세례를 받은 날 정목사는 내게 집사의 직분을 주었고 그때부터 나는 '애기 집사'로 불렸다.

세례를 받고 난 뒤 내 생활은 크게 변했다. 사울이 바울이 되는 그런 변화였다. 나는 술과 담배와 도박을 완전히 끊고 동네에도 정풍을 일으켰다. 그때의 내 신앙은 체계적인 신학 공부를 통하지 않은 광신적인 신앙이었다.

그런데 계율을 철저히 지키고 광신적으로 기독교에 몰입해 들어갈수록 내게는 심각한 고민이 생겨났다. 내가 배운 바로는, 살아서 예수를 믿고 계명을 잘 지킨 사람은 죽은 후 천당에 들어가 행복하게 살 수 있지만 그렇지 않은 사람은 지옥으로 떨어져 수천 도의 뜨거운 유황불에서 영원히 고통을 당해야 한다는 것이었다. 그후 나는 정남수라는 목사가 이끄는 부흥회에 간 일이 있었는데, 그 사람은 설교 도중 웃옷을 벗어던지고 책상 위에 올라서서 두 손을 번쩍 들고는 "퍼-얼펄, 퍼-얼펄 끓는 지옥 불에 안 떨어지려면 지금 당장 회-개하라"고 소리를 질러댔다.

그런 애기는 내게 엄청난 걱정과 두려움을 안겨줬다. 우리 부모나 할머니는 아직 살아 계시니 어떻게든 예수를 믿게 하면 되겠지만 나를 그토록 사랑하다 돌아가신 증조부나 조부는 어떻게 하나, 이런 생각에 미치면 온몸이 와들와들 떨릴 지경이었다.

또 날이 흐려지거나 번개가 치고 소낙비가 오면, 예수님이 하늘에서 심판하러 내려오시는지도 모른다는 생각으로 밭에서 김을 매다가도 두렵고 떨려 밭고랑에 머리를 숙이고 열심히 기도하기도 했다. 그때 내가 믿은 하나님은 아주 무서운 하나님이어서 어리석은 나는 항상 형벌에 대한 두려움에서 헤어나지 못했다.

우리 동네에서 10리쯤 떨어진 산 속에 조그만 교회가 하나 있었다. 나는 밤낮 가리지 않고 그곳에 다니면서 기도도 하고 성경도 읽었다. 처음에는 구약과 신약의 차이도 모르면서 신약을 몇십 번 읽고 옮겨 적기도 했다. 그리고는 제대로 알지도 못하면서 동네 사람들을 모아놓고 예배 인도도 하고 설교도 했다.

기독교를 믿으면서 만나게 된 도전 세력은 공산주의였다. 식민지 백성들에게 큰 공감을 불러일으켰던 공산주의는 우리 마을에서도 단연 인기였다. 우리 마을의 농부 공산주의자들은 기독교를 철저히 박멸해야 한다고 믿고 있어서 내가 받은 도전은 매우 강했다. 몽둥이를 들고 와 예배보는 사람들을 두들겨 패는 것은 보통이었고, 여름에 해수욕하는 데까지 따라와 "예수쟁이 물 먹이면 하나님이 와서 살려주나 보자"며 교인들을 물 속으로 끌고 들어가 처박기도 했다.

철저한 성경 신봉자였던 나 역시 질세라 공산주의는 기독교와 양립할 수 없는 것이라고 믿고, 무조건 배척하는 태도를 취했다. 하지만 기독교인이라고 해봐야 동네 부녀자 몇 명에 불과했기 때문에 우리가 그들에게 대항해 싸울 수는 없었고, 결국 박해를 당할 수밖에 없었다. 나는 그 상황에서 기독교를 믿는 사람은 정말 예수의 십자가를 지는 것이며, 박해는 하나님을 믿는 사람으로서 당연히 치르지 않으면 안 되는 것이라고 생각했다.

한편 계몽운동의 일환으로 주일학교에서 야학도 시작했다. 우리 동네의 문맹률은 무려 90퍼센트에 이르고 있었으므로 글자를 깨쳐주어야 했다. 야학에는 누님도 왔는데 학생들은 거의 나보다 나이가 많은 여자들이었다. 그런데 모두 한 동네에 사니까 학생들이 내게 글을 물어올 때면 "야, 원용아, 그게 무어냐?" 하는 식으로 질문을 하는 것이었다. 그러면 나는 벌컥 화를 내고 이렇게 말했다.

"여러분이 여기 들어와서 나갈 때까지는 내가 선생님입니다. 그러니까 이제부터 이 안에서 나를 선생님이라고 부르지 않는 사람은 벌을 주겠습니다."

그런데도 또 내 이름을 부른 사람이 있어 나는 정말로 팔을 들고 서 있는 벌을 주었다. 그로부터 동네에서 내 호칭은 '강선생님'으로 바뀌었다.

아득한 첫사랑의 추억

그후 3년 동안 낮에는 농사일을 하고 밤에는 야학과 교회에 몰두하는 생활이 계속되었다. 그런데 야학에서 한글을 가르칠 때였다. 이상하게도 수업 도중 한 처녀와 자꾸 눈길이 마주치는 것이었다. 그럴 때마다 나는 무슨 큰 죄라도 범한 듯 시선을 딴 데로 돌리고 딴 생각을 하려고 애를 썼다. 그때 야학에 나온 여자들은 대부분 나이가 나보다 위였는데, 그 처녀는 나보다 한 살 아래거나 동갑이었을 것이다. 나이 많은 여자들 속에서 그녀만은 나보다 어렸기 때문에 나는 자연 그녀에게 신경을 쓰게 된 것 같다.

그것은 따뜻한 호의와 달콤한 관심이었다. 청춘남녀 사이에서 자연스럽게 발생하는 풋풋한 감정이라고나 할까. 사랑한다고 고백한 적도 없고 손을 잡아본 적도 없지만 '신기선'(辛己鮮)이라는 이름의 그 처녀를 보기만 해도 좋았고 혹 안 나오면 보고 싶어지곤 했다. 우리는 사적인 얘기는 한 마디도 나누지 않았으나 나는 늘 그녀를 생각하고 있었다. 얼굴은 둥근 편이고 시골 아가씨라 화장기 없이 수수했는데, 외모에 끌렸다기보다는 그저 좋은 느낌이었다.

나는 그녀와 끝내 한 번도 데이트를 못하고 있다가 후일 용정으로 떠날 때가 되어서야 겨우 용기를 내 그녀를 불러냈다. 별다른 사랑의 고백도 없이 멀뚱하게 서 있던 나는 불쑥 이렇게 말했다.

"나는 이제 공부하러 떠나는데 너는 그 사이 시집가겠구나."

이 말에 그녀는 어리둥절한 듯 나를 올려다보았고, 나는 가볍게 그녀를 끌어 가슴에 안았다. 어디서 그런 용기가 생겼는지 모르겠다. 그때, 그 여인을 안았을 때의 설레임과 포근한 감정을 지닌 채 나는 용정으로 떠났고, 그 감정을 아직껏 지니고 있다.

그런데 만주에서 중학교에 다니던 내가 잠깐 외가에 다니러 왔을 때였다. 그때 우리 가족은 모두 만주에 살고 있었다. 외가에 묵고 있던 내게 그 동네의 어느 집에서 전갈이 왔다. 그 집 며느리가 지금 다 죽어가는데 죽기 전에 나를 꼭 만나고 싶어한다는 것이었다. 이상해서 알아보니 그 집 며느리가 바로 신기선이었다.

조심스러운 마음으로 그 집에 가, 그녀가 누워 있는 방에 들어갔더니 시부모와 남편 모두가 자리를 피해주었다. 그녀는 한눈에 보아도 마지막을 기다리는 기색이었다. 눈물이 글썽한 눈으로 나를 바라보던 그녀는 한참 만에 입을 떼어 말했다.

"와줘서 고마워요. 오랜만에 보니까 기쁘군요."

그녀는 힘겹게 베개 밑을 뒤지더니 무언가를 꺼내 내 옷 주머니에다 집어넣고는 이제 됐으니 가보라는 눈짓을 보냈다.

밖으로 나와 그녀가 주머니에 넣어준 것을 꺼내보았다. 몇 겹으로 싸맨 헝겊을 펴보니 속에서 돈이 나왔다. 당시 우리 고장에서는 여자가 혼례 때 시어른들에게 폐백을 드리고 답례로 돈을 받았는데, 평생 그 돈을 지니고 있다 요긴할 때 쓰는 것이 풍습이었다. 신기선은 아마 그 돈을 간직하고 있다가 임종자리에서 내게 건네준 모양이었다.

그 집을 나서는 내 발길은 천근 만근 무겁기만 했고, 내 가슴에는 무어라 표현할 길 없는 회한의 바람이 불었다. 헝겊에 꼬깃꼬깃 싼 그 돈을 보자 눈물인지 울분인지 모를 무언가가 울컥 치밀어올랐고 눈시울이 뜨거워졌다. 그 일이 있은 지 얼마 안 되어 그녀는 세상을 떴다.

생각해보면 그녀와 나의 인연은 참으로 미묘한 것이었다. 마음은 있으나 행위는 없는, 그래서 더욱 애틋하고, 그녀의 이른 죽음으로 애절함만 더해진 만남이었다. 또한 그녀가 마지막 순간에 보여준 행동과 태도는 젊은 내게 인생의 경이로움이랄까 신비한 존엄성마저 느끼게 해주었다. 남편과 시부모를 가진 시골 여자가 아무리 죽음을 앞둔 자리였다고는 하나 무슨 용기로 외간 남자를 만나게 해달라고 할 수 있었는지, 당시 사회의 관습과 사람들의 이목을 감안해보면 여간한 용기가 아니었다는 생각이 든다. 아니 그것은 용기라기보다는 아름다운 순정의 위력, 또는 솔직함과 진실함이 갖는 힘이 아니었을까. 또한 그때 말없이 자리를 피해준 그녀의 시부모와 남편도 참 대단한 사람들이었다는 생각이다. 모두가 솔직한 품성을 가지고 있고 그녀를 인간적으로 존중했기에 그런 행동이 가능했을 것이다.

이 일을 회고할 때마다 떠오르는 것은 당시 우리 마을이 매우 개방적이고 낭만적이었다는 사실이다. 단오나 추석 같은 명절이면 온 동네 사람들이 넓은 마당에 모여 큰 나무 함지에 물을 잔뜩 채우고 바가지로 둥둥 두드리면서 남녀노소 가리지 않고 같이 어울려 춤을 추고 노래를 불렀다. 그때 부르던 노래를 지금도 많이 기억하고 있는데, 그 노랫말 중에는 입 밖에 내기 부끄러울 정도로 음담패설에 가까운 것도 많았다. 그런 노래를 편을 갈라 서로 주거니 받거니 부르면서 명절을 정말 한바탕 축제로 보냈던 것이다. 남녀차별은 심했지만 그런 점에서 우리네 마음은 따뜻하고 자유로웠다.

큰 뜻을 품고 간도 용정으로

기독교에 귀의하고 나서 내 생활 태도는 완전히 바뀌었지만 그렇다고 현실 여건이 나아진 것은 아니었다. 아버지는 여전히 만주에서 돌아오시지 않은 채였고, 어느덧 나이 스물을 바라보게 된 나의 고민도 깊어갔다.

산에 올라 김을 매다가 허리가 아프면 나는 잠깐 앉아 쉬면서 기도하며 생각에 잠기곤 했다. 그때 늘 떠오르는 물음은 '나는 왜 세상에 태어났는가'였다.

'하나님께서 나를 이 세상에 나게 하신 것이 과연 우리 할아버지처럼 농사짓고 살다가 장가가서 애 낳고 또 농사짓다가 죽으면 뒷산에 묻히라고 하신 걸까. 내가 이 세상에서 꼭 해야 할 일이 있기 때문에 태어나게 하신 것이 아닐까. 내가 이런 생활을 평생

계속하라는 뜻은 아닐 것이다.'

그런 생각을 거듭한 끝에 나는 내가 아니면 안 되는 나만의 독특한 사명을 찾아야 한다는 결론에 이르렀다. 밭에서 일하거나 쉬는 시간에도, 여름에 산에 가서 나뭇가지를 잘라 말릴 때도, 추수가 끝난 들판에서도, 겨울에 나무를 팔고 돌아오는 소달구지 속에서도 늘 이 생각을 했다.

그러다가 내 자신이 농사꾼의 자식으로 태어나 농민들이 얼마나 고생하며 사는지 체험했으니 농민들이 잘 사는 사회를 만들기 위해 일생을 바쳐야 한다는 결론에 도달했다. 그것이 바로 하나님께서 나를 세상에 내신 뜻이라고 믿었다. 그 뜻을 이루기 위해 공부를 더 하고, 성 프란체스코처럼 결혼하지 않고 헌신하리라 마음먹었다.

이후 나의 삶은 가정을 이루며 내 가족들에게까지 고통을 안겨주는 방향으로 흘러왔는데, 나는 종종 가족들을 보며 과연 내가 결혼을 잘한 것일까 하는 회의를 갖곤 했다. 그것은 결혼을 후회하느냐 안 하느냐의 문제가 아니라, 무언가에 평생을 바치기로 한 사람이 가족을 가질 경우, 그 가족이 안게 될 희생과 고통이 크기 때문이다. 당사자야 자신이 원하는 삶을 선택한 것이기에 그에 따른 고통을 감내할 수 있지만 그 가족은 마땅히 받아야 할 보호와 사랑을 얻지 못하고 가장의 선택 때문에 본의 아니게 고통을 감수해야 한다.

물론 스무 살이 채 못된 당시의 나로서는 결혼은 염두에도 없었고 오로지 공부를 다시 시작해 '농민을 위한 삶'이라는 내 꿈을 이루는 데만 몰두해 있었다.

그런데 막상 학교에 가려니 중학교는 입학할 나이가 이미 지나 있었고 또 들어갈 길도 없었다. 그래서 내 뜻과 형편에 맞는 학교를 알아봤더니 만주 용정에 농촌에 들어가 일할 사람들을 양성하는 2년제 학원이 있었다. 나는 그곳에서 공부를 한 다음 농촌을 위해 일하겠다는 결심을 했다.

문제는 내가 생계를 책임지고 있던 가족이었다. 할머니, 어머니, 작은어머니와 동생들, 온통 여자와 아이들뿐인 가족을 내팽개치고 혼자 뛰쳐나가서 내 사명이라고 공부를 하는 것이 과연 옳은 것인가, 아니면 가족을 위해 내 뜻을 굽히는 것이 옳은가를 놓고 나는 심각한 갈등을 겪어야 했다. 당시 우리 집의 수입원이라곤 밭농사와 나무장사가 다였는데 그것을 거의 다 나 혼자 해내고 있었으니 내 갈등은 깊을 수밖에 없었다.

사람은 누구나 어려운 선택에 직면하게 되는 순간이 있다. 나역시 평생을 통하여 어려운 선택의 결단을 되풀이해 왔다. 선택은 그 사람이 살아온 인생을 반영하는 것이자, 그 사람의 미래를 결정하는 행위이기도 하다. 선택이 어려운 것은, 무엇이 옳은 길인지 선택하는 그 순간에는 보이지 않기 때문이다.

어린 나이에 어려운 결단의 순간을 처음 맞게 된 나는 무척이나 고민을 했다. 그리고 결국 아픈 결단을 내릴 수밖에 없었다.

'하나님의 뜻이 일생 이런 생활을 지속하라는 것이 아니라면 나는 나의 미래를 위해 탈출하는 수밖에 없다.'

나는 일단 집을 떠나기로 결정하고, 그런 전제 아래 가족 문제를 다시 생각해 보기로 했다. 하지만 아무리 생각해도 뾰족한 수가 없었다. 나는 가족들에게 아무런 대책도 마련해 주지 못한 채 내 길을 가야 했다. 무겁기만 한 내 마음이 오직 기댈 수 있는 것이라곤 「마태복음」에 나오는 구절 "너희는 무엇을 먹을까, 무엇을 입을까 걱정하지 말라. 다만 그의 나라와 의를 먼저 구하라"는 말씀뿐이었다.

'그렇다. 사람이 먹고사는 것이야 어찌하든 간에 다 되는 수가 있을 것이다. 우선 그 나라와 의를 구하기 위해 탈출해야 한다.'

나는 거듭 다짐하고 어머니에게 나의 결심을 털어놓았다. 어머니는 젊은 내가 생계를 위해 막일에 얽매여 평생 농사꾼으로 지낼까봐 걱정하고 계셨으므로 내 결심을 쾌히 받아주셨다. 그런데 용정까지 가려면 얼마간 돈도 필요했다. 어머니는 다른 식구들 몰래 소를 팔아 70원을 건네주셨다.

"집 걱정은 하지 말고 어서 떠나도록 해라."

어머니는 나를 격려해주셨다. 어머니가 특별히 어떤 의식이 있어서 나를 격려해주신 것은 아닐 것이다. 다만 정 덩어리였던 어머니는 아들의 소원이라는 말에 힘을 다해 이루어주고자 하신 것이었다.

후에 들은 얘기에 의하면, 내가 집을 떠난 후 어머니는 내가 어디서 고생하다가 행여나 돌아오는가 싶어 10리 밖에 있는 각종리 기차역으로 매일 나가보셨다고 한다. 우리 이원군에 철도가 개통된 일자는 확실하지 않으나 대략 1920년대 후반이었다. 내가 어렸을 때, 우리 군에도 화차(火車, 기차)가 생겼다는 소식이 한바탕 동네를 시끄럽게 한 후 동네 사람들 틈에 섞여 각종리 역까지 화차 구경을 갔던 기억이 난다. 그 전까지 교통수단이라고는 자전거가 고작이었으니 화차의 출현은 우리에게 그야말로 빅 뉴스였던 셈이다.

어머니는 간도 용정의 위치도 제대로 모르셨으므로 누가 만주에 다녀왔다고만 하면 그 사람이 그 넓은 만주 땅 어디에서 왔건 꼭 찾아가서 "혹시 내 아들을 만나보았느냐"고 물어보곤 했다고 한다. 그렇게 정이 많을 수 없었던 어머니, 특히 맏아들인 나에게 온 정성과 사랑을 쏟아부으셨던 어머니 생각만 하면 내 늙은 눈에 아직도 눈물이 고이고야 만다.

민족 혼이 살아 있는 간도에서

이곳에서 거친 꿈을 심고자

소 판 돈 70원을 손에 쥐고 나는 기차로 국경을 넘어 간도 용정을 향해 떠났다. 1935년의 일이었다. 두만강을 건너기 전 상삼봉 역(上三峯驛)까지는 일본인 형사와 경찰들의 감시가 심해 몹시 불안했으나 두만강 건너 개산툰(開山屯)부터는 만주국 경찰들이 총대를 잡고 기차 안에서 졸고 있었다. 그리고 곧 눈앞에 용정이 나타났다.

'말 달리고 활 쏘던 선구자들의 땅'인 간도에 내가 들어갔을 때 만주에는 만주국이 세워져 있었다. 만주국은 러일전쟁 후 만주를 지배하기 위해 기회를 노리던 일본이 1931년 9월 만주사변 (동북사변)을 일으켜 세운 국가 아닌 국가였다.

이는 엄연히 국제법을 위반한 것이어서 국제연맹은 미·영·독·이탈리아 등으로 구성된 위원회를 만들어 1932년 초 영국의 리튼 경을 단장으로 한 조사단을 파견하여 만주사변의 진상을 파악하도록 했다. 조사단은 만주사변을 일본의 침략으로 보기는 했으나 중국과 일본의 권익을 모두 인정하고 만주를 국제관리 아래에 두는 새로운 조약 체결을 권고하는 타협적인 내용의 보고서를 올렸고 일본은 이에 반대하는 의견서를 제출했다. 국제연맹은 이를 놓고 표결에 들어가 42대 1로 국제관리 쪽으로 기울어지자 일본은 국제연맹을 탈퇴했으며, 일본 군부는 만주국을 세웠다.

일본군은 만주에 기반을 두었던 장학량 군벌 세력을 물리친 뒤 청나라 마지막 황제 부의(溥儀)를 만주국의 허수아비 왕으로 앉혀놓고, 실질적으로는 관동군 사령관 밑의 일본인 관리들이 최고 자문이라는 이름으로 전권을 휘둘렀다. 이때 만주국을 승인한 나라는 독일, 이탈리아, 로마교황청 등 몇 나라뿐이었다.

만주국을 세운 일본 군부는 먼저 협화(協和)를 내세웠다. 만주에는 만주인, 일본인, 한국인, 러시아인, 중국인 등 다섯 민족이 살고 있었으므로 협화라는 구호는 새로운 삶의 뿌리를 그 땅에 내리고자 하는 사람들의 마음을 사로잡을 만했다. 또한 패배한 장학량 군벌 출신이 대거 가담하여 만주사변 직후 36만 명을 헤아렸던 비적단들은 대대적인 토벌작전으로 만주국이 수립된 뒤인 1936년에는 1만여 명으로 줄어서 이들 역시 새로운 시민 생활에 적응해가야 할 처지였다.

일본 군부는 만주국 개척을 위해 우선 일본 농촌 청년들을 대거 이주하는 정책을 폈다. 마침 세계적인 경제공황과 전쟁, 농촌 궁핍 등으로 만주로 이민해 오는 일본인 수가 늘어나기 시작하자

당초 내세운 5개 민족 협화는 어디까지나 일본인 중심의 행정으로 흘러가게 되었다.

만주국 수립 이전부터 중국인과 조선인의 갈등은 심각했다. 1927년 이후 중국인은 조선인을 노골적으로 배척하였는데 그 이유는 조선인이 마을을 이룬 곳엔 일본이 조선인을 보호한다는 구실로(국제법상 조선인은 일본에 귀속되므로) 영사관 및 경찰을 상주시키고 자금까지 주어 중국인의 땅을 사게 한 다음 분쟁이 생기면 관동군을 개입시키곤 했기 때문이다. 간도에 일찍감치 자리잡은 조선인 중 일부는 '일제의 앞잡이 노릇'을 하며 불법행위를 자행하고 중국 법규에도 복종하지 않는다는 것이다(박영석, 『만보산 사건연구』, 아세아문화사, 1978).

이러한 배경에서 불거진 것이 1931년 7월에 일어난 만보산 사건이다. 조선인이 공사한 수로와 제방을 중국 관헌이 파괴한 사건이다. 이를 두고 일본 경찰과 중국 경찰이 크게 대치하였다. 일본 영사관은 불법이라 주장했고 중국측은 정당방위라고 맞섰다.

일본측 기록에 의하면 당시 만보산 부락엔 32가구 약 200명이 소작 생활을 하고 있었고, 이 사건의 직접적인 원인은 돈키호테 장군으로 알려진 장작상(張作相) 장군의 밀명이라고 되어 있으나, 학계에서는 일제가 일부러 폭파하고서 중국군이 폭파한 것처럼 꾸며 관동군을 출동시키는 빌미로 삼았다는 이야기도 있다. 어쨌든 이 사건으로 조선인과 중국인은 서로를 배척하게 되었다. 이처럼 일본은 만주 침략을 위해 조선인들을 철저히 이용했다.

내가 간도로 간 것이 중일전쟁이 발발하기 2년 전인 1935년이었으니 당시 간도는 중국과 한국, 일본 3국의 세력과 이해 관계가 복잡하게 얽혀 있었다. 조선인들은 주로 경제적인 이유로 간도를 찾았지만 일제의 조선 강점 이후에는 정치적인 이유로 들어온 사람도 꽤 있었다. 독립운동을 위해 간도로 들어온 사람들은 주로 교회와 학교를 중심으로 독립운동을 전개했는데, 특히 간도 명동촌(明東村)에 학교를 세우고 그곳에서 은밀하게 움직이고 있었다. 만주국 수립으로 가장 곤경에 처한 사람은 한국인들이었다. 독립운동 기지로 삼은 만주가 일제의 수중에 떨어져버렸기 때문이다.

만주와 간도. 고구려 이후 그곳은 우리 민족의 본향이기도 한 곳이었다. 그런 만큼 간도에는 민족혼이 살아 있었다. 드러내놓고 태극기를 걸고 애국가를 부른 것은 아니지만 국내와는 비교도 안 될 정도로 민족주의 교육이 살아 있었다.

용정은 간도의 중심이었다. 중심가에는 은행과 상점, 냉면집, 호떡집 등의 음식점들이 몰려 있었는데 상권은 대부분 한국인이 쥐고 있었다. 용정 주민 대다수가 한국인이어서 중국어를 몰라도 생활에 큰 불편을 느끼지 못할 정도였다. 두메산골에서 온 내게 용정은 무척이나 번화해 보였다. 길거리는 더러웠지만 커다란 붉은 벽돌 건물들이 늘어서 있었고 사람들도 많았다. 일제의 억압으로 숨막히는 국내에 비하면 느슨한 분위기였다.

용두레촌, 즉 용우물이라는 뜻의 용정이라는 이름이 유래한 데 대해서는 다음과 같은 전설이 전해진다. 본래 용정은 허허벌판에다 마실 물마저 매우 부족한 곳이어서 물 한 동이를 구하기 위해

7~8리 길이나 되는 해란강까지 나갔다 와야 했다. 사람들은 샘물을 찾게 해달라고 천지신명께 빌고 또 빌었다. 그런데 이 마을에 피리를 잘 부는 정돌이라는 총각이 어느 날 피리를 불다 잠이 들었는데 꿈에 한 처녀가 나타나 샘물 자리를 일러주었다는 것이다. 그 샘물이 바로 용정인데 나중엔 고장 이름도 용정이 되었다는 내용이다. 당시 용정 풍경은 소설가 안수길이 1959년에 쓴 『북간도』에 잘 나와 있다.

굶주림 속에서 시작된 배움의 길

낯설기만 한 용정역에 첫발을 내딛는 순간 비로소 나는 새 생활이 시작된다는 것을 실감할 수 있었다. 하지만 용정 생활은 처음부터 순조롭지가 않았다. 용정에 도착해 내가 제일 처음 접한 소식은 기가 막히게도 내가 입학하려고 했던 학원이 없어졌다는 것이었다. 낙심이 이만저만이 아니었으나 그렇다고 그냥 집으로 돌아갈 수도 없는 노릇이어서 고민 끝에 은진중학에 입학하기로 결정을 내렸다.

만 열여덟 살, 지금 같으면 대학에 들어갈 나이에 은진중학을 택해 입학한 이유는 무엇보다 그곳이 기독교 학교였기 때문이다. 또 고향에서 강봉호 장로를 통해 흠모하게 된 김준성 선생 밑에서 공부해보고 싶다는 생각도 있었다. 그러나 그분은 그때 이미 캐나다로 떠나고 난 후였다. 은진중학은 규암(圭岩) 김약연(金躍淵)을 비롯한 북간도의 교회 대표 15인이 캐나다 선교회에 청원해 명신여중, 제창병원과 더불어 1931년에 설립한 학교였다. 당시 북간도 지방의 기독교 포교는 함경도 지역과 블라디보스토크 일대와 함께 캐나다 선교회에서 맡고 있었다.

용정에는 기독교 민족주의의 은진중학과 명신여중 외에도 공산주의적 민족주의 색채가 강했던 동흥중학, 순수 민족주의자들이 많았던 대성중학 그리고 일본인들이 운영하던 광명남녀중학이 있었다. 교회도 많아 중앙교회(문재린 목사 담당), 동산교회(이성국 목사 담당) 등 여러 교회가 있었다.

용정은 만주국에 속해 있고 주민 대다수는 한국인이었는데 정치적 실권은 일본 영사관이 쥐고 있었다. 청산리대전 이후 일본군의 토벌작전으로 많은 독립운동 지도자들이 용정을 떠난 상태였으나 규암 김약연을 비롯한 지도자들은 여전히 그곳에서 은밀한 활동을 벌이고 있었다.

내가 입학했을 때 은진중학의 이사장으로 있던 김약연 목사는 함북 회령 출신으로 원래 한학을 공부한 분이었다. 일찍이 독립운동에 뜻을 세우고 친척과 지인들을 이끌고 간도 명동으로 들어와 자리를 잡았다. 그곳에서 사숙(私塾)부터 시작해 후일 독립운동의 본거지가 된 명동학교를 세웠으며, 1909년 마흔한 살 나이에 유교에서 기독교로 개종해 새 사상 모임에 주력했다.

내가 본 규암은 유교의 선비 정신과 기독교의 관용, 독립운동가로서 강직함을 겸한 인격자였다. 좌익 학생들 때문에 문제가 생길 때마다 나는 규암을 찾아갔는데, 늦은 밤에도 옷을 단정히 입고 꼿꼿이 앉아 차근차근 이야기하는 모습이 매우 인상적이었다.

규암이 설립한 명동학교는 1908년부터 1925년 중학부가 폐쇄될 때까지 1,200여 명의 졸업생을 배출하였다. 명동 출신의 교원과 학생들은 간도와 노령 등 각지에서 사립학교를 세우거나 교편을 잡고 청소년들에게 반일 민족독립 사상을 전수하고 청년들을 이끌었다.

서울의 3·1운동에 호응해 3월 13일 용정에서 벌어진 대규모 반일 시위에서 명동학교 교사와 학생들의 활약이 대단했다고 한다. '충혈대'를 결성하고 기다리고 있다가 만세 운동이 개시됐다는 소식을 접하자 거리로 뛰어나와 시위를 하면서 하루빨리 독립을 선언하는 집회를 개최하라고 '독립운동의사부'에 요구하였다. 그러나 이 사건으로 일제의 주목을 받게 된 명동학교는 1920년 10월 20일 일본군에 의해 불타버리고 만다. 그후 김목사는 은진중학의 이사장으로 취임해왔다.

이 3·13시위로 한국인들이 많이 죽었는데, 나는 최근 이 시위에서 희생된 사람들의 비석을 세우고 묘지를 정리하여 그들의 높은 뜻을 기리고자 위원회를 조직하고 위원장직도 맡고 있으나 아직까지도 중국 정부의 이해를 얻지 못하여 뜻을 이루지 못하고 있다.

우리가 즐겨 부르는 가곡 「선구자」는 1933년 용정을 배경으로 만든 노래다. 이 노랫말에 나오는 '용두레 우물가'는 바로 용정 (龍井)을 지칭한다. 그러나 내가 본 용정은 그렇게 로맨틱한 풍경은 아니었다. 또 '강가에서 말 달리던 선구자'가 과연 언제 있었는지, 정말 어느 곳에 '거친 꿈'이 깊었는지 솔직히 말해 잘 짐작이 가지 않았다.

그러나 용정 서쪽을 지나 두만강으로 흘러드는 해란강과 그 강 위에 놓인 용문교만은 내 기억 속에 뚜렷이 각인되어 지금도 내 마음속에 남아 있다. 나는 용문교를 햇빛 쏟아지는 낮이나 달빛 비치는 밤이나 가리지 않고 하루에도 수차례 건너다녔다. 용문교 건너 해란강변을 따라가면 나오는 용강동이 바로 내가 살던 곳이었다.

은진중학은 용정의 동산(東山)에 위치해 있었다. 동산 일대는 캐나다 선교사들이 사는 캐나다 조차지로 '영국덕'이라고 불렸는데, 치외법권 지역이라 일제의 힘이 미치지 못했다. 산꼭대기에 세운 학교는 기와지붕을 이고 있는 3층 벽돌 건물로 허술한 느낌을 주었으나 다른 학교에 비하면 가장 서양식 구조를 갖춘 건물이었다. 교장은 조지 F. 브루스(George F. Bruce)라는 캐나다 사람이었고, 교사 수는 정확히 생각나지 않으나 학급이 한 학년에 하나씩, 모두 네 학급이었으니 손가락으로 꼽을 정도였다.

무턱대고 입학은 했으나 학비를 조달하는 것이 큰 문제였다. 고학밖에 길이 없었지만 그 길조차 뚫리지 않았다. 아는 사람이라곤 나보다 먼저 용정으로 와 은진중학에 다니고 있던 이종 사촌형밖에 없었고 그 역시 나보다 나을 것 없는 고학생이었다.

나는 곧 나와 비슷한 가난뱅이 예닐곱 명을 모아 자취를 시작했다. 부엌도 없는 허름한 방을 얻어 마당에서 끼니를 끓여 먹는 상황이었다. 일을 해서 돈을 벌려고 해도 도무지 일자리가 없었으므로 돈을 안 쓰는 방법밖에 없었다. 그러니 먹는 것도 제대로 해결할 수가 없었다. 쌀밥은 생각도 못하고 간도에서 많이 나는 메밀의 즈불을 얻어다 죽처럼 끓여 먹는 게 고작이었다. 메밀을 수확하면 알맹이로는 국수를 만들고 껍질은 베갯속으로 쓰는데 껍질을 벗길 때 나오는 부스러기가 바로 즈불이었다. 주로 짐승 사료로 쓰였으므로 값이 거의 나가지 않았다. 반찬은 없고 소금만 곁들여 먹었는데 만주에서는 소금도 비싸 충분히 먹을 수가 없었다. 나중에는 상당 기간 생식(生食)도 했다.

땔감으로는 학교에서 청소가 끝난 후 나오는 쓰레기를 모아서 썼으니, 사는 꼴이 말이 아니었다. 나와 친구들은 말 그대로 피골이 상접해갔다. 그렇게 비참한 생활이 계속되자 함께 고학하던 친구들은 죄다 폐결핵에 걸려 거의 다 학교를 그만두고 말았고, 내 이종 사촌형도 병에 못 이겨 세상을 뜨고 말았다.

나 역시 건강 상태가 말이 아니었다. 교실에서 수업을 듣고 있노라면 첫 시간은 그래도 견딜 만했으나, 둘째 시간부터는 눈앞이 노랗게 변하면서 핑핑 도는 듯한 현기증에 시달렸다. 체육 시간이면 선생님이 내가 병든 줄 알고 수업을 면제시켜줄 정도로 내 건강은 악화되고 있었다. 심할 땐 혓바닥에 백태가 끼어 손가락을 대면 피가 묻어날 정도였다. 그런데도 아무 병에 걸리지 않은 것을 보면 나는 건강에 관한 한 복을 타고난 사람인 것 같다.

이 시절 나는 굶주림이 무엇인지 뼈저리게 느꼈으며, 동시에 '음식의 맛'이라는 게 무엇인지도 알게 되었다. 한번은 아는 선배가 나를 데리고 나가 냉면을 한 그릇 사준 적이 있다. 내가 평생 먹은 음식 가운데 가장 맛난 것을 꼽으라고 하면 바로 그날 용정에서 먹었던 냉면이라고 대답할 것이다. 그 냉면 한올 한올의 맛이란! 고통을 겪지 않고서는 행복의 참뜻을 모르듯, 굶주림은 내게 음식의 참맛을 가르쳐주었다.

내가 고생하고 있다는 소문을 들었는지 하루는 아버지가 찾아오셨다. 그리곤 다짜고짜 나를 집으로 데려가겠다고 하셨다. 당시 아버지는 운수 사업에 실패하고 친구들과 함께 북만주 영고탑(寧古塔)에서 혼자 살고 계셨다.

아버지가 만주로 떠난 후 몇 년 만에 뵙는 자리였건만 부자간 상봉의 기쁨을 느낄 새도 없이 서로의 언성이 높아질 수밖에 없었다.

"경찰에 말해서라도 널 끌고가야겠다."

"그러면 차라리 투신자살하고 말겠어요."

내가 완강하게 버티는 바람에 결국 고집 센 아버지도 나를 더이상 어쩌지 못하고 돌아가셨다.

1학년 말이 되었을 때, 내 성적은 평균 97점으로 우수하여 다행히 2학년부터는 장학금을 탈 수 있게 되었다. 비로소 극심한 굶주림에서 벗어나게 된 것이다.

김재준 목사를 만나 율법의 껍질을 깨고

지금으로서는 상당히 늦은 나이인 만 열여덟에 중학교에 입학했지만 당시에는 나처럼 나이 많은 학생들이 많았다. 이미 기독교인으로서 뜻을 세우고 있던 나는 1학년 때부터 종교활동을 맹렬히 벌였다. 고향에 있을 때 박해를 받았던 경험 탓이었는지 비기독교적인 이데올로기에 대해서는 투쟁적인 입장을 고수했다.

당시 교사와 학생들은 항일에는 뜻을 같이하고 있었으나 사상적인 면에서는 공산주의와 민족주의로 갈라져 대립이 심했다. 학생 중에는 친일파도 꽤 있었고 일본 영사관의 앞잡이 노릇까지 하는 사람도 있었다.

기독교 학교인 우리 학교에도 공산주의자들이 많이 들어와 있었다. 특히 나보다 1년 먼저 입학한 한승종은 보성전문학교를 다니다 공산주의 운동으로 7년형을 언도받고 감옥까지 갔다온 철저한 공산주의자였다. 공산주의자들은 조직력이 뛰어나 학생들뿐 아니라 선생들도 그들 앞에서 쩔쩔매고 비실비실 피하기 일쑤였다.

내가 2학년에 올라갈 무렵 드디어 그들은 은진중학을 비기독교화하려는 투쟁을 본격적으로 시작하더니 조회 때 교단에 올라가 브루스 교장을 끌어내리고 집에 가라고 야유하는 행패까지 부렸다. 학생회장이었던 나는 그들의 작태를 도저히 참을 수 없어서 기독학생들을 모아 그들에 대한 투쟁을 주도했다. 기독학생들 외의 다른 학생들은 겁이 나서 회피하고 있었으므로 동조 세력이 거의 없는 힘든 싸움이었다. 밤에 선생들 집으로 찾아가 도움을 청하려 해도 선생들은 우리에게 방으로 들어오라는 말도 하지 못하는 상황이었다. 다만 이사장 김약연 목사만이 이 싸움에서 반드시 이겨야 한다고 우리를 격려했다.

기독학생들과 공산주의 학생의 대결은 마침내 경찰까지 개입하는 큰 싸움으로 번졌는데, 결과는 우리의 승리였다. 그 이후 그들은 스스로 학교를 떠났다. 이 사건을 계기로 나는 브루스 교장과 김약연 목사의 신임을 얻게 되었고 기독학생들의 단결은 더욱 굳어졌다.

나는 또 기독교 신앙에 위배되는 모든 가르침과 행위를 학교에서 추방하는 운동을 벌였다. 그렇게 투쟁하는 것만이 예수를 참되게 믿는 길이라고 생각했던 것이다. 내가 얼마나 보수적이었던지 어떤 선생이건 수업 시간에 성경에 위배되는 말을 하면 당장 스트라이크를 일으켰다.

한번은 생물 선생이 "진화론이 옳은 것은 아니지만 학문으로 성실히 공부해야 한다"고 말한 것을 문제삼아 그를 내쫓기도 했고, 술을 마시지는 않았지만 술자리에 있었다는 이유만으로 선생을 몰아내기도 했다. 또 나와 제일 친했던 친구 전은진이 어느 여학생과 연애를 했는데 나는 연애 자체가 제7계명을 범하는 것이라고 생각하여 그 친구에게 절교를 선언하기도 했다.

이러한 보수적이고 정통주의적인 신앙 형태에 변화가 온 것은 2학년 때 장공(長空) 김재준 선생님이 성경 교사로 부임해오면서부터였다. 1학년 때 우리를 가르쳤던 성경 선생님은 평양신학교를 나온 최문식이라는 사람으로 반일 독립정신이 강한 사회주의자였다. 후일 대구 10월폭동 때 경북 인민위원회 부위원장을 지내기도 한 그는 2학년 1학기 때 강의실에서 일경에게 연행된 후 학교를 그만두게 되었는데, 내 신앙에는 아무런 변화를 주지 못했다.

최문식 선생님과 함께 기억나는 사람으로 명희조 교감이 있다. 이분 역시 나중에 공산주의자가 되었지만 당시엔 철저한 민족주의자였다. 그는 일본 천황이 태어난 천장절(天長節)이나 명치절(明治節) 같은 휴일이 되면 이렇게 말하곤 했다.

"내일은 왜놈 명절이니까 학교는 오지 못하더라도 집에서 공부해야 한다."

그 역시 수업 중에 일경에게 붙잡혀가고 말았다.

최문식 선생님의 후임으로 온 김재준 선생님은 2학기부터 우리를 가르쳤는데, 30대 중반의 한창 나이였다. 그런데 어찌나 수줍음이 많은지 학생들 얼굴을 잘 안 쳐다보고 천장과 노트만 보며 강의를 했기 때문에 학생들은 그에게 '천지'(天地)라는 별명을 붙였다. 하늘과 땅만 번갈아 본다고 해서 붙인 별명이었다. 미국 유학을 마치고 평양 숭인상업학교에서 근무하다 온 그는 수업시간에 영어를 많이 써서 학생들이 강의 내용을 잘 알아듣지 못하는 경우도 있었다.

그가 학생들에게 준 인상은 우선 인격자라는 것이었다. 당시 우리 학교에서는 시험볼 때 커닝이 매우 심했는데, 김선생님은 그것을 알면서도 일부러 시험 시간에 신문을 들고 들어와 감독을 하지 않았다. 그렇게 인격적으로 대하니까 학생들은 오히려 그 시간에는 커닝을 하지 못했다.

그런데 무엇보다 내게 충격을 준 것은 그의 자유주의적 신앙이었다. 그는 성경을 가르치면서 당시의 나로서는 상상도 못한 얘기를 불쑥불쑥 던지곤 했다. 예를 들어 짐승의 피를 먹으면 안 된다는 성경 구절을 해석하면서, 선교사들이 자기들은 소시지를 먹으면서 한국 사람에게 순대를 금하는 것은 넌센스라고 하는 것이었다.

"선교사들은 율법주의의 교리로 한국 사람들을 훈련시켜 온 것입니다."

나는 충격을 받아 김선생님께 질문을 했다.

"그러면 목 매달아 죽인 짐승의 고기로 만든 보신탕이나 제사 음식을 먹어도 죄가 되지 않는다는 말씀입니까?"

그는 나를 물끄러미 쳐다보고는 이렇게 대답을 했다.

"사람의 밖에서 몸으로 들어간 것이 더러운 것이 아니라 속에서 나오는 것이 더럽다는 성경 말씀이 있지 않습니까?"

그 말을 듣는 순간 나는 꼭 벼락이라도 맞은 기분이었다. 이전 같았으면 당장 스트라이크를 일으킬 만한 일이었으나 내가 워낙 마음으로 존경하고 좋아하는 분이었으므로 그럴 수가 없었다.

그를 존경하고 또 자주 접하게 되면서 나는 차츰 그의 말을 이해하게 되었다. 당시 그는 순교자에 대해 연구를 하고 있었는데, 그를 통해 만나게 된 기독교는 그때까지 내가 알고 있었던 것과는 아주 다른 것이었다. 성경을 해석할 때도 쓰여 있는 글자 그대로 받아들이는 것이 아니라 어떤 배경에서 이런 입장이 들어왔다든지, 이런 것은 결코 기독교 신앙의 본질이 아니라 당시 상황에 의한 것이라는 등 합리적이고 자유로운 견해를 보여주었다.

김재준 선생님은 또 성빈생활(聖貧生活)을 몸소 실천하고 계셨다. 한 달 봉급으로 받는 70원 중 22원만 생활비로 쓰고 나머지는 모두 고학하는 학생들의 뒤를 보살피는 데 쓰고 있었다. 그가 다 떨어진 옷을 꿰매 입고 다니던 모습은 지금도 생생히 기억난다.

그런데 재미있는 것은, 양복은 낡아서 다 떨어진 것을 기워 입고 다니면서도 주머니에 손수건만은 항상 꽂고 다니는 것이었다. 하도 이상해서 내가 물어보았다.

"선생님, 손수건은 왜 그렇게 항상 꽂고 다니십니까?"

"한번은 어떤 곳에서 설교를 하던 도중 자꾸 콧물이 나와 곤혹스러웠는데, 설교를 듣던 어떤 여자가 손수건을 건네줘 곤경을 모면한 후론 어디를 가든지 손수건은 잊지 않지."

김재준 선생님이 제일 존경하고 좋아한 사람은 아씨시의 성자 프란체스코였다. 프란체스코가 "나는 이 세상에서 가장 아름다운 처녀인 가난과 결혼했다"고 한 것처럼 그도 성빈을 몸소 실천하고 있었으므로 나는 그에게 깊이 감화되었고 성 프란체스코까지 덩달아 좋아하게 되어 그에 관한 책이라면 잡히는 대로 모두 읽었다.

나는 김선생님의 자택도 자주 방문해 많은 가르침을 받았다. 그런데 댁에 찾아가 "선생님 계십니까?" 하고 응답을 기다리면 분명히 안에 있는데도 종무소식이었다. 그래서 그냥 문을 열고 들어가면 그는 방문객이 누구인지 돌아보지도 않고 책에만 빠져 있었다. 내가 다가가 "드릴 말씀이 있습니다"라고 말하면, 그제야 "응? 무슨 일이야?" 하고 대답하는 것이었다. 그러나 일단 내가 질문을 시작하면 언제 그랬느냐는 듯 주의 깊게 듣고는 필요한 성경 구절을 찾아 보여주면서 자상하게 설명해주시곤 했다. 그런 과정을 거치면서 나는 처음의 충격과 혼란에서 벗어나 차츰 그의 말이 옳다는 생각을 갖게 되었다.

그를 이해하고 받아들이면서 「마태복음」 11장 28절에 나오는 "수고하고 무거운 짐진 자들아, 다 내게로 오라. 내가 너희를 쉬게 하리라"는 구절처럼 내가 그 동안 지고 있던 무거운 짐이 떨어져나가는 듯한 해방감을 느꼈다. 돌멩이처럼 굳어 있던 나의 보수적인 신앙이 깨지기 시작한 것이다.

김재준 선생님과의 만남은 나의 중학 시절에서 가장 중대한 사건이었다. 나는 보수적 신앙에서 해방된 기분에서 친구 전은진을 불러내 함께 보신탕 집에 가기도 했다. 그러나 오랫동안의 금제(禁制) 때문인지 숟가락만 대고는 먹지 못했고 이후 실제로 먹기까지는 많은 시간이 걸렸다.

젊은 날의 초상

맨주먹에 열정만으로 시작한 용강동 선교

나는 학생회장으로서 학생회 활동도 열성적으로 했다. 학생회는 지육부(智育部), 체육부, 종교부 등의 부서로 구성되어 있었는데, 나는 2학년 때부터 학생회장직과 종교부장직을 겸하고 있었다. 보통 3학년이 학생회장직을 맡는 게 관례였으니 내가 좀 극성스러운 편이었다.

종교부는 김재준 선생님을 모시고 활발한 활동을 벌였다. 이때 같이 활동한 동지로는 전은진, 원주희, 김영규, 신영희, 남병헌 등이 있는데 우리는 기독교인으로서 뜻을 같이하고 있었다. 중앙교회 문재린 목사의 아들인 문익환은 나보다 나이는 한 살 아래였으나 학년으로는 2년 선배였다. 그러나 내가 입학할 당시 그는 평양에 가 있어 학교를 함께 다닌 기억은 없다. 그러나 방학 때면 용정에 왔으므로 그와 나, 그리고 나와 같은 반이었던 그의 동생

문동환은 가깝게 지냈다.

종교부가 벌인 활동 중 가장 두드러진 것은 지역 사회 계몽운동이었다. 이 운동은 간도의 용강동(龍江洞), 합성리(合成里), 중흥리(仲興里) 등의 부락에 역량 있는 종교부원을 책임자로 배치하여 전도사업과 계몽사업을 전개하는 것이었다. 각 부락에 배치된 종교부원은 주일학교 교사로 봉사하는 보조 부원과 함께 야학교도 아울러 운영하며 사실상 교역자 노릇을 했다.

이 활동은 그런 대로 체계가 잘 세워져 있었으며, 주요 사업은 내가 종교부 학생들을 선택해서 파견하곤 했다. 이 운동을 이끄는 학생들은 토요일 방과 후 교정에 모여『만국통일 주일학교 공과』라는 책을 교재로 김재준 선생님께 배웠는데, 그때 배운 성서 해설을 메모했다가 주일에 신자들 앞에서 설교를 하는 것이었다.

이 선교 활동이 이루어지기까지의 과정은 실로 눈물겨운 고난과 투쟁의 연속이었다. 우리가 제일 먼저 시작한 곳은 용강동이었다. 나는 기독교에 대한 사람들의 편견과 박해 때문에 처음에는 예수 믿는 티를 전혀 내지 않고, 계몽운동을 앞세워 동네회관을 빌려 야학부터 시작했다. '아는 것이 힘, 배워야 산다'고 쓴 포스터를 온 동네에 붙이고 학생들을 모집했는데, 모여든 사람들 대다수는 젊은 여성과 아이들이었다. 백묵을 살 돈조차 없었으나 우리의 믿음과 열의만은 솟아 넘치고 있었으므로 야학에 오는 사람들의 숫자는 점점 불어났다.

야학을 시작한 지 얼마 후 우리는 드디어 주일학교를 열고 예배를 보기 시작했다. 야학에서도 기도와 함께 공부를 시작했다.

그러자 즉각 박해가 들어왔다. 용강동은 공산주의자들이 많은 동흥중학이 있는 지역으로, 주민들 중엔 좌익 사상을 가진 사람들이 많았다. 내가 용강동을 택했던 이유도 바로 그 때문이었다.

주일학교가 시작되자마자 동네에는 "저놈들은 계몽운동을 가장하고 사실은 예수를 전하러 왔다. 저들의 뒤에는 서양놈들이 있다"는 말이 쫙 돌았다. 공산주의자들에 의한 조직적인 선전이었다.

그들은 갖은 수단으로 우리를 괴롭혔다. 야학이 시작될 무렵이면 회관 주위에 둘러서 있다가 기도할 때 고무총을 쏘아 얼굴을 맞히기도 하고, 밤에 공부를 마치고 돌아갈 때 밭 속에 숨어서 돌팔매질을 하기도 했다. 어린이들에게 성경과 찬송을 가르치자 성경을 태워버리는 부모도 많았다. 나는 용강동에서 어느 드센 과부 할머니 집에 하숙하고 있었는데, 그곳까지 찾아와 주인 할머니에게 나를 내놓으라고 위협하기도 했다.

가난과 고난이 추위를 만나면 더욱 서러워지게 마련인지 제일 견디기 힘든 계절은 역시 겨울이었다. 살을 에는 듯한 추운 겨울날, 브루스 교장에게 부탁해서 얻은 석탄으로 난로에 불을 지펴놓으면, 잠시 자리를 비운 틈을 타서 공산주의자들은 난로 속에 눈을 처넣고 도망치곤 했다. 그러면 나는 그 눈을 퍼내고 다시 불을 붙였다.

추운 데서 일을 많이 한 탓으로 2학년 겨울에는 두 손이 심한 동상에 걸려 견디다 못해 의사를 찾아갔더니 더 방치해 뒀더라면 손을 잘라내야 했을 거라고 했다. 배고픔과 추위를 이기지 못해 현기증으로 쓰러진 일도 있었다. 나의 처지를 헤아린 김재준 선생님이 눈이 펄펄 내리는 어느 날 어간유(魚肝油) 한 병을 놓고 가기도 했다.

내게 닥친 어려움은 그런 것뿐만이 아니었다. 당시 우리 학교에 차운수라는 선생이 있었는데, 김재준 선생님의 평양 숭인상업학교 제자로 일본에서 사범대학을 나온 사람이었다. 그는 우리 학교에 교무주임 자리가 비게 되자 김선생님의 추천으로 오게 되었는데 일본 헌병대에 매수되어 브루스 교장 등 선교사들을 스파이로 몰아 우리 학교를 몰수하려는 음모의 앞잡이 노릇을 하고 있었다.

그런데 이 차선생이 나를 무척 미워했다. 그는 학생이 공부를 등한히 하고 농촌운동에 매달리는 것은 본분에 어긋나는 일이라며 우리의 활동을 금지해야 한다고 교사회에 제기하고 나섰다. 나는 그 소식을 듣고 교무실로 그를 찾아갔다.

"제가 공부를 못해서 그러신다면 할 말이 없지만 공부를 잘하면서 활동을 한다면 괜찮지 않습니까? 만약 다음 학기 성적이 이번보다 떨어진다면 활동을 하지 않겠습니다."

나는 스스로 그런 약속을 했고, 그 약속을 지키기 위해 밤늦도록 공부에 매달렸다. 선교와 계몽활동에 제대로 먹지도 못하고 공부에 몰두하자 곧 몸에 무리가 왔지만 차선생에게 질 수 없다는 각오로 버텨나갔다. 잘 하지 못하는 습자, 도화, 체조 등의 과목은 최고 점수를 받을 수 없었지만 그래도 학기말 시험에서 평균 98점을 얻었다. 그러니까 차선생도 더 이상 내 활동을 제지하지 못했다.

겉보기에는 깍듯했으나 속은 딴판이었던 차운수 선생의 속셈을 잘 모르고 추천했던 김선생님은 그에 대해 언급할 때마다 이렇게 탄식하곤 하셨다.

"내가 세상에 나서 사람 한 번 잘못 써서 후회하는구나."

그렇게 박해와 고난 속에서도 우리가 포기하지 않고 버텨나가자 차츰 우리를 이해하는 주민이 늘어나고 우리의 활동도 뿌리를 내리기 시작했다. 어려운 고비는 일단 넘긴 셈이었다. 그런데 이번에는 새로운 문제가 생겼다. 우리가 빌려 쓰고 있던 회관이 팔리게 될 지경에 처한 것이다. 나와 동지들은 힘을 합쳐 그 회관을 인수하려 했으나 모두 가난뱅이들이라 돈을 마련할 수가 없었다. 이 사실을 알게 된 브루스 교장이 캐나다 선교부를 통해 회관 매입비를 모금해준 덕에 우리는 250원을 주고 회관을 살 수 있었다.

그 회관을 인수하고서는 기쁜 마음에 힘든 줄도 모르고 우리는 학교에서 쓰다버린 문짝 등을 얻어다 수리까지 끝냈다. 당시 용강동 교회 앞에서 혼자 찍은 사진이 한 장 있는데, 거기에는 '눈물의 성전지에서……'라고 쓰여 있다. 사실 용강동은 내게 거룩한 싸움터였으며 결국 우리는 그 싸움에서 승리한 것이다.

그때 나를 도와 주일학교 교사로 일했던 사람은 나보다 두 학년 아래였던 남병헌(전 뉴욕 페이스 대학 심리학과 교수)과 당시 명신여자소학교 교사이자 후일 나의 아내가 된 김명주, 그리고 아내와 같은 학교 교사였던 김초옥 등이었다.

아내를 만나게 된 것은 여름 성경학교 일 때문이었다. 아무래도 남자 중학생들만으로는 미흡할 것 같아 나는 소학교 여교사들에게 도움을 청했는데, 이미 동산교회에서 주일마다 봉사하고 있던 김명주 등이 여름학교의 교사와 반주자로 참여해준 것이다.

용강동 선교가 성공적으로 진척되자 우리들의 활동은 근처의 합성리, 중흥리 등 다섯 마을로 퍼져나갔다. 한 동네에 책임자를 포함해 약 열 명이 배치되므로 모두 60명 정도의 학생이 동원된 셈이었다. 순전히 중학생들의 힘으로 이끌어가는 것이니 운영은 미숙한 점 투성이였지만 신앙에 바탕을 둔 봉사활동은 참으로 헌신적인 것이었다.

브루스 교장이 우리의 활동을 매우 자랑스럽게 여겨 외국에 자주 얘기한 덕택에 세계적인 선교 기관의 인사들이 우리를 찾아주었고 우리 얘기가 『크리스챤 센츄리』지에 소개되기도 했다.

내가 야학을 하던 그 시절, 재미난 일화가 있다. 용강동에 할머니하고 둘이 살면서 교회에 나오던 예쁘장한 처녀가 있었는데, 이 처녀의 할머니가 나를 자기 손녀의 배필로 점찍고는 내가 하숙하는 주인 할머니를 통해 은근히 의중을 전해왔다. 나는 곰곰이 생각해 보았지만 딱히 마음이 내키지가 않았다. 그 여자가 싫은 건 아니었으나 그렇다고 결혼할 마음도 없었다. 나는 성 프란체스코처럼 평생 결혼하지 않고 가난한 자를 위해 일한다는 생각뿐이었으니까.

그래서 나는 대수롭지 않게 여겨 별 반응을 보이지 않았는데 의외로 그쪽에서 적극적으로 나오는 것이었다. 고민 끝에 나는 한 가지 꾀를 생각해냈다. 한 이틀 밥도 먹지 않으면서 짐짓 심각한 고민에 빠진 듯한 시늉을 했더니 짐작대로 주인 할머니가 이유를 물어왔다. 나는 정말 상심한 얼굴로 하소연하듯 말했다.

"고향에서 소식이 왔는데, 아내가 병이 나서 거의 죽어간다니 어쩌면 좋겠습니까?"

"그럼 장가를 갔단 말이야?"

주인 할머니는 놀라는 표정을 짓더니, 이어서 그간 혼담이 오고간 자초지종을 털어놓았다. 그런데 할머니의 말을 들으며 또 가만히 생각해 보니, 혹시라도 병든 처가 죽으면 결혼할 수 있지 않느냐는 얘기를 꺼낼 수도 있을 것 같아 며칠이 지난 뒤 주인 할머니에게 일부러 이렇게 말해주었다.

"할머니, 기쁜 소식이 있어요. 아내가 병이 다 나았대요."

그 일이 있은 지 한참 후, 내가 용정에서 혼례를 치렀을 때 동네 사람들은 내가 재혼한 것으로 알았는데, 바로 내가 꾸민 연극 때문이었다.

윤동주는 시를 쓰고 나는 웅변을 하고

어릴 때부터 연극을 좋아했던 나는 중학 시절에도 연극을 많이 했다. 연극을 많이 하게 된 데는 내 개인적 취미도 있었지만, 학교에서 강당을 새로 짓는 데 돈이 부족하여 연극 입장권을 팔아 건축비에 보태려는 목적이 더 컸다.

이때도 역시 연극을 가르쳐줄 만한 사람은 없었고 연출이나 연기를 제대로 해본 사람도 없어서 우리는 아쉬운 대로 이미 나와 있는 대본을 구해서 이용하기로 했다. 연희전문학교 학생들이 공연했던 「초막의 웃음」이라는 대본을 구해 무대에 올렸고, 어느 해 크리스마스에는 모세의 이야기를 다룬 「이스라엘의 태양」이라는 작품을 공연했다.

연극 활동은 연극에 숨은 정열을 품고 있는 내가 당연히 중심이 되었다. 그때 캐나다 선교사로 와있던 베콘(Bakon) 여사가 이 일에 흥미를 가지고 우리를 도와주었던 기억이 난다. 연극에 어느 정도 지식이 있었던 그녀는 무대 장치에 대해 조언을 하는가 하면 연기 지도를 해주기도 했다.

내가 연극을 워낙 좋아하고 열성적인 까닭에 주연은 도맡다시피 했는데, 정열이 넘쳤기 때문인지 가끔 무대 위에서 즉흥적으로 대사를 읊곤 했다. 「이스라엘의 태양」을 공연하다가 모세가 애굽인을 쳐죽이고 떠나기 전 자기 어머니에게 작별을 고하고 도망치는 장면에서 나는 대본에 있는 대사 대신 "아, 우리가 왜놈들의 압박을 못 이겨 팔도강산을 버리고 쪽바가지 차고 두만강을 건너올 때……" 어쩌고 하며 내 멋대로 말해버렸다. 민족 감정이 연기라는 정서적인 장치를 거치면 그런 엉뚱한 대사도 나올 수 있는 모양이다.

연극에도 경험이 쌓여가자 쓸 만한 대본이 없을 때는 우리가 직접 대본을 만들기도 했는데 특히 「파혼」이라는 작품이 기억에 남는다. 당시에는 농촌 계몽운동이 학생들 사이에 널리 퍼져 있어 이광수의 「흙」이나 심훈의 「상록수」 등의 작품이 인기였다.

그때 나의 주 관심사도 농촌운동이었으므로 이들의 작품을 읽고 큰 감동을 받았는데, 「파혼」은 그런 작품을 흉내낸 것이었다. 어떤 부잣집 딸과 약혼한 대학생이 일생을 농촌에 들어가 농민을 위해 살기로 결심하고 약혼녀를 설득하는 과정에서 생긴 갈등과 파국을 그린 내용이었다.

주인공인 대학생 역을 맡은 내가 약혼녀에게 농촌에 함께 들어가자고 하자 약혼녀가 싫다고 거절하는 장면이 나오는데 내가 약혼녀에게 "그럼 파혼하자"며 약혼반지를 빼서 탁 건네주게 되어 있었다.

내가 이 장면을 아직까지 기억하는 데는 이유가 있다. 당시 우리 학교 건너편에 명신여자중학이 있었는데, 연극을 공연한 후 내가 그 학교 앞을 지날 때면 여학생들이 창문으로 내다보고 소리를 지르곤 했다.

"저기 강원용이 지나간다."

어떤 여학생은 손수건을 흔들며 나를 놀려대기도 했다.

"저 사람이 약혼하면 진짜 파혼할까?"

사실 나는 여학생들에게 인기가 없는 편은 아니었지만 연애라는 것은 해본 적이 없었다. 연애를 하고 싶었다 해도 돈과 시간이 없어 어려웠을 테지만 우선 나는 연애 자체를 죄악시하고 있었다. 김재준 선생님의 영향으로 보수적인 신앙은 많이 변해 있었지만, 연애는 물론 술이나 담배도 전혀 용납하지 못하고 있었다.

그 때문에 술이 지나치면 자신도 망치고 나라도 망친다는 내용으로 「술」이라는 제목의 연극을 올리기도 했다. 지금 생각하면

웃음이 절로 나오는 엉성한 연극이지만 술을 절제해서 마시자는 주장만은 참으로 진지했다.

그 시절엔 연극이든 웅변이든 사람들이 모이는 곳이면 일경이 참관하곤 했는데 만약 내용상 거슬리는 말이 있으면 주의를 받게 되고, 주의를 세 번 이상 받게 되면 잡혀가게 되어 있었다. 나는 항상 주의를 두 번까지만 받고 더는 걸릴 만한 얘기를 하지 않았다.

뒷날 내가 일본에서 돌아와 중앙교회 전도사로 있을 때, 학생들을 데리고 내 손으로 쓴 「아버지」라는 연극을 공연한 일이 있다. 임종 전의 아버지가 유언을 하는 장면에서 민족의식을 고취시키는 대사를 넣었는데 이게 문제가 되어 경찰에 불려가 시말서를 쓰고 나오기도 했다.

그 시절엔 또 웅변이 대유행이었다. 용정에서도 학생 웅변대회가 자주 열려 동흥중학, 대성중학 등 여러 학교가 참가했지만 일등은 거의 언제나 은진중학의 내 차지였다. 내 재능이 가장 잘 발휘된 분야는 역시 웅변이었다. 어떤 주제를 갖고 그렇게 열변을 토하고 다녔는지 지금은 다 잊어버렸는데, 다만 한 가지 기억나는 것은 '주먹'이라는 주제로 웅변을 했던 일이다. 연단에 올라서서는 주먹을 불끈 쥐고 "이 주먹으로 무엇을 때릴고 하니……" 하고 소리를 질러댔는데, 엉터리 같은 내용이었을 그 웅변에도 사람들이 박수를 많이 보내주어 일등을 했다.

바로 그 웅변대회에 항일 민족시인 윤동주도 참가하여 3등을 했다. 그의 웅변 제목이 '땀 한 방울'이었던 것으로 기억한다. 나보다 3년 앞서 은진중학에 입학했던 그는 내가 입학하던 해에 평양 숭실중학으로 편입했다가 그 학교가 폐교되는 바람에 다시 용정으로 와서 광명중학에 다니고 있었다.

동주와 나는 같은 점이 많다. 같은 해에 태어난 동갑이고, 젊은 시절 간도 용정에서 공부도 같이 했고, 기독교 신자인 점도 같다. 그러나 동주는 내가 못 쓰는 시를 잘 썼고, 나는 말을 잘 해서 웅변대회를 휩쓸었다. 동주는 민족시인으로 젊은 나이에 옥사했고, 겁 많고 조심성이 많은 나는 그보다 50년 넘게 더 살고 있다.

학교 생활 중 떠오르는 또 다른 기억은 축구대회다. 용정에 있던 중학교들은 축구 시합을 통해 서로 화합을 다졌는데 은진중학, 대성중학, 동흥중학, 광명중학 등 4개 학교가 참가했다. 축구대회에서는 경기 못지 않게 응원전도 매우 치열했다. 무슨 일이든 팔짱을 끼고 뒷전에 물러나 있지 못하는 성격을 가진 나는 응원에도 적극 나서곤 했다.

언젠가 우리 학교 학생들이 응원 연습을 하는데 응원단장이 연습을 제대로 시키지 못해 진행이 지지부진했다. 학생들 틈에 끼여 있던 나는 보다 못해 응원대 위로 뛰어올랐다. 그때 내 별명이 '강펏대'인 것만 보더라도 입만 한 번 열었다 하면 굉장히 핏발을 세웠던 것 같다. 그런 실력으로 나는 300명 학생들의 주의를 끌어모은 뒤 조직적으로 응원을 이끌었다. 그 결과 우리 학교는 대성중학에 져서 축구는 우승을 하지 못했지만 응원만은 누구에게도 지지 않았다는 평을 들었다.

착한 사마리아 사람들

야학과 주일학교를 통한 농촌 선교, 연극과 웅변, 학생회 활동 등으로 시간이 어떻게 가는지 모르게 동분서주하며 보내는 사이, 어느덧 나는 4학년에 진급했고 곧 졸업이 가까워왔다. 학생들의 인격과 사상, 신앙을 키워준 참 배움터였던 은진중학을 떠날 날이 다가온 것이다.

내가 3학년 때인 1937년 중일전쟁이 터진 후 용정은 음침하고 숨막히는 전쟁의 기운이 거리 곳곳을 무겁게 내리누르고 있었다. 전쟁 전부터 일본군이 진주해 있기는 했지만 전쟁이 터지자 숫자가 급격히 증가해 거리 전체에 일본군이 쫙 깔리게 되었다.

그 무렵 길을 가다 우연히 보게 된 광경인데, 어떤 집 앞에 일본군들이 배급을 기다리는 사람들처럼 열을 지어 서 있는 것이었다. 궁금해서 지나가는 사람을 잡고 물어보았다.

"군인들이 저렇게 줄을 서 있는데, 대체 무엇 때문에 저러고 있는 겁니까?"

"아, 그야 여자 때문에 그러고 있답니다."

나는 이렇게 일본군 위안부의 실체를 현장에서 목격했다. 후에 일본이 위안부 문제에 관해서 뭐라고 얘기를 하더라도 내가 곧이 듣지 않는 것은 바로 이 경험 때문이다. 간도 주민의 8할이 한국인이었기 때문에 위안부도 대부분 한국 여성들이었다.

그런 상황에서 우리는 졸업을 맞게 되었다. 졸업하기 전 내가 세운 계획은 두 가지였다. 하나는 우리 17회 졸업생 모두가 10년 후 어느 날 함께 모이기로 약속을 한 것이다. 그 약속을 확실히 하기 위해 그때 쓸 돈까지 미리 걷고 사진도 찍었다. 그러나 이 약속은 전쟁과 분단으로 지켜지지 못했다.

다른 한 가지는 나와 농촌 선교를 함께 해온 기독 학생들이 모여 단체를 만든 것이었다. 은진중학 학생뿐만 아니라 주일학교와 야학을 함께 했던 다른 학교 학생들까지 포함해 50명 정도의 남녀 학생이 모였는데, 모임의 취지는 '착한 사마리아인의 모습으로 고난받는 이를 위해 함께 살자'는 것이었다. 내 아내가 된 김명주도 이 단체의 회원이었다.

이 단체는 비록 이름은 없었으나 평생을 함께 하는 모임으로 몇 가지 규칙도 마련했다. 즉 평생 형제애와 동지애를 가지고 살며, 공동의 사명을 위해 재산도 공동 소유로 하고, 회원의 전공 과목도 공동의 계획에 따라 정하기로 한 것이다. 심지어는 회원이 결혼할 때도 동지 전원의 동의를 얻도록 규정해 놓을 정도로 우리들은 단단한 공동체 정신으로 묶여 있었다. 실제로 후일 내가 결혼할 때 나와 아내는 동지들의 동의과정을 거쳤으며 우리 외에도 그 약속을 지킨 사람이 많았다.

우리는 기독교 신앙을 토대로 한 민족성 개조와 선교사업, 병들어 고생하는 사람들을 위한 의료복지사업, 계몽과 육영사업, 농촌 봉사활동과 도시지역 사회사업 등을 목표로 하고 각자 한 분야를 택해 공부하기로 했다. 이 단체가 바로 1945년 9월에 정식으로 발족해 경동교회의 뿌리가 된 선린형제단(善隣兄弟團)의 모체였다.

동지들은 각자 전공 분야에 따라 유학을 떠났다. 의료 분야를 담당한 원주희(元周喜)는 하얼빈 의과대학에 입학하여 후일 다른 동지인 신영희가 의학 공부를 시작하자 자기 책을 물려주며 공부를 도왔다.

내가 맡은 분야는 기독교 선교였다. 원래 나는 농촌운동에 뜻을 두었기 때문에 신학을 공부할 생각은 없었다. 그런데 김재준 선생님이 내게 신학을 강력히 권했다. 할 얘기가 있다고 해서 찾아가면 그는 항상 내게 신학을 공부하라고 했는데, 원래 다른 사람의 인생에 쉽게 간섭하는 사람이라면 가볍게 흘려들었겠지만 그런 사람이 아니어서 나도 신중하게 받아들일 수밖에 없었다. 그렇게 김선생님과 토론을 거친 후 결국 나는 신학을 공부하기로 결심하게 되었다.

나는 그때도, 그리고 이후 경동교회를 세울 때도 목사가 되고 싶은 마음은 전혀 없었다. '목사'라는 울타리가 내겐 맞지 않는다고 생각했고 젊은 의협심으로 정치에 대한 관심과 연극에 대한 애정이 강했기 때문이다. 그러나 김선생님은 꾸준히 내게 목사의 길을 열어주셔서 나는 결국은 목사가 되고 말았다. 그 길에 후회는 없다. 인생은 나의 선택과 운명이 뒤섞여 이루어지는 것이고, 무엇이 되었는가보다는 어떻게 살았는가의 문제라고 생각한다.

이렇게 나의 진로를 일단 신학 공부로 정했지만 국내 신학교는 일제의 황국신민화 정책에 의해 강요된 신사참배를 거부하기 위해 문을 닫고 있는 상태였다. 그래서 김재준 선생님이 나온 일본 청산학원(靑山學院) 신학부에 입학하기로 했다. 김선생님은 그곳 선생에게 나를 소개해주는 등 배려를 아끼지 않았다.

그런데 문제는 가족이었다. 고향을 떠나 만주로 올 때도 가족이 제일 큰 고민이었는데, 만주를 떠나 일본으로 가는 데에도 가족이 걸림돌이었다. 당시 식구들은 북만주 영고탑에서 살고 있었다. 내가 가족을 남겨두고 용정으로 떠나온 후 집으로 돌아가지 않자 아버지는 할 수 없이 고향으로 내려가 식구들을 끌고 만주로 올라온 것이었다.

영고탑은 용정에서 도문까지 가서 마아령 고개를 넘어야 갈 수 있는 곳이었는데, 기차로 일곱 시간 정도 걸리는 거리였다. 내가 처음으로 영고탑의 식구들을 찾은 것은 3학년 여름방학 때였다. 친구 김기주와 함께 갔었는데, 영고탑에서도 우리 집이 있는 동네는 요즘의 철거민촌 비슷한 곳이었다. 방 두 칸짜리 허름한 판자집으로 변소도 없어 공중변소를 쓰고 있는 형편이었다. 물도 먼 곳에서 길어와야 했고 부엌도 손바닥만했다.

고향을 떠난 지 거의 3년 만에 나를 다시 보게 된 어머니와 할머니는 말도 못하고 그저 울기만 하셨다. 만나면 울고, 헤어지려면 또 떠나기 이틀 전부터 우는 어머니는 고향에서와 똑같이 그저 정 덩어리였다. 그런데 그 사이 놀랍게도 아버지와 어머니의 관계가 많이 달라져 있었다. 전에는 어머니에게 말을 거의 안 했던 아버지가 술만 드시면 농담도 하고 춤추자는 말까지 하는 것이었고, 어머니 역시 말대꾸 한 번 못했던 옛날과 달리 할 얘기를 다하면서 때론 불평까지 하시는 것이었다.

동생 형용(亨龍)이는 그곳에서 2년제 사범학교를 다녔는데, 낮선 중국어로 공부했는데도 졸업 성적이 매우 우수했다. 아버지는 친한 친구 몇 명과 함께 만주에 꽤 넓은 땅은 사기도 하는 등 힘을 펴기도 했었으나, 이것저것 손댄 일이 실패로 돌아가면서 사놓은 땅이 흐지부지 없어져버리자 실의에 빠져 있는 상태였다. 게다가 할아버지 생전에는 입에도 안 대던 술을 가까이하기 시작해 밤새워 폭음을 하는 경우도 잦았다.

아버지, 일본으로 가겠습니다

집에서는 내가 중학교 졸업하기를 일각이 여삼추로 기다리고 있던 참이었다. 나는 고향에서 탈출하던 때보다 더 심각한 문제에 부딪쳤다. 가족들의 유일한 희망은 내가 중학교를 졸업하고 어디든 취직을 해서 집안에 안정을 가져다주는 것이었다. 그러나 그렇게 된다면 애당초 고향을 떠났던 뜻이 완전히 물거품이 되고 마는 것이었다. 나는 내게 맡겨진 일을 위해 공부를 계속해야 한다고 생각했다.

나는 아버지 어머니 앞에 무릎을 꿇고 용서를 구했다.

"저를 몇 년 동안만 좀 놓아주십시오. 일본에 가서 공부를 해야겠습니다."

아버지는 내 말을 듣자 불같이 화를 냈다.

"정 네 고집대로 하겠다면 나는 집을 불살라버리고 마적단과 공비들이 득실대는 북만주 호림(虎林)으로 가겠다."

아버지의 엄포도 엄포였지만 나로서는 한 번 술을 마셨다 하면 사흘 내리 손에서 잔을 떼지 않으시는 강한 성격의 아버지를 어떻게 설득할 도리가 없었다.

그때 김재준 선생님이 내 사정을 알고는 아버지에게 붓으로 한문 편지를 한 장 써 보냈다. 무슨 내용이 쓰여 있었는지 나는 지금도 모르지만 그 편지를 읽은 아버지는 감격한 어조로 말씀을 하셨다.

"세상에 이런 목사도 다 있느냐?"

그리고 마음까지 바꾸어 "네 뜻이 정 그렇다면 가거라"라며 허락을 해주셨다.

이로써 아버지와 나 사이의 갈등은 "자식 이기는 부모 없다"는 말처럼 내 뜻대로 결말이 났으나, 지금 그 일을 생각하면 자식으로서 죄송한 마음이 앞선다. 사업 실패로 좌절과 실의에 빠져 술로 마음을 달래며 한세상을 보내신 아버지에게 나는 내 뜻대로 산다면서 한 치도 양보하지 않았던 것이다.

한학을 많이 공부한 아버지는 문필에도 취미가 있었다. 만주에서 생활하는 동안 내내 일기를 썼는데 「만유만필」(滿遊漫筆)이라는 제목을 붙였다가 나중에 「만창애화」(滿窓哀話)로 고쳤다. 여러 권이나 되었던 이 글이 자식들에게 전해지지 못해 끝내 그 내용을 알 길이 없게 된 것이 지금도 못내 아쉽고 안타깝다.

아버지와 관련하여 또 하나 생각나는 것은 내 사주에 관한 것이다. 나는 지금도 내가 태어난 시(時)를 잘 모르는데, 아버지는 나보고 "너는 큰 일을 할 사주를 타고났으니 절대 그것을 잊으면 안 된다"고 입버릇처럼 말씀하셨다. 아버지가 말한 사주가 어떤 내용이었는지 정확하게 기억나지 않지만 아마 정치적으로 성공할 사주라고 했던 것 같다. 그 때문이었는지 아버지는 내가 법학을 공부하길 바라셨으나, 나는 그쪽에는 전혀 생각이 없었다.

둘 다 똑같이 성격이 강했던 아버지와 나는 애증이 교차하는 관계였다. 아버지가 나에 대해서 가졌던 갈등은, 당신의 아들을 큰 인물로 만들었으면 하는 바람과 그것을 뒷받침해줄 힘이 없는 현실이 주는 좌절에서 비롯한 것이었다.

우여곡절 끝에 아버지의 승낙은 얻었으나 이번엔 여비와 학비가 문제였다. 학비는 막연하긴 해도 브루스 교장의 배려가 있을 테니 어떻게든 될 것 같았으나 당장 일본까지 갈 여비가 걱정이었다. 우선 고향으로 가기로 하고 이원군까지 갈 여비를 겨우 구해 간도를 떠났다.

농촌운동의 뜻을 품고 만 18세의 나이로 찾아왔던 간도를 나는 4년 뒤, 이번에는 신학을 공부하러 일본으로 가기 위해 떠나게 된 것이다. 젊은 열정과 이상으로 믿음과 보람을 일궈낸 용정을 떠나면서 나는 착잡한 마음을 금할 길이 없었다. 그러나 한편으로는 젊은이답게 미지의 세계에 대한 호기심과 기대가 나를 들뜨게 한 것 또한 사실이었다.

빈민운동가 가가와를 만나다

관부연락선에 몸을 싣고

1939년 초 부산에서 관부연락선을 타고 일본에 건너가 동경에 도착했을 때 내 수중에는 차비를 제하고 일본 돈으로 꼭 10전이 남아 있었다. 그 돈으로 사먹을 수 있는 것은 메밀국수밖에 없었으므로 모리소바 한 장을 사먹고, 고향 선배인 김영주(金永珠)의 하숙집을 찾아갔다.

남은 돈을 홀랑 털어 국수를 사먹을 때의 기분은——원래 내 생활이라는 게 계획을 세워 따르기보다는 부딪쳐가면서 해결해 나가는 방식이기는 했지만——참 막막했다. '어떻게든 되겠지 뭐' 하고 스스로를 달래며 국수를 먹었는데, 지금도 일식집에 가게 되면 그때 생각이 나서 모리소바를 주문하곤 한다.

김영주의 하숙집 주소는 '간다쿠 마사초 32 고키칸'(神田區眞砂町32鴻基館)으로 개인집이었다. 나는 한동안 이 집에서 김영주와 한 방을 쓰다가 나중에 따로 나와 다른 유학생 7, 8명과 함께 집을 얻어 자취를 했다.

애초에는 김재준 선생님이 다녔던 청산학원 신학부에 입학하려고 했으나 공교롭게도 내가 도착했을 때엔 학제가 바뀌어 있었다. 전에는 신학부에 예과와 본과가 있었으나, 예과가 없어지고 대신 전문학교(대학)에서 영문학을 공부해야 신학부에 입학할 수 있도록 되어 있었다.

신학과에 들어가자면 부득이 영문학과를 졸업해야 했으므로 나는 별 수 없이 명치학원 영문과에 입학을 했다. 1939년 봄이었다. 명치학원을 택한 이유는 어려서부터 존경해온 가가와 도요히코가 비록 졸업은 못했지만 그 학교에서 공부를 했기 때문이었다. 가가와 도요히코는 내가 일본 땅에 발을 딛자마자 '아, 여기가 그가 살고 있는 곳이구나' 하고 감개무량해 했을 만큼 내 삶에 큰 영향을 미친 사람이었다.

입학금은 은진중학 교장인 브루스가 동경에 있는 선교사를 통해 보내준 돈으로 해결을 했다. 브루스 교장은 내가 은진중학에서 공산주의자들과 싸우며 선교 활동을 활발히 벌인 이후 나를 후원하기 시작하여 입학 후에도 매달 약간의 학비를 보내주었다. 브루스 교장의 후원은 내게 큰 도움이 되기는 했지만 여전히 내 앞길은 막막하기만 하여 일본에서 공부를 계속해낼 수 있을 것 같지 않았다. 궁리 끝에 기독교 계통인 북경의 연경대학에 가면 장학금을 받고 공부할 수 있다는 정보를 듣고 북경으로 떠날 준비를 한 적도 있다.

그때 동경에는 나와 앞서거니 뒤서거니 하며 왔던 친구들이 있었는데 개중에는 김영규(金榮奎), 김기주(金基柱), 최이송(崔以松) 등 용정 시절 평생 동지로 굳게 뭉친 사람들도 있었다. 그들 중 비교적 학비가 넉넉한 사람들이 "북경까지 갈 것 없이 같이 하숙을 하며 서로 도와가며 살자"고 해서 결국 일본에 눌러앉게 되었다.

영어공부 대작전

명치학원은 크지는 않지만 참 인상적인 학교였다. 메구로 역(目黑驛)에서 내려 버스를 타고 시로가네(白金)에서 내리면 언덕 위에 우뚝 서 있는 학교가 보였는데, 선교사들이 세워서 그런지 굉장히 조용하고 풍치가 좋았다.

나는 도서실에서 가가와 도요히코가 직접 읽었던 책들을 찾아보았다. 그가 읽은 책들을 보면, 당시 그가 폐병에다 눈병이 겹쳐 시력이 몹시 나빴기 때문에 큰 글씨로 '그렇다, 그렇다' 또는 '아니다, 이건 틀렸다'라는 자기 의견을 해당 구절 옆에 써놓은 것이 남아 있어 내 가슴은 그를 직접 만난 듯 흥분되곤 했다. 나는 그와 직접 대화라도 하듯 그가 읽었던 책을 찾아 읽곤 했다.

명치학원에는 나말고도 한국 사람이 더러 있었다. 그 중 김영규는 은진중학 시절부터 한몸처럼 행동해온 우리 모임의 구성원으로서 우리 모임이 계획했던 다섯 분야의 사업 중 사회사업 분야를 택했기 때문에 사회사업학과에 적을 두고 있었다. 또 경상도 출신인 유대건(柳大建)이란 사람과 음악도 잘 하고 풍류를 즐기는 김판기(金判基)라는 사람과도 자주 어울려 지냈다.

브루스 교장과 친구들의 도움을 받아가며 내 일본 생활은 그럭저럭 굴러가기 시작했다. 친구들과 생활하던 시절 제일 기억에 남는 것은 야키도리와 로즈나베라는 음식이다. 야키도리는 고기 살점을 꼬챙이에 끼워서 구워낸, 우리 식으로 말하면 참새구이 같은 것인데 길거리에서 헐값으로 사먹을 수 있었다. 밤에 공부를 하다가 출출하면 나가서 몇 개씩 사먹곤 했다. 근근이 사느라 저녁밥도 제대로 챙겨 먹지 못하는 우리들에게 야키도리는 사실상 저녁이나 진배 없었다.

또 가끔은 영양 보충을 위해 음식점에 가서 로즈나베라는 냄비 요리를 먹었는데, 값이 15전이었다. 25전짜리 쇠고기나베도 있었으나 맛은 별 차이가 없어 우리는 10전이나 싼 로즈나베를 시키곤 했다. 그런데 나중에 로즈나베가 말고기로 만든 것이라는 말을 듣고 난 다음부터는 입에 대지 않게 되었다.

영문학에 관심이나 취미가 있어서가 아니라 신학을 공부하기 위해 어쩔 수 없이 영문학을 해야 했던 나는 처음부터 영어 때문에 어려움을 겪어야 했다. 나는 영문학과라고 해서 단순하게 영어를 공부하는 과 정도로 생각했는데, 이건 정말 문학을 공부하는 곳이었다. 첫날부터 셰익스피어를 원문으로 공부하는 수준이었으니 당시 내 영어 실력으론 따라가기 힘들었다.

은진중학에서 영어를 일주일에 두 시간씩 배우기는 했으나, 말이 두 시간이지 제대로 배운 적이 없었다. 중학 시절 영어 교사로는 강치봉 선생과 어떤 선교사 부인이 일주일에 한 시간씩 번갈아 가르쳤는데, 선교사 부인이 가르칠 때는 학생들 거의 모두가 알아듣지도 못하고 또 제대로 듣지도 않아 수업이 엉망이었고, 강치봉 선생 시간에는 영어 대신 재미있는 얘기나 해달라고 조르곤 했다. 그러면 강선생도 자기가 일본에서 공부한 이야기, 역사 이야기를 하며 시간을 보냈기 때문에 4년을 배웠어도 영어는 기초적인 수준을 벗어나지 못한 상태였다.

게다가 내가 명치학원에 입학했을 때 일본 사회의 분위기는, 태평양전쟁이 임박해 있던 때라 반영미(反英美) 사상이 풍미해 영어를 쓰는 일 자체를 죄악시했다. 그래서 레코드판도 자기네 식으로 원반이라고 바꿔 부르는 게 애국적인 것으로 인식되던 시기였다. 영문학과에 들어온 사람들은 정말로 영문학에 뜻을 두고 고등학교 때부터 영어를 열심히 공부한 사람들이어서 나하고는 실력이 비교할 수도 없을 정도였다. 설상가상으로 영문과에 한국인이라곤 나밖에 없었으니 친구의 도움도 기대할 수 없었다.

나는 정말 영어 때문에 걱정이 태산이었다. 수업은 제대로 알아듣지 못해 재미가 없고 숙제는 하기 싫고, 그래서 '에라, 이 까짓것' 하고 집어치웠다가 다시 끙끙거리고…… 정말 마지못해 학교를 다녔다. 그러니 학교 가는 것도 점점 싫어지고 갈수록 결석하는 날이 잦아졌다. 당시 그 학교에는 결석일수 상한선이 있어, 그 선을 넘으면 학기말 시험을 볼 자격을 박탈해버렸는데, 나는 아슬아슬하게 그 경계선에 닿기 직전까지 수업을 빼먹곤 했으니 참 형편없는 학생이었다.

그래도 그럭저럭 시험을 치를 수 있었던 것은 교재가 거의 다 일본어로 번역되어 있었기 때문이다. 셰익스피어, 나다니얼 호손 등의 작품을 일어로 번역된 책을 사다가 원본과 대조해가며 공부를 하면 그런 대로 시험은 칠 수 있었다.

나는 학과 공부는 등한히 했지만 세계문학전집이나 사상전집 등은 늘 옆구리에 끼고 다니며 열심히 읽었다. 당시 내가 탐독하던 책 가운데 영국인 폴 사바티에가 쓴 『성 프란체스코 전기』가 있었는데, 이 책 번역자가 나카야마 마사키(中山昌樹)라는 명치학원 선생이었다. 그는 단테와 밀턴 등 고전을 공부한 사람으로 성 프란체스코를 매우 좋아했다.

나는 그 전기를 읽고 나카야마 선생을 찾아가 얘기를 나눠보았다. 그는 내게 번역할 때의 심정을 자세히 들려주었다.

"그 전기는 너무 감동적이어서 보통 번역을 하듯 할 수가 없었네. 그래서 무더운 한여름 날씨에도 외투를 입고 문을 잠근 채 땀을 뻘뻘 흘리며 번역을 했다네."

나는 종종 그 선생과 얘기를 나누며 가깝게 지냈다.

저항하는 일본의 지성인들

내가 일본에 자리를 잡기 시작한 1939년 무렵 일본은 제국주의적 침략 야욕으로 온 나라가 들끓고 있었다. 괴뢰 정권인 만주국의 수립으로 중국 대륙 침략의 발판을 미리 마련한 일제는 1937년에 중일전쟁을 일으킨 후, 나라 전체를 국가 총동원 체제로 운영하면서 살벌한 전쟁 준비에 들어갔다.

1차 대전 무렵의 민주화 조류에 의해 시작된 대정(大正) 데모크라시 운동과 그 결실이라고 할 정당 내각 시대는 1932년 이미 막을 내렸다. 젊은 장교와 사관생도들에 의해 수상 이누카이(犬養)가 사살된 5·15사건으로 정당 내각 시대는 사실상 끝나고 일본은 준전시 체제로 돌입한 것이다.

게다가 1936년에는 극우 청년 장교들이 주도한 2·26 사건을 계기로 군부가 실권을 장악하면서 실질적인 군부 독재 시대가 시작되었으며 곧이어 중일전쟁이 터졌다. 중국을 지원하는 미국과 영국에 대항하여 일본 주도로 이른바 대동아 공영권을 수립한다는 발상이 군부와 극우 세력을 중심으로 팽배해 가던 당시 일본 사회는 국내적으로도 치안 유지라는 미명 아래 사상 통제와 탄압이 점점 심해지고 있었다.

갖가지 강압 정책도 실시되었는데, 그 중 하나가 정신운동으로 전개된 천황제 찬양과 천황의 신격화였다. 중국 침략 전쟁은 '대동아 성전'으로 불렸고 온 거리에는 '귀축 미영 격퇴'(鬼畜米英擊退)라고 쓴 대자보가 나붙어 있었으며 '1억 국민 총단결'이라는 구호 아래 내선일체, 동조동근 등의 선전 문구가 나오기 시작했다.

일본은 이처럼 한국을 전쟁에 끌어들이기 위해 선전 공세를 펼치는 한편, 미국과 영국을 겨냥하여 서구문화 배격과 신도(神道) 숭상 및 기독교 배척 등을 내용으로 하는 일종의 문화운동을 펼치고 있었다. 이런 상황이었으니 조선인에다 기독교인이요, 미국인이 세운 학교에서 영문학을 공부하고 있던 나는 반일 활동을 하지 않아도 자연 일본의 눈에 거슬리는 대상이 될 수밖에 없었다.

이런 와중에도 일본의 양심적인 지성인과 종교인들은 제 목소리를 잃지 않고 있었다. 일본 군국주의에 반기를 들었던 나카노 세이고(中野正剛)는 매우 호소력 있는 대중정치가로 군부 정권의 침략 정책을 맹렬히 공격하다가 결국 자결하고 말았다. 이상적 자유주의자였던 동경제대의 가와이 에이지로(河合榮治郞) 교수는 일본의 국가주의를 파시즘이라고 비판하다가 교수직에서 파면되었는데 나는 이 사람의 글도 열심히 읽고 강연도 찾아다니며 들었다.

일본대학의 나가이 도오루(永井亨) 교수도 내가 좋아하던 용기 있고 양심적인 지식인이었다. 기독교인으로서는 구세군 사령관을 하던 야마무로 군베이(山室軍平)라는 사람이 반전 활동을 하고 다녔는데, 이들의 책을 읽고 강연을 들으면서 어려운 상황에서도 바른 말을 하는 용기와 지식인 본연의 저항 정신 같은 것을 배울 수 있었다. 이들은 일본의 예언자들이었다.

마침내 가가와 선생을 만나다

어려서부터 존경해온 가가와 도요히코 선생님과의 만남은 내게 큰 감명이었다. 열네댓 살 무렵 외삼촌 염쾌석을 통해 기독교와 함께 알게 된 가가와 도요히코 선생. 외삼촌의 방 책상 앞에는 가가와 선생의 큰 사진이 붙어 있었고, 외삼촌은 내게 가가와 선생에 대한 이야기를 들려주곤 했다.

그후 가가와 선생에 대해 알고 싶어 그분이 쓴 책이란 책은 모조리 찾아 읽기 시작했는데 자전소설 『사선을 넘어서』가 특히 충격과 감동을 주었다. 기독교에 대한 나의 관심은 외삼촌의 영향도 있었지만 사실은 가가와 선생의 신앙과 삶이 내 마음의 문을 결정적으로 열어주었다.

특히 그의 집안이 파산하고 젊은 나이에 중병까지 걸려서 말할 수 없는 절망과 좌절 속에서 지내다가 마침내 예수를 만나고 새로운 사람이 된 점이나 빈민굴에 들어가 빈민들과 함께 한 그의 삶은 젊은 나의 마음을 뒤흔들었다. 나도 열다섯 나이에 소년 가장으로서 좌절과 절망 속에서 헤매다가 비로소 예수를 내 마음에 받아들이고 농민들을 위해 평생을 바치기로 결심했고, 그 결심을 이루기 위해 돈 한 푼 없이 간도 용정에 들어가 고학을 하면서 고군분투했기에 가가와 선생의 삶은 내 마음의 길잡이였다.

동경에 자리를 잡자마자 나는 가가와 선생을 만나고 싶은 열망으로 들끓었다. 그래서 주소를 알아내 만나고 싶다고 편지를 보냈더니 곧바로 만나자는 답장이 왔다. 그는 동경에서 기차로 한 시간 넘어 걸리는 가미키타자와(上北澤)에 살고 있었다.

오랫동안 흠모해온 사람을 직접 만난다는 기대로 잔뜩 긴장하고 그가 사는 곳을 찾았더니 그의 집은 참대밭 속에 조그맣게 자리하고 있었다. 집 가까이 다가가니 대문 어귀에서 원숭이 두 마리가 장난을 치며 놀고 있었다.

가가와 선생은 마침 식사를 하고 있던 참이었다. 식사를 마칠 때까지 밖에서 기다렸다가 집안으로 들어가 인사를 했다.

"제가 편지를 드렸던 강원용입니다."

"아! 그래? 들어와. 식사를 같이 하지."

"아닙니다. 일부러 식사가 끝나기를 기다렸는데요."

"자네가 우리 집에 와서 밥과 된장국을 같이 먹을 수 있는 사이가 아니라면 무엇 때문에 이곳에 왔는가?"

이것이 우리들의 첫인사였다.

그의 인상은 사진에서 본 것과 다를 바 없는, 키가 작고 눈이 큰 전형적인 일본인의 모습이었다. 다만 조금 의외라고 느낀 것은 책을 통해 상상했던 것과는 달리 상당히 유머를 즐기는 사람이라는 사실이었다. 그는 내 이름을 묻더니 성이 '강'이라고 하자('강'은 일본말로 '쿄오'인데, '쿄오'는 '오늘'이라는 뜻을 갖고 있다) "아, 쿄오야? 자네는 어제도 쿄오고 오늘도 쿄오로군" 하고 웃으며 농담을 했다.

가가와 선생 부인하고도 인사를 했는데, 이름이 하루코(春子)였다. 뚱뚱하지는 않지만 넉넉한 몸집에 수수하면서도 고상한 분위기를 풍기는 여자였다. 그런데 이 두 사람의 결혼 얘기가 내게는 그렇게 감동적일 수가 없었다. 그들의 결혼이 내게는 퍽 이상적으로 보였다.

하루코는 가가와가 전도하던 공장에서 일하던 여직공으로 글자도 모르는 아주 무식한 여자였다. 가가와는 결혼할 당시 조그만 다다미방에서 의지할 곳 없는 할머니 세 명과 함께 지냈는데, 결혼 초야도 그 방에서 할머니들하고 함께 보냈다고 한다. 그리고는 이튿날부터 신부에게 글을 가르쳤다고 한다.

그날 이후 나는 자주 그 집을 찾아가곤 갔다. 당시 그는 가난한 노동자들을 위해 여러 가지 활동을 벌이고 있었는데, 그 중 대표적인 것이 공장 지대에 식당을 만들어 돈도 없고 시간도 없이 저임금 중노동에 시달리는 노동자들에게 음식을 해주는 일이었다. 또 주부 노동자들을 위해 탁아소도 많이 세웠다.

가가와 선생은 과학에도 조예가 깊었다. 특히 별들의 세계와 우주, 지질학에 관심이 깊어서 내게 자기가 수집해 놓은 돌을 부여주기도 했는데, 한번은 내가 여름방학을 맞아 고향인 이원에 간다고 하자 그곳이 어딘가를 묻더니 "아, 그럼 제3기층이겠구만" 하면서 돌아올 때 바닷가에서 돌을 좀 주워다달라고 했다.

그에게는 좀 괴짜 같은 면도 많았다. 한번은 내가 엉뚱한 질문을 했다.

"선생님, 선생님이 세상을 뜨시면 어떻게 장례를 치르기를 원하십니까?"

그러자 가가와 선생은 잠시 생각을 하더니 이렇게 대답했다.

"일본은 내 무덤이 되기에는 너무 좁아. 내 시체를 비행기에 싣고 태평양 한가운데로 날아가 떨어뜨렸으면 좋겠네."

그는 또 영어 발음이 매우 나빠, 영어로 얘기해도 듣는 외국 사람은 일본어로 얘기하는 줄 알 정도였다. 그래도 그는 통역을 쓰지 않고 직접 영어로 얘기하기를 고집하곤 했다.

그가 내게 깊은 인상을 준 것은 중일전쟁이 터진 후 기독교에 대한 탄압이 심해지고 있던 때에 한국으로 전도 강연을 떠난 일이었다. 그가 떠나기 전 인사차 찾아갔는데, 그때 그는 신장염이 심한데다가 그 큰 눈이 다 묻힐 정도로 온몸이 퉁퉁 부어 있었다. 손수건으로 눈을 비비면 피가 묻어 나올 정도로 건강이 나빠 누가 봐도 도저히 강연을 떠날 수 있는 몸이 아니었다.

나는 걱정이 되어 그를 만류했다.

"선생님, 여행 중에 무슨 일이 생기면 어떻게 하시려고 합니까? 여행은 그만 좀."

"아니네, 이 일은 내가 꼭 해야 할 일이라네."

그는 끝내 고집을 꺾지 않았다. 그런데 옆에 있던 그의 부인도 선생을 말릴 생각을 하지 않았다.

"저분이야 하나님께 목숨을 맡기고 사는 사람입니다. 지금까지도 하나님이 살려준 거지 어디 자기 힘으로 살았습니까."

부인은 아주 담담한 태도로 남편의 뜻을 존중하는 모습을 보였다. 가가와 선생 부부 같은 사람은 내게 기독교인의 삶이 무엇인가를 몸으로 가르쳐준 인물들이다. 나는 그 부인도 세상을 떠나기 전까지 계속 만났다.

일본에 있는 동안 나는 가가와가 강연하는 곳이라면 거의 빠짐없이 찾아다니며 들었다. 그는 흑판에 백묵으로 글을 쓰며 강연하는 것이 아니라 흰 종이를 여러 겹 벽에 걸고 강연을 하면서 붓으로 흰 종이 위에 글을 써가면서 강연을 했다. 그런데 내가 들은 그의 강연 대부분은 과학에 대한 얘기였다. 그 무렵 그는 『팽창하는 우주』라는 책을 써낸 것으로 기억한다.

내가 들은 이야기에 의하면 그가 어느 의과대학에 강연을 하러 갔는데, 강연이 끝나고 난 뒤에 의과대학 교수들이 이런 말을 했다고 한다.

"비록 가가와 선생이 비전문가로서 의학에 깊이 있는 지식을 갖고 있어 놀랐으나 그 내용은 우리들이 다 아는 것이다. 우리가 선생님을 초대한 이유는 의학 지식보다는 종교나 사회 문제 이야기를 듣고 싶어서였는데, 의학 이야기만 한 것에 실망했다."

그는 종종 시국에 대한 강연도 했다. 한번은 히비야(日比谷) 강당에서 강연을 가진 일이 있는데, 요지는 '일본인이 얼마나 왜소한 인종인데 제 분수를 모르고 거대한 중국 대륙을 통째로 먹으려 하느냐, 일본이 하고 있는 일은 어리석은 원숭이 흉내에 불과하다'는 것이었다. 그의 얘기가 그렇게 계속되자 청중 속에 앉아 있던 극우파들이 소리를 지르기 시작했다.

"집어치워라, 너는 국가의 적이야!"

그런 고함과 함께 단상을 향해 뭔가를 집어던지기도 했다. 그러나 가가와는 태연히 단상에 서서 일제 군국주의의 선전 노래로 널리 보급되어 있던 '핫코 이치우'(八紘一宇, 전세계를 한 집으로 삼고)라는 노래를 부르고 나서는 극우파들을 향해 이렇게 일갈했다.

"너희들은 이 노래를 부를 자격도 없는 놈들이야!"

가가와처럼, 프란체스코처럼

가가와가 1909년 스물한 살 때 쓴 일기를 보면 "나는 이제 절망이다. 이 절망을 안고 나는 밤새워 울었다"라는 기록이 있다. 그런 절망 속에서 그는 선교사 마야스를 만났다. 마야스는 가가와가 폐병으로 쓰러져 각혈할 때 이틀 동안 다다미도 없는 방에서 가가와와 함께 자며 돌보아주었다. 죽음만이 해결책이라고 생각하던 절망의 심연 속에서 가가와는 예수의 사랑을 받아들였고 예수의 삶을 본받기 위해 빈민굴로 들어갈 결심을 한다. 그가 쓴 『지각을 깨고』라는 글에는 '죽을 바에는 빈민굴 속에서 빈민들과 함께 죽겠다. 죽는 시간까지 용기를 다해 좋은 일을 하다가 죽겠다'는 결심이 자세히 나와 있다.

빈민굴 속에서 그는 이 세상의 모순과 고통, 고뇌, 이 모든 것들의 뿌리를 탐구했다. 빈민굴이 없어지는 것이 그의 소원이었지만, 그것이 실현되지 않는 한, 그 안에 사는 가난한 사람들과 함께 사는 길을 택한 것이다. 그것은 동정이나 자선이 아니었다. 그는 자선사업은 빈민을 모욕하는 것이라고 생각했다. 그가 생각하는 빈민들과의 관계는 그들의 좋은 이웃이 되는 것이었다.

1917년 가가와는 2년 9개월 동안 미국 유학을 하면서 노동조합 운동을 배워와 빈민을 위한 조합운동을 전개할 요량으로 다시 일본의 빈민굴 속으로 들어갔다. 당시(1919) 일본에는 노동조합법이 없었고 치안경찰법 17조에 의해 노동자의 운동을 단속하고 있었다. 가가와는 이 치안경찰법 17조를 철폐하는 운동을 펼쳤는데, 그 운동의 선언문을 보면 8시간 노동제, 최저임금 보장, 사회보험 제도 확립, 공장 민주화, 남녀 동일임금, 주거문제 해결, 교육 기회 균등 등을 요구하고 노동자는 시장에서 사고 파는 상품이 아니라 인격이라는 것을 강조하고 있다.

그는 혁명이나 폭동, 과격한 행위를 부정했다. 그러나 가가와의 이런 주장은 곧 벽에 부딪치고 만다. 그가 주장한 노동운동은 정치운동이 아닌 경제운동이었지만 정치운동 없이 경제운동으로만 노동자들의 문제를 해결하기란 사실상 불가능했고 비판도 받게 되었다.

또한 그가 내세운 비폭력, 무저항 운동은 탄압 속에 전개되는 노동운동 현장에서는 받아들여지기가 힘들었다. 자연 노동운동권 내부에서도 과격한 주장을 하는 세력이 힘을 얻게 되었다. 가가와는 과격한 투쟁은 사회를 진정으로 바꾸는 힘과 사명을 잃게 된다고 이들과 맞섰지만 그의 주장은 지지를 얻지 못했다. 그는 노동운동에 환멸을 느낄 수밖에 없었다. 그래서 농민운동에 눈을 돌렸으나 농민운동을 일으키기에는 시기상조였다.

1922년 가가와는 농민조합을 조직하여 노동농민당을 세우지만 1926년 눈이 거의 실명 상태에 이르게 되자 적극적인 현실 참여에서 한 발짝 물러나 전도에 전념하게 된다. 그는 『예수의 종교와 그 진리』라는 책에서 다음과 같이 교회를 비판했다.

"오늘의 교회는 사회악에 눈을 감고 안이한 길을 통해서 선교를 하고 있다."

그의 전도운동, 하나님나라 운동은 사회 개혁과 끊을 수 없는 관계에 있었다. 그의 하나님나라 운동 역시 기성 교회의 비판에 직면하지만 그는 설교만 하는 기성 교회를 규탄했다.

"사랑이 없는 곳에 교회란 있을 수 없다. 중산 계급을 토대로 한 교회는 그 자체가 치유하기 어려운 병에 걸린 환자다."

나의 젊은 시절 이상과 활동은 가가와에게서 받은 영향이 크다. 농민을 위해 내 몸을 바치겠다는 뜨거운 꿈, 용정에서 시도했던 힘겨운 활동은 의식적이건 무의식적이건 그의 삶에 감동받고 영향을 받아서였다. 선린형제단을 조직하고, 농촌에 들어가 가난하고 배우지 못한 사람들에게 교육과 선교를 하려고 했던 나의 꿈은 그러나 조국의 해방과 더불어 벽에 부딪치고 말았다. 우선 우리가 활동을 펼치려던 만주의 간도와 함경도 지역에서 물러나야 했고, 따라서 친구들도 이리저리 흩어지고 말게 된 것이다. 해방된 조국에 불어오는 거센 폭풍 앞에서 나는 가가와와는 다른 길을 걸어갈 수밖에 없었다.

그러나 내 마음 한 구석에는 아직도 가가와처럼, 프란체스코처럼 병든 자와 가난한 자들 사이로 들어가 숨어살고 싶은 마음이 있다. 이제 나이가 들고 이름이 알려져서 사람들은 나를 알아보고 어디를 가나 내게 자리를 내준다. 이렇게 대접받는 입장이 되었으니 가난한 자들 속으로 들어갈 수 있는 기회는 영영 사라져버린 셈이다.

내 인생에서 가장 아쉬운 부분이 바로 그것이다. 그런 기회를 잃어버린 것 말이다. 그것마저 늙은이의 허영이라고 한다면 할 말이 없지만, 누가 첫사랑을 잊을 수 있겠는가? 병들고 가난한 자들 사이로 들어가는 것은 60년 전 내가 처음으로 꾼 꿈이었다. 그것은 순수한 마음과 뜨거운 가슴에서 태어난 첫 꿈이었다. 그러므로 지금 이 나이와 이 위치에서도 그 꿈을 씻은 듯이 잊을 수는 없다. 내가 결혼에 회의적인 것도, 지난 시대의 굴곡을 유독

아프게 느끼는 것도 어쩌면 이루지 못한 이 첫사랑, 첫 꿈에 대한 그리움이 남아서인지도 모르겠다.

1954년 미국 에반스턴에서 모인 세계교회협의회(WCC) 총회 분과에서 가가와가 강연을 한다고 해서 그 강연을 듣고 인사를 나눈 것이 그와 나의 마지막 상면이었다.

가가와 선생은 평생 병으로 시달리는 몸으로 쉬지 않고 활동을 해온 인물이다. 더구나 1938년 11월 인도 마드라스에 열린 세계 선교대회에서 "하나님이여, 일본의 죄를 용서해주소서"라는 기도를 한 것이 일본 내에서 문제가 되어, 감옥까지 가지는 않았으나 거의 활동을 할 수 없을 정도로 구속을 받게 되었는데, 그런 어려운 상황에서도 그는 활동의 고삐를 늦추지 않았다. 그는 1959년 전도여행을 다니던 도중 심근경색증 확장으로 쓰러지고 1960년 72세를 일기로 자택에서 영면했다.

이 글을 쓰기 위해 그가 저술한 많은 책과 그에 관한 자료를 일본에서 찾아보았으나 대부분의 책이 절판되었다는 말을 듣고 위대한 삶을 살아온 이에 대한 기록이 급변하는 역사의 수레바퀴 속에서 사라지는 것에 참으로 마음이 아팠다. 이제는 그에 대한 기억마저 희미해져가지만, 그가 내 젊은 가슴에 지펴주었던 불씨는 지금도 내 안에서 꺼지지 않고 있다.

저쪽 사람과 이쪽 사람

일본에서 생활하면서 가장 생생하게 느낄 수 있었던 것은 한국인에 대한 차별과 식민지 백성의 설움이었다. 고향에서는 일제의 영향력을 거의 느끼지 못했고, 용정에서도 비록 괴뢰 정권이긴 했지만 만주국 소속인데다 대다수 주민이 한국인이어서 심각한 민족 차별을 경험하지 못했는데, 일본에서는 사정이 달랐다. 겉으로는 내선일체니, 동조동근이니 하는 말들이 설쳐댔지만 실제로는 엄청난 차별이 따라다녔다.

하숙을 구하는 일부터가 쉽지 않았다. 신문에서 광고를 보고 하숙집을 찾아가면 한국인이라는 것을 알고 벌써 방이 나갔다고 도리질을 하는 것이었다. 밖에 하숙생을 구한다는 쪽지가 버젓이 붙어 있는데도 그들은 태연히 거짓말을 했다.

일본 사람들은 자기네들끼리 한국 사람을 가리킬 때는 '무코노 히토'라고 불렀다. '저쪽 사람'이라는 뜻인데, 자기들은 내지인이고 한국인은 저쪽 반도에 있는 사람들이라는, 멸시와 차별이 담겨 있는 기분 나쁜 말이었다. '조센징'이라는 말은 그에 비하면 점잖은 편이었다.

그 다음 나를 괴롭힌 것은 경찰이 따라다니는 것이었다. 나는 독립운동에 적극 가담한 것도 아니고 특별히 경찰의 주목을 받을 만한 짓을 한 것도 아닌데 항상 경찰의 눈총을 받았다. 조선 사람 중 조금 배웠다 하는 사람은 독립운동을 하든 하지 않든 경찰의 감시 대상이었으므로 많은 조선 유학생들이 감시에 시달려야 했다. 하숙을 옮기면 전에 살던 지역 경찰서에서 새로 옮긴 지역 경찰서로 나의 일거수일투족을 관찰 조사한 서류가 한아름씩 넘어갔고 심지어 극장에 가도 어느 틈에 경찰이 뒤에 와서 앉아 있는 것이었다.

이렇게 숨막히는 감시와 뒷조사를 무사히 넘길 수 있었던 데는 박영출(朴永出)이라는 목사의 도움이 컸다. 그는 한국 학생들을 위해 숭덕료(崇德寮)라는 기숙사 비슷한 것을 운영했는데, 일본 고관들을 그 요의 이사로 만들어놓고 일본인 강사를 데려와 강연을 하기도 했다. 숭덕료가 겉으로는 일제에 협력하는 것처럼 보였으므로 박목사가 후견인이라고 하면 어느 정도 경찰의 눈길을 누그러뜨릴 수 있었다.

충격적인 일본인의 성풍속

일본 사회에서 나는 이른바 문화 충격을 경험하기도 했다. 무엇보다 나를 놀라게 한 것은 남녀 관계였다. 내가 처음 도착해서 머물렀던, 김영주의 하숙집 주인 여자는 딸만 넷을 둔 중년 여자였다. 그런데 이 여자가 나를 처음 보고 대뜸 물어보는 말이 참으로 기절초풍할 만한 이야기였다.

"지금까지 몇 여자하고 잠을 자봤어요?"

나는 그 질문에 깜짝 놀라서 대답했다.

"그런 일이 없었습니다."

"다른 말은 다 믿을 수 있어도 그 말만은 못 믿겠군요."

그 여자는 도대체 내 말을 믿으려 들지 않았다.

그 여자의 딸 넷 중에서 제일 못생긴 애가 둘째였는데, 이상하게도 그 여자는 그 딸을 제일 예뻐했다. 하루는 내가 물어보았다.

"왜 둘째만 그렇게 예뻐하는 거죠?"

그 여자는 나의 질문에 웃으며 서슴지 않고 이렇게 대답했다.

"그애가 아버지가 누군지 아는 유일한 애이기 때문이에요. 그 애의 아버지는 북해도에서 동경으로 유학온 유부남이었어요. 3년 간 여기서 공부하는 동안만 같이 살기로 했었죠."

나는 그녀의 대답에 그저 어안이 벙벙할 뿐이었다.

놀라운 일은 그뿐이 아니었다. 그 하숙집 맞은편에는 자전거 곡예를 하는 이의 집이 있었는데 그 집의 아이가 아홉 명이었다. 그런데 그 아홉 명이 그 집 남자가 같은 세 자매에게서 얻은 아이들이었다. 언니집에 놀러온 처제 두 명을 건드려 아이까지 낳았으니 한국에서라면 상상조차 할 수 없는 경우였다.

또 그 집 근처에 나이가 마흔쯤 된 여자가 살고 있었는데, 그 여자는 요미우리신문에다 전화번호와 함께 이러이러한 남자를 찾는다고 광고를 내서 남자를 끌어들이고는 어제 저녁에 잔 남자가 어쨌다는 둥 공공연히 떠들고 다니는 것이었다.

법으로 금지되어 있기는 했지만 사촌 사이에도 혼인을 한다거나 남녀 혼탕 습속은 내게는 충격이었고, 여름철에 남자들이 알몸에 훈도시만 달랑 차고 게다짝을 끌면서 길거리를 활보하는 것도 보기에 이만저만 민망스러운 게 아니었다.

'야, 이거 정말 야만인들이로구나.'

나는 속으로 엄청나게 멸시를 했지만 나중에 세상의 이곳저곳을 둘러보게 되면서 지금은 그것을 문화적 차이로 이해하게 되었다.

일본 여성들의 문란한 성 풍속과는 별개로 가정 안에서 이루어지는 인간 관계는 조선 여인들만 못해 보였다. 인간 대접을 못 받고 꼭 몸종처럼 행동했는데, 남편이 밖에서 돌아오면 상전 받들듯 엎드려 절하며 맞아들였고 남자들은 항상 여자를 멸시하는 태도를 취하고 있어서 말을 할 때도 꼭 하대를 했다.

풍습과 문화의 차이로 일본에 대한 인상은 이처럼 부정적인 것이었지만, 한편으로는 앞선 문명을 접할 수 있어 유익한 측면도 있었다. 그 중에서도 제일 즐거웠던 것은 제대로 된 연극과 영화를 많이 볼 수 있다는 점이었다. 우리 학교가 있는 메구로 역에서 성선(省線, 전철)을 타고 신주쿠에 내리면 외국 영화만 상영하는 영화관이 하나 있었다. 값도 싸서 나는 시간만 나면 그곳에 들러 영화를 한두 편씩 봤는데, 반미 분위기에도 불구하고 미국 영화가 자주 상영되었다.

사실 용정에 있을 때부터 나는 영화에 홀딱 빠져 있었다. 용정에도 영화관이 하나 있었는데, 새 영화가 들어올 때마다 나는 거의 빠뜨리지 않고 보았다. 그런데 학교에서는 학생들의 영화 관람을 금지하고 그것을 어기는 학생은 정학으로 처벌했기 때문에 영화 한 편을 보려면 감시 교사인 체육 선생과 한바탕 숨바꼭질을 해야 했다.

나는 그렇게 영화관에 다니면서도 한 번도 들키지 않았는데, 그 까닭은 변장을 하고 영화관에 들어가서는 꼭 체육 선생이 앉은 옆자리를 찾아 앉았기 때문이다. 체육 교사는 등잔 밑이 어둡다고 자기 옆자리는 제대로 보지 않고 다른 데서만 학생들을 찾았다.

졸업을 눈앞에 둔 어느 날 나는 그 선생을 찾아가 사실대로 말했다.

"사실은 제가 4년 동안 몰래 영화 구경을 다녔으니 벌을 주십시오."

졸업하기 전에 내가 받을 벌은 다 받으려고 이실직고를 했는데, 그는 그냥 웃기만 했다.

연극 구경도 빼놓을 수 없는 즐거움이었다. 일본에서 어쩌다 고향에 갈 일이 있으면 나는 일부러 서울을 거쳐가곤 했다. 단성사에 들러 연극을 보기 위해서였다. 돈도 없는 신세였지만 밥은 굶어도 연극만은 절대로 양보할 수 없는 게 내 생활 신조였다. 당시 황철이나 심영 같은 배우들이 인기였는데, 얼마 전 KBS에서 드라마 「동양극장」을 제작하면서 내게 전화를 걸어 황철과 심영의 공연을 본 적이 있느냐고 묻기도 했다.

나중에 드라마 「동양극장」을 봤는데, 황철이나 심영 역의 배역이 썩 잘 이루어진 것 같지는 않았다. 황철 역에는 최무룡 같은 이가 가장 잘 어울릴 것이다. 이 드라마에는 문예봉이 함경도 사투리를 어지간히 쓰는 걸로 나오는데, 내가 아는 문예봉은 그런 여자가 아니었다. 청순하면서도 고전적인 미인형이었던 문예봉은 고향이 함흥이긴 하지만 서울 출생이었다.

일본에서는 긴자에 있는 축지소극장(築地小劇場)에서 주로 연극을 관람했다. 그곳에서 비로소 제대로 된 연극을 만날 수 있었는데 고리키의 「밤주막」 등의 작품을 보았다.

일본에서 공부하는 동안에도 나는 교회에는 빠지지 않고 열성적으로 나갔다. 동경에는 조시가야(雜司谷)라고 주로 한국인 노동자들이 많이 모여 사는 지역이 있었는데, 그곳에 한국교회의 동경지교회 형태로 운영되는 조그만 교회가 하나 있었다. 허름한 다다미 집을 빌려 쓰고 있던 그 교회는 말만 교회지 운영은 엉망이었다. 이래선 안 되겠다고 생각한 나는 입교(立敎)대학에 다니던 홍성영과 황해도 출신 여자 유학생 등 뜻맞는 학생들을 모아 교회를 활성화하는 운동을 벌였다.

우선 어린아이들을 상대로 주일학교를 열었다. 교회 근방에는 어린애들이 별로 없었으므로 주일이면 삼륜차를 몰고 나가 아이들을 모아와서 가르치고는 다시 차로 데려다주곤 했다. 아이들 중에는 상담을 요청하거나 편지를 보내오는 경우도 있어서 나는 틈틈이 시간을 내 상담에 응하고 답장을 보내주기도 하며 주일학교를 계속했다. 물론 성인 신자들을 모아 예배를 인도하는 일도 빼놓지 않았다.

내가 한국 교회 상황을 자세히 알게 된 것은 일본에서였다. 만주 지역 교회는 국내 교회와 관계없이 거의 독자적으로 존재했기 때문에 나는 국내 교회가 어떤 처지에 있는지 잘 모르고 있었다. 그런데 동경에 있으면서 서울에서 오는 『기독신문』 같은 것을 통해 비로소 알게 되었는데, 참 기가 막힌 사실이 많았다.

갈수록 포악해지는 일제의 탄압 때문에 신사참배도 하고 어쩔 수 없이 협력하는 것은 그런 대로 이해할 수 있었지만 적극적인 친일 행각을 벌이는 일부 인사들의 작태는 도저히 이해가 되지 않았다. 그 중에는 눈에 보이는 천황에게 충성을 바치지 못하는 신자가 어떻게 보이지 않는 하나님께 충성스러울 수 있느냐고 공공연히 떠들고 다니는 목사도 있었다. 그때도 광신에 가까울 정도로 열성적인 신자였던 나는 그 소식을 접하고 흥분하여 잠을 이루지 못했다.

결혼을 하다

병과 함께 시작한 신혼

일본 생활을 어렵게 꾸려가던 내게 결혼이라는 큰 사건이 닥친 것은 1940년의 일이다. 내 아내가 된 김명주는 우리 모임이 계획했던 다섯 분야의 사업 중 의료 분야에서 일하기로 하고 간호원이 되기 위해 서울 세브란스 의전 간호과에 다니고 있었다. 열세 살에 어머니를 병으로 잃고 오빠도 병에 걸려 있던 가정 환경이 그녀에게 의료 분야를 택하도록 영향을 준 것 같다.

용정에서 함께 활동할 때부터 김명주와 나 사이에는 딱 부러지지는 않았지만, 그렇다고 부인하기도 어려운 일종의 묵약 같은 것이 있었다.

내가 동경으로 떠나오기 얼마 전 만주에 정착한 둘째외삼촌이 용정에 들러 우리 둘을 자신이 묵고 있던 여관으로 불러 이렇게 말한 적이 있다.

"나는 너희가 장래를 함께 했으면 좋겠다."

그때 우리는 둘 다 그 말을 부인하지 않았다.

일본에 온 후 나는 김명주와 자주 편지를 주고받았다. 그러나 주로 동지로서 함께 할 일에 관한 얘기였지 사랑한다든가 하는 감정을 드러낸 일은 없었다. 이 같은 우리 관계는 결혼하고서도 계속돼 첫아이를 낳을 때까지도 서로 '선생님'이라고 부르며 존칭을 썼다.

당시까지만 해도 결혼에 대한 내 생각은 상당히 경직되어 있었다. 중학 시절에는 일생 결혼도 안 하고 나를 하나님께 전부 바친다는 생각을 가지고 있었고, 그후 이런 결혼이라면 한번 해볼 만하다고 생각한 것이 앞서 얘기한 가가와 도요히코의 결혼이었다.

이와바시 다케오(岩橋武夫)라는 사람의 결혼도 내게 감동을 준 경우였다. 그는 와세다 대학 공학과를 다니다 그만 장님이 되었는데, 몇 번이나 자살을 시도할 정도로 절망 속에서 헤매다가 "내가 당신의 눈이 되어주겠다"고 나선 여자를 만나 새 삶을 시작한 사람이었다. 그는 결혼한 후 영국 옥스퍼드 대학에 유학해 눈 대신 손가락으로 공부하면서 박사학위까지 받고 귀국, 오사카 대학에서 교수로 일했다. 그는 자신의 눈물겨운 삶의 역정을 『나의 손가락은 무엇을 보았느냐』라는 책으로 써냈는데, 나는 그 책을 감명 깊게 읽고 이러한 결혼이라면 괜찮지만 다른 경우라면 결혼은 아예 염두에도 없었다.

마음으로는 그런 결혼을 동경하고 있었지만 그것은 이상이었고, 현실적으로 가능하고 바람직한 결혼은 전에 우리 동지들이 모여 약속했던 대로 우리 모임의 뜻을 이해하고 협력할 수 있는 동지로서 배우자를 얻는 것이었다. 그리고 그런 반려자로 어떤 여자를 택해야 할까 하는 생각을 할 때면 늘 김명주가 떠올랐다.

1940년 봄 김명주의 친한 친구가 그녀 대신 쓴 편지가 친구들과 함께 살고 있는 나의 자취집으로 날아왔다. 김명주가 발진티푸스에 걸려 편지도 못 쓸 정도로 중태라는 것이었다. 나와 친구들은 그 편지를 읽고 대단히 걱정을 했는데, 그때 친구인 김영규가 나도 몰래 내 이름으로 '사랑한다'는 내용의 전보를 그녀에게 보냈다.

얼마 후에 소식을 들으니, 그 병이 지금으로서는 별 것이 아니지만 그 시절엔 잘 고쳐지지 않는 병이어서 공부를 중단하고 용정에 있는 집으로 돌아갔다는 것이었다. 그해 여름방학이 되자 나는 걱정이 되어 그녀의 집을 찾아갔다.

김명주의 집은 용정 동산에 있는 선교사 사택들 중 하나였는데, 방 하나에는 아픈 그녀가 누워 있고 다른 방에는 척추 카리에스를 앓고 있는 그녀의 오빠가 누워 있었다. 늙은 홀아버지가 병든 오누이의 간호와 뒤치다꺼리를 하는 딱한 형국이었다.

김명주의 오빠와 나는 서로 잘 알고 좋아했는데, 그는 은진중학에서 강치봉 선생 이전에 영어를 가르쳤던 내 은사이기도 했다. 원래 폐결핵을 앓아서 몸이 허약했던 그는 척추로 병이 옮아가 몸에 온통 붕대를 감은 채 누워 있었다. 김명주가 누워 있는 뒷방에 가보니 머리카락이 많이 빠진 채 몰골이 형편없었다. 그런 딱한 모습을 보고 나는 그 자리에서 결혼할 결심을 굳혔다.

그때가 7월 하순이었는데, 나는 김명주의 아버지에게 정식으로 청혼을 했다.

"제가 학생의 몸이기 때문에 결혼은 당장 할 수 없으나 약혼은 할 수 있지 않겠습니까. 우선 약혼식을 올렸으면 합니다."

나의 제의에 김명주의 아버지는 승낙을 해주었다. 이제 우리 아버지의 승낙을 얻는 일이 남아 있었다. 나는 영고탑으로 가서 아버지께 내 뜻을 말씀드렸다.

"결혼할 처자가 생겨 혼인을 하려고 합니다."

나의 갑작스런 결혼 이야기에 아버지는 물론 펄쩍 뛰며 반대를 했다.

"나는 그 처자를 한 번도 본 일이 없으니 그 처자가 싫어서 결혼에 반대하는 게 아니다. 다만 네가 고학을 하고 있는 학생 처지인데 혼인이 가당키나 하냐 말이다. 또 그 집 사람들이 그렇게 병치레가 심한데 그 치다꺼리를 학생인 네가 할 수 있을 성싶으냐?"

아무 준비도 안 된 상태에서 결혼을 하겠다고 했으니 아버지의 반대는 당연했다. 그래도 아버지는 나의 결혼과 며느리감에 관심이 가는지 나에게 물으셨다.

"그런데 그 처녀가 무슨 김씨냐?"

"잘 모르겠습니다."

사실 나는 그런 것에 대해서는 아무것도 몰랐다.

"아니, 여자의 본관도 모르고 혼인을 하려는 놈이 어디 있어!"

아버지의 꾸지람과 반대는 어찌 보면 당연하다고도 할 수 있었다. 아무런 준비도 안 되어 있는 상태에서 다짜고짜 결혼을 하겠다고 했으니 아버지로서는 찬성하기가 쉽지 않았을 것이다.

결국 둘째외삼촌이 나서서 아버지를 적극 설득한 덕분에 우리는 7월 27일 김명주의 집에서 간단하게 약혼식을 올릴 수 있었다. 약혼식이라야 우리 부모는 참석도 하지 않은 채 이권찬 목사의 인도로 간단한 예배를 본 것이 전부였다. 당시 내 계획으로는 결혼은 공부를 마칠 때까지 미룰 생각이었다. 나는 명치학원을 졸업하고 신학교에 가야 했고 또 가능하다면 미국 유학까지 생각하고 있었다.

약혼식을 마친 후 일본으로 돌아와 공부를 계속했는데 그해 10월 4일 김명주의 오빠가 세상을 뜨고 말았다. 약혼녀가 아버지와 달랑 둘이 남게 되었으니 참 기가 막힌 일이었다. 이 소식을 알게 된 친구들은 자기들끼리 의논을 하더니 나를 불렀다.

"우리가 남자들만 일고여덟이 모여 사니까 살림이 엉망이잖아. 그러니 살림을 해줄 주부가 필요하네. 자네가 혼인하여 아내를 데리고 와서 함께 산다면 자네도 좋고 우리도 좋지 않겠나?"

나도 반대할 이유가 없었지만 친구들이 나보다 더 서두르는 바람에 겨울 방학에 결혼식을 올리는 것으로 결정이 나버렸다.

겨울 방학이 시작된 12월 22일 나는 니가타와 청진을 오가는 연락선을 타고 용정으로 향했다. 동경에서 용정까지 가려면 사흘이 걸렸으므로 용정에 도착한 날은 크리스마스인 25일이었다. 도착해서 하루를 쉬고는 번갯불에 콩 튀겨 먹듯 이튿날인 27일 우리는 동산교회에서 혼사를 치렀다. 남녀 들러리를 세 사람씩 세운 신식 결혼이었는데, 주례는 약혼식 때와 같은 이권찬 목사였다.

나는 결혼식 때 입을 옷이 없어서 명치학원 친구인 유대건의 옷을 빌려 입고 나갔고, 옷이 없기는 아내도 마찬가지여서 예복을 구하느라 한참을 쩔쩔맸다고 한다. 양쪽이 다 돈이 없어서 피로연이라는 것도 용정 친구들이 준비해준 간단한 다과회로 대신했다. 식이 끝난 후 우리는 영고탑에 있는 우리 집으로 갔다. 처음에는 반대했던 아버지도 정작 큰며느리를 맞게 되니까 매우 기뻐하는 눈치였다.

나는 다시 일본으로 갈 준비를 했다. 우리 집에서는 여비도 줄 수 없는 형편이었으므로 먼 외척뻘 되는 염형석(廉亨錫)이라는 분의 도움을 받았다. 그는 목공일을 하고 있었는데, 만주 지역 신흥종교의 교주였던 소래(笑來) 선생의 제자로 일종의 도인 같은 사람이었다.

그렇게 여비를 마련해서 아내를 데리고 서울을 거쳐 부산으로 내려가 관부연락선을 탔는데 몸이 성치 않은 아내와 함께 긴 여행을 하려니 둘 다 고생이 이만저만이 아니었다. 아내는 배 안에서 심한 멀미를 하더니 나중에는 폐렴 증세까지 보였다.

1941년 1월 중순 간신히 동경에 도착한 우리는 아사가야(阿左谷)에 있는 조그만 아파트에 짐을 풀었다. 친구들과 함께 살림을 시작하기 전 임시로 묵게 된 숙소였는데, 바로 맞은편에는 후일 문공부 장관을 지낸 오재경이 신혼 살림을 차리고 있었다. 그런데 도착한 지 겨우 한 달인가 지나서 이번에는 아내에게 맹장염이 찾아왔다.

신혼이고 뭐고 정신을 차릴 틈도 없이 아내는 맹장 전문병원인 이다바시(板橋) 외과병원에 입원하게 되었다. 지금이야 맹장 수술은 수술로 치지도 않지만, 그때는 한 시간이나 걸리는 큰 수술인데다 전쟁 중이라 마취약도 없어 생살을 갈라 수술을 했으니 그 고통이 이루 말할 수 없었다. 아내는 고통으로 소리를 지르고 갈증이 나 죽으려고 하는데 나는 물도 주지 못하고 옆에서 지켜보며 진땀만 죽죽 흘렸다.

입원비도 문제였다. 돈 걱정을 하고 있는데 죽으라는 법은 없는지 마침 아내의 사촌형부 되는 이형종(李亨宗)이라는 사람이 사정을 알고는 돈을 보내주어 다행히 치료비는 충당할 수 있었다. 그는 신의주 사람으로 장사를 해서 그때 돈이 좀 있었다.

겨우 퇴원하고 아파트로 돌아오긴 했으나 아내는 열흘 간이나 움직이지 못했고, 그 뒤로도 몸이 너무 약해 자췻집 관리자 노릇은 엄두도 못 낼 형편이었다. 그런 와중에 아내는 덜컥 임신을 했다. 사실 아내의 몸이 너무 안 좋아 부부생활도 별로 하지 못했는데, 어느 틈에 아이가 들어선 것이다.

아무리 생각해도 아내의 건강으로는 임신과 출산을 견뎌낼 것 같지 않아 병원에 가 상담을 했다.

"부인의 몸이 너무 약해 지금으로선 유산도 시킬 수 없습니다."

의사의 말대로 그냥 견디고 있는데, 입덧은 그렇다 쳐도 임신으로 몸이 더욱 약해지니 병마까지 자꾸 찾아들었다. 목 뒤에 뭐가 생겨서 수술을 하기도 했고, '충심성 각기'라는, 심장이 막 뛰고 눈이 뒤집혀 흰자위만 보이는 증세의 병을 앓기도 했다.

그때 우리를 도와준 사람은 염동하(廉東夏)라는 동포 의사였다. 나와 고향이 같은 그 사람이 거의 매일 왕진하여 주사를 놔주곤 했다. 하지만 시간이 흐를수록 아내는 입덧으로 음식도 먹지 못하고 하루하루 기운이 쇠약해져 갔다.

그런데 누가 닭의 생피를 먹으면 좋다고 해서 나는 오전에 수업이 끝나면 미리 얘기해둔 닭집에 가서 피를 받아서는 굳어지기 전에 서둘러 아내에게 갖다주곤 했다. 그러면 아내는 소금과 물을 준비했다가 그것이 오자마자 코를 쥐고 마셨다. 그 덕분인지 한 달쯤 지나면서 아내의 몸이 회복 기미를 보이기 시작했다.

다시 용정으로

당시 일본은 태평양전쟁이 터지기 일보 직전이라 나라 전체가 전시 체제에 돌입해 있었다. 일촉즉발의 위기 속에서 나는 약한 몸에 임신까지 한 아내를 어떻게 보호할 것인가를 놓고 심각한 고민을 하지 않을 수 없었다. 게다가 정세가 위태로운 만큼 경찰의 감시까지 심해지고 있었다.

전쟁이 일어나면 여자들은 모두 시골로 소개될 텐데 그렇게 되기 전에 미리 아내를 안전한 곳으로 옮기는 것이 급선무였다. 고민 끝에 나는 신의주에 있는 아내의 사촌형부 이형종 장로에게 부탁하기로 결정을 내렸다.

그와 서울에서 만나 아내를 인도해주기로 하고 나는 그해 8월 초 박영출 목사에게 백 원을 빌려 아내와 함께 서울로 떠났다. 기차는 물론 관부연락선에서도 경찰의 조사가 철저했으나 병든 아내가 있었기 때문에 그럭저럭 빠져나올 수 있었다.

그런데 서울에 와보니 오기로 한 이형종 장로가 나타나지 않았다. 이상해서 알아봤더니 일본 경찰에 구금돼 있다는 것이었다. 할 수 없이 우리는 용정으로 가기로 하고 집에서 여비를 보내주기까지 일주일 동안 서울 근교 도농리에 있는 김재준 선생님 댁에서 신세를 졌다. 당시 김선생님은 서울에 내려와 조선신학교 교수로 재직하고 있었다.

용정에 들어간 나는 처음에는 처가에 아내를 맡길 작정이었으나 도저히 그럴 만한 형편이 못 되었다. 영고탑의 우리 집도 동생 형용이가 사범학교를 졸업한 후 소학교 교사를 하면서 몇 푼 안 되는 돈으로 근근이 꾸려가고 있었으므로 아내를 맡길 형편이 아니었다. 동생은 나 때문에 사범학교만 나오고는 더 공부도 못하고 식구들의 생계를 책임지며 자신을 희생하고 있던 중이었다.

결국 나는 중앙교회에 전도사로 취직한 후 문재린 목사와 한마당을 쓰며 살았다. 이로써 아내를 서울까지만 데려다주고 일본으로 돌아가려고 했던 애초의 계획은 크게 틀어지고 말았다. 책이고 살림이고 다 일본에 두고 나왔는데 곧 태평양전쟁이 터졌고 다시는 일본에 돌아갈 수 없게 되었다.

쫓기는 삶

"협조하지 않으면 신상에 해로울 것이오"

세상은 전쟁으로 불안하고 위험했다. 그런 때에 결혼이라는 개인적인 사건까지 겹쳐 신학을 공부하러 떠난 지 햇수로 3년 만에 신학 공부는 시작도 못하고 용정으로 돌아오게 된 나는 중앙교회 전도사로서 교회 일에 힘을 쏟으며 세상이 돌아가는 모습을 지켜보고 있었다.

전도사로서 내가 한 일은 부녀자를 위한 야학과 중학생 및 어린이들을 대상으로 한 주일학교 등 주로 교육과 계몽을 통한 전도 활동이었다. 중학 시절 내 선교 활동의 터전이었던 용강동의 회관이 중앙교회의 지교회로 승격되어 있었으므로 그 교회의 일도 맡아서 했다.

아내가 제창병원에서 첫딸 혜자를 낳은 것은 10월 19일이었다. 연락을 받고 병원에 가보니 의외로 건강해 보이는 아이가 울고 있었는데, 건강해서 다행이라는 생각보다는 '아, 이젠 나도 아버지가 되었구나' 하는 생각에 정신이 아찔했다. 아마 전시라는 급박한 상황에 할 일은 하나도 하지 못했는데, 아버지부터 되었다는 자각에서 온 초조함과 걱정 때문이었을 것이다. 하지만 아이는 볼수록 귀여워 잠시나마 유산시키려고 생각했던 것이 가책으로 느껴지기도 했다.

당시 나를 가장 괴롭혔던 문제는 노무징용이었다. 일제는 전쟁이 장기화되자 병력과 노동력을 충당하기 위해 학생들은 학도병으로, 힘깨나 쓰는 청장년은 전쟁 지원을 위한 노무자로 강제 동원하고 있었다.

나는 학도병으로 징집될 나이는 막 지나 있었지만 언제 노무징용으로 끌려갈지 몰라 전전긍긍할 수밖에 없었다. 탄광이나 광산, 철도나 도로 공사장, 비행장 등 군사기지 건설 현장에 배치되어 인간 이하의 조건에서 노예처럼 혹사당하다가 비명에 죽거나, 남태평양의 전장에 끌려갈 수도 있는 노무징용은 군대에 끌려가는 것보다 하나도 나을 것이 없는 끔찍한 것이었다.

노무징용에서 벗어나려면 농업지도원 등 정부 기관 어디에든 자리를 얻으면 되었지만 그런 식으로까지 구차하게 일제에 빌붙어 일신의 안정을 꾀하고 싶지는 않았다. 그렇다고 징용으로 끌려나가 개죽음을 당하기도 싫었으므로 내가 택할 수 있는 길은 전력을 다해 피하는 것뿐이었다. 그래서 계속 이사를 다녔다. 이사 후에 날라온 징용장은 무효가 되기 때문이었다. 비록 용정 일대에서이긴 했지만 한 달에 여덟 번까지 이사를 하다 보니 우리 식구는 한 해에 서른여섯 번이나 이사를 해야 했다.

큰아이는 그때 베개를 베고 잔 적이 없다. 베개를 만들 틈도 없이 이사를 다녔기 때문이다. 이삿짐이라야 별것이 없었으므로 리어카에 살림을 모두 싣고 이사를 다녔다. 하나님의 도움으로 징용장은 매번 우리가 이사간 후에 먼저 살던 집으로 날아오곤 해서 나는 아슬아슬하게 징용의 위기를 넘길 수 있었다.

지금 생각해도 그때 내가 노무징용을 피할 수 있었던 것은 기적이었다. 용정이 형식적이나마 만주국에 속해 있어서 일본의 행정력이 국내에 비해 약했던 것 같고, 또 징용업무와 경찰업무 간의 협조체제가 제대로 이루어지지 않았던 것도 같다. 나를 잡으려고만 들었다면 얼마든지 잡을 수 있었을 텐데 그들은 나를 굳이 잡아가려고 하지는 않았다.

그렇지만 일본 경찰이나 헌병의 감시는 계속되었다. 당시로는 드물게 일본에서 공부까지 하고 왔으니 감시 대상이 된 것이다. 한번은 용정의 공설 운동장으로 경기를 관람하러 갔는데, 헌병 같은 녀석이 계속해서 나를 주시하는 것이었다. 그 자리를 피해 건너편으로 가도 어느 틈에 따라와 있었다. 나는 섬뜩해져서 그냥 집으로 돌아오고 말았다.

그때 간도에는 간도협화회라는 친일 단체가 있었다. 한국인·중국인·일본인들을 서로 친화시킨다는 미명 아래 조직된 이 꼭두각시 단체는 사실상 일본의 식민지 정책을 선전하고 고무하는 일을 맡아서 하고 있었다. 이 모임의 회장은 '푸른 하늘 은하수'로 시작하는 노래 「반달」의 작곡가요 아동문학가였던 윤극영(尹

克榮)이었다. 일본인이 운영하는 광명여중 음악 선생이었던 그는 1940년에 협화회 회장직을 맡으면서 본격적으로 친일운동을 벌이고 있었다.

하루는 이 사람이 내게 좀 만나자는 전갈을 보내왔다. 협화회 사무실로 찾아갔더니 나보고 협화회 일에 참여하라는 것이었다. 처음에 그는 회유하듯 부드럽게 말했다.

"어차피 세상이 일본 중심으로 돌아가는 판인데 협력하여 같이 일하는 것이 현명한 길이 아니겠소?"

"나는 교회 일로 매우 바쁩니다. 그리고 곧 다시 일본에 공부하러 가야 하므로 그런 일을 할 만한 형편이 못될 것 같군요."

내가 여러 가지 이유를 내세우며 거절의 뜻을 내비치자 이번에는 표정을 바꾸어 그가 말했다.

"그렇게 협력을 하지 않으면 신상에 별로 좋을 게 없을 텐데."

그의 사무실을 나오니 기분이 좋지 않았다. 협박 비슷한 그 얘기를 듣고 보니 신상에 대한 위험과 불안감이 증폭될 수밖에 없었다. 아무래도 며칠 안에 붙잡혀갈 것 같아 숙고를 거듭한 끝에 나는 용정을 떠나기로 마음을 굳혔다.

마침 아내의 친한 친구인 박옥정(朴玉姃)이라는 사람의 남편이 함경북도 회령에서 고아원을 경영하고 있었는데, 우리에게 원아들을 좀 맡아달라는 제의를 해와서 우리는 그곳으로 가기로 결정을 내렸다.

박옥정의 남편은 일본에서 정치학을 공부한 사람으로 기독교 신자는 아니었다. 그 고아원은 그의 형이 세운 것인데 형이 죽으면서 그가 물려받게 되었는데 교육 경험이나 지식이 없어 운영에 어려움을 겪고 있었다. 나는 원래부터 고아들을 위해 일할 마음이 있었던데다 그곳에 가면 생활이 어느 정도 보장되리라는 기대와, 무엇보다 고아들을 돌보고 있으면 당국의 주목을 피할 수 있으리라는 생각에 그 제의를 받아들였다.

사랑에 굶주린 아이들

회령 오산동에 있던 그 고아원의 이름은 함북보육원이었다. 기와집으로 된 함북보육원은 허름하긴 했으나 꽤 큰 편이었다. 건물은 아이들 숙소와 교실, 작업장, 교사 숙소 등으로 나뉘어 있었고 수용된 아이는 마흔 명 정도였다. 주로 남자아이들이었는데 일고여덟 살짜리 아이도 있고 스무 살 된 청년도 있었지만 열두 살 정도 되는 아이들이 가장 많았다.

보육원에는 박옥정과 그녀의 남편인 원장이 있었다. 이 사람은 본래 성이 이씨이지만 미야모토(宮本)로 불렸다. 또한 연희전문학교에서 음악을 전공한 키가 6척이나 되는 최선생이라는 사람과 설립자의 부인도 함께 아이들을 돌보고 있었다.

우리가 그곳으로 갈 때 용정에서 박기순과 홍의숙이라는 여자 두 명이 따라왔는데 이 두 사람은 중학교를 졸업하고 고아들을 위해 일하고 싶다며 우리를 따라나선 것이다. 당시 젊은이들은 이광수의 「흙」과 같은 소설에서도 나오듯이 농촌 사업이나 고아를 돌보는 일에 관심이 많았다.

아내와 나는 교사 숙소에 짐을 풀고 보육원 생활을 시작했다. 보육원은 정부 보조가 조금 있긴 했지만 조족지혈이고 운영비는 스스로 해결해야 했다. 자본이 있는 것도 아니었기 때문에 돈을 벌려면 고아원 식구들의 노동에 의지하는 수밖에 없었다. 나를 포함한 고아원 식구들은 밭농사를 지으면서 염소를 길러 젖을 짜서 팔거나 과자를 만들어 팔았다. 또 양철로 양동이나 그릇을 만들어 내다 팔기도 했다. 그러니 고아원 생활이라는 게 아이들을 돌보는 데 그치는 것이 아니라 아이들과 먹고살기 위해 중노동까지 감수해야 하는 고된 나날이었다.

고아원에는 종종 경찰서나 군청에서 사람이 나왔는데, 일하다가 그대로 나가면 "당신이 정말 선생님이냐"고 놀라곤 했다. 나야 본래 시골에서 힘들게 농사를 지었던 사람이라 별 문제가 없었으나 소설을 읽고 다분히 낭만적인 생각으로 우리를 따라나섰던 두 여자에겐 그 생활이 결코 쉬운 것이 아니었다. 언젠가 밭에서 함께 일하다 "아휴, 이렇게 힘들 줄은 생각 못했어요"라며 한숨을 짓던 모습이 떠오른다.

그러나 그 두 여자뿐만 아니라 나까지도 힘들게 만들었던 것은 고아원 아이들이었다. 고아들을 아껴주고 사랑해주면 그애들이 금방 고마워하고 따를 것이라는 우리들의 단순한 생각은 현실을 접하면서 당혹스러움과 환멸감으로 산산조각나기 시작했다. 사실 그때 우리는 아이들의 심리, 특히 고아들처럼 특수한 환경에 처해 있는 아이들의 심리에 대해서는 전혀 아는 바 없이 무턱대고 일을 맡았으므로 그 같은 시행착오는 어찌 보면 당연했다.

특히 아이들의 불신감은 나를 좌절감으로 몰아넣었다. 아이들은 우리에게 마음을 열지 못했다. 자기들끼리 이야기하는 것을 가만히 들어보니, 우리가 자기네들을 먹이고 보살피기 위해 고생하고 있다는 생각은커녕 도리어 우리가 자기들을 이용해서 먹고 산다고 생각하는 것이었다.

대부분의 고아원에서는 아이들에게 선생님을 아버지라고 부르도록 시켰는데, 나는 그냥 선생님이라고 부르도록 했다. 자연스럽게 아버지라고 부르는 것은 좋지만 속으로는 불신이 가득하면서 겉으로만 마치 혈육인 체하는 것이 아이들에게도 좋지 않다고 생각했다. 다만 나는 아이들을 종교적으로 지도하는 데 역점을 두었다.

고아원 아이들은 사실 모든 면에서 주려 있었다. 우리가 주로 먹는 음식이라는 게 대두박이라고 콩에서 기름을 다 짜낸 찌꺼기로 본래 비료감이었다. 어쩌다 밀가루로 수제비라도 해먹게 되면 그날이 명절날이었다. 떡이나 고기를 먹을 수 있는 추석 같은 명절은 아이들에게 그야말로 꿈에서도 손꼽아 기다리는 축제의 날이었다. 아이들이 얼마나 주려 있었는지 추석 같은 명절에 떡과 고기를 실컷 먹이고는 돈을 조금씩 주어 "나가서 너희들이 사고 싶은 것을 사라"고 내보내면 아이들은 또 떡을 사오는 것이었다.

아이들은 자기네들끼리도 다툼이 잦았다. 폭력적인 아이들은 명절날 받은 돈으로 칼을 사서는 그것으로 떡 산 아이들을 위협해 떡을 빼앗으려 들었다. 상대방이 반항하면 칼로 찔러 피가 낭

자해질 정도로 싸움을 했으니 기가 막힐 노릇이었다.

나중에 우리가 두번째로 함북보육원에서 일하고 있을 때였다. 당시 아내가 심한 병을 앓은 후에 두번째 아이를 임신했을 때 일이다. 대두박만 먹어 가지고는 약한 몸에 아무래도 견디지 못할 것 같아 무리를 해서 평안도 사람인 아내가 좋아하는 평안도식 만두를 빚어서 상할까봐 밖에다 내놓은 일이 있었다. 그런데 잠시 후 나가 보니 어느 틈에 아이들이 만두를 몽땅 집어가버리고 빈 소반만 남아 있었다.

원아들 가운데 병일이라는 사내애가 있었는데, 이 아이가 고아원에서 식모로 일하는 여자의 딸을 좋아했다. 그런데 그 아이들 사이가 지나치게 복잡하고 심각해져서 내가 그 식모를 불러 딸 단속 좀 잘하라고 주의를 준 일이 있다. 그 여자는 내 얘기를 듣고 딸의 일거수일투족을 통제하기 시작했다.

하루는 한 아이가 나에게 일러주었다.

"선생님, 지금 병일이가 선생님을 죽이려고 칼을 갈고 있습니다."

그 식모의 딸을 만나지 못하게 한다고 나를 죽이려 한다는 애기였다. 칼을 간다고 해야 기껏 과자를 써는 칼이니 사람을 죽일 수 있는 게 아니어서 나는 그냥 넘어가려고 했다. 그런데 나에게 애기를 해준 그 아이가 원장과 다른 사람들에게까지 그 애기를 전하는 바람에 사람들이 경찰에 신고를 해버렸다.

신고를 받은 경찰은 내 방 옆에 잠복해 동태를 살피는데 밤이 되자 정말로 병일이가 칼을 들고 내 방으로 뛰어들어왔다가 경찰에 잡히고 말았다. 다음날 내가 경찰서에 찾아가 그애를 빼내기는 했지만 내 심정은 보통 쓸쓸한 게 아니었다. 하지만 곧 그 쓸쓸함이 기쁨으로 바뀌었으니, 그 일 이후 병일이가 나를 진심으로 믿고 따르게 되었다.

언젠가 내가 만주로 건너가는 국경 지역에 위치한 상삼봉역에서 기차를 기다리고 있을 때였다. 주위에 있던 사람들이 수군거리는 소리가 들려왔다.

"아휴, 죽으려면 같이 죽지 자식을 남겨두고 죽어 저게 무슨 꼴이야."

그러면서 손가락질을 하기에 쳐다봤더니 어떤 거지애가 뼈만 앙상한 몸에 누더기를 걸치고 엎드려서 구걸을 하고 있었다.

나는 그애를 우리 고아원으로 데리고 갈 작정을 했다. 그런데 내 기차표만 달랑 가지고 있었을 뿐 돈이 한푼도 없어 그애의 기차표를 살 수가 없었다. 궁리 끝에 아이를 업으면 차표가 없어도 될 것 같아 들쳐업고 기차를 탔는데, 그애를 업고 서 있으려니 아이의 몸에 있던 이가 내 몸으로 기어들어와 온몸이 근질거려 견딜 수가 없었다.

이도 이려니와 회령역에서 내렸다가는 기차표 때문에 문제가 될 것 같아 우리는 회령역 바로 전역에서 내렸다. 역에서부터 그애를 업은 채 10리 길을 걸어 고아원에 도착한 나는 아이의 이투성이 옷을 벗기고 목욕부터 시켰다. 옷을 갈아입히고 죽을 먹인 후 다른 아이들과 같이 생활하도록 했다.

그런데 며칠이 지나자 이 아이가 돌연 사라져버렸다. 사방을 뒤져도 보이지 않아 어떻게 된 일인가 걱정을 했는데, 얼마 지난 후 내가 서울로 출장 가는 길에 기차를 갈아타려고 원산역인가에서 있다 보니 없어진 그 녀석이 거기서 또 구걸을 하고 있었다.

어처구니가 없었지만 그대로 놔둘 수도 없어 그애에게 회령까지 갈 수 있는 기차표와 함께 "이 아이가 도착하면 벌을 주지 말고 그냥 따뜻하게 받아주라"고 쓴 편지를 건네주며 고아원으로 돌아가라고 일렀다. 그런데 출장에서 돌아와 알아보니 그애가 온 일이 없다는 것이었다.

안정된 생활을 한 번도 해보지 않은 그 아이는 고아원 생활마저도 적응하기 힘든 모양이었다. 물론 원아들 중에는 나를 아버지처럼 따르는 아이들도 있었으나 내 옷을 훔친다든지 하는 이상 행동을 보여 나를 놀라게 하는 경우가 종종 있었다. 이해가 쉽지 않은 고아들의 이러한 행태는 애정 결핍과 사람에 대한 불신에서 생겨난 것이었다. 그들은 세상에 태어난 후 한 번도 진심에서 우러난 사랑을 받아보지 못했으므로 사람들과의 관계를 제대로 해나가는 법을 알지 못했다.

비록 그들의 가슴 속에 굳어진 불신의 벽을 허물기란 매우 어려운 일이기는 해도, 인내와 참사랑으로 일단 굳었던 마음이 풀어지기 시작하면 그애들도 얼마든지 정상적인 상태로 돌아올 수 있다는 것이 내가 함북보육원에서 배운 귀중한 교훈이었다. 실제로 보육원에서 아이들과 지내는 시간이 점차 쌓여가면서 몇 명의 아이들은 비뚤어진 눈초리를 버리고 진심으로 나를 따르게 되었다.

북만주 깊은 산 얼어붙은 땅에 몸을 누이고

내가 함북보육원에서 일하고 있을 때, 부모님과 가족들은 영고 탑에서 강원도 횡성으로 이주해 있었다. 그때는 나 대신 가족의 생계를 책임지던 동생 형용이도 용정으로 나와 병원에서 일하고 있었기 때문에 남은 가족들의 고생은 막심한 것이었다.

동생이 소학교 교사직을 그만두고 의료계로 직업을 전환한 것 은 내가 일본에서 용정으로 돌아온 후 동생을 용정 제창병원 검 사실에 취직시키면서부터였다. 의사가 되고 싶어했던 동생은 내 제의를 쾌히 수락했는데, 당시 제창병원 원장은 일본에서부터 친 하게 지내던 염동하였고 나의 절친한 친구이자 우리 모임의 멤버 인 원주희도 하얼빈에서 의학공부를 마치고 의사로 일하고 있었 다. 얼마 후 원장이 정길환이라는 사람으로 바뀌었는데, 이 사람 이 회령에 삼성산부인과라는 병원을 개업하게 되자 원주희도 따 라가게 되어 원주희와 나는 후일 회령에서 만나게 된다.

아버지가 가족을 이끌고 아무 연고도 없는 강원도 횡성으로 이 주하게 된 데는 까닭이 있었다. 아버지는 머리 회전이 빠르고 한 곳에 머무르기보다는 새로운 곳을 개척하기 좋아하는 진취적인 분이었지만, 반면에 사주팔자나 풍수설 따위를 믿는 면도 있었 다. 『정감록』 같은 비기(秘記)를 신봉하고 있던 아버지는 앞으로 큰 전쟁이 나는데, 그 난리를 피할 수 있는 가장 좋은 피난처가 강원도 횡성 지역이라며 그곳으로 가신 것이었다. 하지만 나는 그런 사고는 미신이라고 믿고 있었으므로 횡성까지 찾아가 아버지를 설득해서 고향에 있는 외가 마을로 돌아가도록 했다.

생각하면 할수록 나는 타고난 불효자인 것 같다. 그때 부모님을 그대로 그곳에 계시게 했더라면 해방 후 남북 분단과 전쟁의 와중에서 서로 갈라지지도 않았을 것이고, 그분들이 이북 땅에서 자식도 없이 비참하게 세상을 떠나지도 않았을 것이다. 왜 그때 횡성까지 굳이 찾아가 그런 결과를 낳게 했는지, 그 일만 생각하면 죄 많은 자식으로서 후회막급이 아닐 수 없다.

그 동안 둘째외삼촌 염쾌석은 북만주의 한국인 개척 부락인 마창툰(馬廠屯)에서 초등학교 교사로 교육과 전도에 힘쓰고 있었다. 나의 회령 생활이 전쟁과 징용의 위험에서 크게 벗어나지 못하고 힘들 때 마침 외삼촌이 "여기는 위험하지 않으니 여기로 와 함께 일하면서 살자"는 연락을 해왔다.

불안과 생활고에 지친 나는 외삼촌의 연락을 받고는 '에라, 북만주 깊은 산 속에 들어가 흙에 묻혀 농사나 짓고 살자'는 심정으로 아내와 아이를 끌고 마창툰으로 들어가기로 했다. 우리가 그리로 간다고 하자 용정에서부터 따라온 두 여자와 동생도 함께 가겠다고 나섰다. 그때 동생은 제창병원에서 일하면서 한지(限地) 개업 의사 시험을 준비하고 있었는데, 병원을 그만두고 시험 준비에 전념하기 위해 나를 따라나선 것이다. 거기에다 나를 죽이려고 했던 병일이와 순섬이라는 여자아이도 우리를 따라가겠다고 해서 모두 여덟 명이 마창툰으로 들어가게 되었다.

우리가 마창툰으로 들어간 것은 1943년 여름이었다. 마창툰은 북만주 경박호(鏡泊湖) 근방에서 농사를 짓다가 일본인들에게 쫓겨난 한국인들이 개척한 부락으로, 도문에서 기차로 마아령을 넘어 목단강에 이르기 직전에 있는 석두(石頭)라는 간이역에서 60리쯤 걸어 들어간 곳에 있었다.

경박호 부근은 경치가 매우 뛰어나 이를 탐낸 일본 사람들이 한국 사람들을 쫓아낸 것이다. 쫓겨난 사람들은 남부여대로 경박호에서 200여 리나 떨어진 마창툰으로 이주하게 되었는데, 그때가 살을 에는 한겨울이라 허허벌판 얼어붙은 땅덩이 위에서 병들고 얼어죽은 사람도 많았다고 한다.

징검다리정책의 희생자들

내가 마창툰에 도착한 때는 그곳에 주민들이 정착한 지 3년째 되는 해로, 사람들의 끈덕진 노력으로 한 150호 되는, 제법 자리 잡은 마을의 모습을 갖추고 있었다. 마창툰 부락은 일제의 교묘한 대륙 진출 정책의 단면을 여실히 보여주는 예이기도 하다.

일제는 중국 대륙 진출에 이른바 징검다리 정책(stepping stone policy)이라는 것을 썼는데, 그것은 자기들이 직접 중국인들을 몰아내는 것이 아니라 한국인들을 징검다리로 이용해서 중국인과의 마찰을 줄이는 한편, 한국인과 중국인 사이를 이간시켜 쉽게 대륙을 차지하려는 계책이었다. 즉 탐나는 곳이 있으면 우선 한국 사람들을 들여보내 중국인을 내쫓게 한다. 그렇게 해서 원망은 한국인들이 몽땅 받게 한 후, 한국 사람들이 한 3년 고생고생해서 그 지역을 잘 가꿔놓으면 그때쯤 일본인들이 나타나 한국 사람들을 내쫓고 그 지역을 차지하는 것이었다.

한국 사람들은 중국 사람들보다 땅도 잘 가꾸고 벼농사도 훨씬 잘 지었기 때문에 일본 사람들은 중국인들로부터 욕도 먹지 않고 훨씬 더 잘 가꾸어진 땅을 차지할 수 있었으니, 말 그대로 일석이조의 효과를 보는 셈이었다. 나는 이러한 잔인한 정책에 희생되고 있는 우리 동포들의 현실에 가슴이 아프기도 했지만, 다른 한편으로는 한국인들의 끈질긴 삶을 보면서 중국인이나 일본인보다 뛰어난 우리 민족의 저력을 확인하고 가슴이 든든해지기도 했다.

나는 속이 깊고 의리가 있는 중국 사람들을 좋아하지만 대륙 기질 탓인지 모든 면에서 늘어지고 개척 정신이 약한 태도와 사고 때문에 중국인들은 개혁이나 발전과는 거리가 멀다는 느낌을 갖고 있었다. 중국인들은 농사를 지을 때도 씨를 그냥 훌훌 뿌려 놓고 밭이랑은 아주 길게 만들어서 하루 종일 늘쩡거리며 김을 매다가 해가 지면 곧바로 집으로 돌아가곤 했다. 마차를 타고 갈 때도 재촉하는 법이 없이 말이 가는 대로 그냥 놔두고, 한참 가다 배가 고프면 목에 걸고 있던 빵을 뜯어먹는 것이었다. 좋게 보면 여유라고도 할 수 있겠지만, 험담을 하자면 개척 의욕이 없는 사람들이라고 할 수 있었다. 그들이 가장 자주 쓰는 말이 '만만디'라고 '천천히'라는 뜻인데, 그런 중국인의 기질은 지금도 변함이 없는 것 같다.

그에 비하면 일본 사람들은 빠릿빠릿하긴 해도 어려운 일은 잘 감당해내지 못하고 지구력이 약했다. 그들은 한국 사람들이 다

가꾸어놓은 마을에 들어와서도 제대로 견디지를 못했다. 좀 지저분한 얘기지만 그때 마창툰에 살던 한국 사람들은 이질을 보통 배앓이나 감기 앓듯 앓았는데, 일본 사람들은 이질에 걸리면 관부터 짰다. 그들은 체질적으로 약해서 이질에만 걸려도 죽는 경우가 많았다.

한국 사람들은 질기고 억척같아서 아무 데나 내놔도 마을 하나쯤은 쉽게 세웠다. 한 3년이면 악조건 속에서도 집을 짓고 농토를 일궈 넉넉히 자족할 수 있는 마을이 생겨났다. 나는 마창툰을 보고 같은 문화권 내에서도 일본인이나 중국인보다 한수 위인 한국인의 우수성과 저력을 확인하고 민족적 긍지와 함께 우리 민족의 장래에 대한 믿음을 가지게 되었다.

내가 마창툰에 들어갔을 때 주민들은 이미 집집마다 소를 한 마리씩 가지고 있을 정도로 기반이 잡혀 있었다. 그러나 빈손으로 도착한 나는 어디 월급을 받을 데가 있는 것도 아니어서 스스로 농사 지을 땅을 찾아나서야 했다. 이미 좋은 땅은 다 차지하고 난 후였으므로 남아 있는 미개간지를 찾아 땅을 일구고 농사를 지었다.

마창툰에는 조그만 교회가 하나 있었는데, 목사가 있는 것도 아니어서 외삼촌이 주로 교회 일을 맡고 있었다. 나는 외삼촌과 함께 설교도 하고 주일학교와 야학도 하면서 한편으로 청년들을 모아 청년운동을 했다. 아침에 청년들을 모아 체조도 하고 교회에서 그들을 집중적으로 계몽하고 가르치는 일이었다. 아내와 박기순, 홍의숙 등 여자들은 교회에서 탁아소 겸 유치원을 개설하여 우리가 도착한 이후 신도 수가 30~40명으로 불어났다. 조그만 교회는 꽤 활기를 띠기 시작했다.

의사 시험 공부를 하러 들어온 내 동생은 처음에 거처를 잡는 것 때문에 꽤 고생을 했다. 외삼촌의 주선으로 우리 가족에게 조그만 집이 하나 주어지기는 했으나, 우리 일행 여덟 명이 함께 살기에는 방이 모자라 부득이 동생이 따로 나가야 할 형편이었다.

그런데 집을 새로 짓는 게 쉬운 일이 아니고 마땅한 집을 구할 수도 없어 결국 동생은 외양간을 하나 얻어 온돌을 놓아 방으로 개조했는데, 창문도 없이 쇠똥을 치워 내보내는 구멍이 벽 중간에 하나 있을 뿐이어서 방안이 대낮에도 어두웠다. 동생은 그 방에 들어앉아 낮에도 어유(魚油) 등잔불을 켜놓고 공부를 했다.

게다가 날씨가 쌀쌀해지면서부터는 불을 때면 연기가 방안에 가득해 연기가 다 빠질 때까지 밖에서 기다려야 했으니 공부하기에는 참으로 악조건이었다. 그런데도 동생은 그 굴 같은 방안에 들어앉아 독어, 영어로 된 의학책을 가지고 다리에 굳은살이 박일 정도로 공부를 했으니 내 동생이지만 참 지독한 사람이다 싶었다.

동생은 아직 의사는 아니었지만 의학을 공부하고 있었으므로 마을 사람들의 건강 관리에도 신경을 썼다. 시골 사람들은 영양이 부실하여 질병에 쉽게 죽어나갔기 때문에 주사를 놓을 줄 아는 동생은 동네 사람들에게 장티푸스 예방주사를 맞히려고 했다. 그러나 아무리 설득을 해도 사람들은 주사 맞을 생각을 통 안 했다. 그러다 병이 나면 약을 줘도 먹지 않고 무당을 불러다 푸닥거리하는 데만 신경을 썼으니 옆에서 보기에 보통 답답한 노릇이 아니었다.

거기다가 남자들은 한 해 동안 뼈빠지게 농사지어 근근이 모은 재산을 겨울이 되면 술과 도박으로 탕진해버렸다. 그런 상황을 보고 나는 마을 사람들을 상대로 열심히 계몽활동과 개혁운동을 벌였다. 이들에게 올바른 교육과 신앙을 전달하지 않으면 우수한 우리 민족의 저력도 빛을 발하지 못할 것이라는 생각에 나는 사명감 같은 것을 가지고 사람들을 불러모으고 가르치려고 노력했다.

험한 세상을 피해 마창툰으로 숨어든 지 얼마가 지나자 그럭저럭 생활의 기반이 잡히고 일에도 재미가 붙기 시작했다. 그러자 이번엔 새로운 문제가 닥쳐왔다. 간도 용정에 있을 때나 회령에 있을 때도 늘 학생이나 젊은 사람들을 상대로 활동을 해왔기 때문에 나를 따르거나 내가 아끼는 사람들의 대부분이 젊은 층이었다. 그런데 이들이 내가 마창툰에 정착하자 내 주소를 알아내고는 내게 자주 편지를 보내왔다. 마창툰까지 우편 배달은 마아령과 목단강 사이에 있는 동경성(東京城)을 경유해 한 달에 한 번씩 이루어졌는데, 모든 우편물은 경찰의 검열을 받고 있었다.

내게 오는 편지를 일일이 검열하게 된 경찰은 마창툰 같은 오지에 들어와 있는 나를 의심하기 시작했다. 거기다 내가 계몽활동과 개혁운동을 적극적으로 벌이고 있었으니 그들의 눈초리는 더욱 날카로워질 수밖에 없었다. 마창툰도 더 이상 피난처가 될 수 없다는 느낌이 들기 시작했다.

그러던 어느 날이었다. 밭에서 일을 하고 있는데 좀 떨어진 길 위에서 한 무리의 사람들이 무언가를 둘러싸고 웅성웅성 소란스러웠다. 무슨 일인가 하고 가보니 놀랍게도 소달구지 위에 사람 하나가 온몸이 꽁꽁 묶인 채 실려 있었다. 쑥덕거리는 소리를 들으니 독립운동을 하다가 산 속에서 붙잡힌 사람이라는 것이었다. 그런데 더 기가 막힌 것이 그 독립운동가를 짐승처럼 묶어 끌고 오는 경찰관이 바로 우리 교회 신자였다. 게다가 그 사람의 형은 서울에서 성결교 신학교를 졸업한 목사였다.

나는 그 사람과 형제처럼 지내고 있었고 그의 부모도 나를 좋아했다. 나는 그 어처구니없는 광경을 목격하고 난처함과 함께 충격을 받지 않을 수가 없었다. 아무리 가까운 사이고 동포라고 해도 그 사람이 얼마든지 일제의 앞잡이로 날카로운 발톱을 내게 들이댈 수 있다는 끔찍한 현실에 새삼 몸서리를 쳤다.

인간의 얼굴을 가진 야만

회령경찰서에서 만난 지옥

이처럼 신변의 위협을 느끼고 있던 내게 또 한 가지 예기치 못한 어려운 일이 닥쳐왔다. 원래 몸이 약했던 아내가 힘든 생활을 견디지 못해 복막염에 걸려버린 것이다. 마창툰 같은 오지에서는 그런 큰 병을 치료할 도리가 없었다. 급한 대로 동생이 약을 구해 와 주사도 놓고 했지만 병세는 좀처럼 호전될 기미를 보이지 않았다. 급기야는 배가 임신 8개월은 된 사람처럼 부어오르고 더 방치해뒀다가는 아내가 죽어버릴 것만 같았다.

아내도 살려야겠고 경찰의 눈초리도 심상치 않아 나는 '36계 주위상계'(三十六計走爲上計)라는 말처럼 마창툰을 떠나 다시 회령으로 가기로 했다. 회령에 가면 함북보육원에서 밥이라도 먹으면서 아내를 치료할 수 있을 것이라는 생각에서였다. 그때는 동생이 의사 시험에 합격하고 회령의 삼성산부인과 검사실에서 일하고 있었다.

나는 아내와 어린 딸을 이끌고 회령으로 향했다. 마창툰에 정착하여 파종한 농사를 채 거두지도 못했을 때였다. 아내는 60리 길을 걸어 석두역까지 갈 수 없는 몸이었으므로 아내와 딸을 달구지에 태워 겨우 역까지 끌고갔는데, 가는 도중 혹시라도 무슨 일이 있을까 조바심이 났다. 아내를 부축해 기차에 태우고 나서야 한숨이 터져나왔다.

회령에 도착하여 곧바로 아내를 삼성산부인과에 입원시켰다. 원장인 정길환과 원주희는 아내의 배에 전기를 쬐는 등 최선을 다해 가난한 유랑민의 아내를 치료해주었다. 그 덕분에 아내의 병이 좋아지기 시작했으나 완치되기까지는 상당한 시일이 필요하다는 게 그들의 얘기였다.

나는 원래 아내가 좀 나으면 함께 마창툰으로 돌아가거나 아니면 나 혼자라도 먼저 돌아갈 요량이었다. 마창툰을 떠날 때도 일본에서 올 때처럼 책이고 살림이고 몽땅 다 두고 나왔는데, 뜻밖에 장기 치료가 필요하다는 소리를 들으니 고민이 되지 않을 수 없었다. 하지만 병든 아내와 아이를 팽개치고 혼자 다시 들어갈 수도 없어 결국 회령에 남게 되었다. 이로써 나는 마창툰에 두고 온 살림뿐만 아니라 짧지 않은 기간 고락을 함께 했던 박기순, 홍의숙 그리고 병일이, 순섬이와도 완전히 이별을 하게 되었다.

그런데 지금도 나를 가슴 아프게 하는 일이 있다. 어떻게 알았는지 병일이가 해방 후 서울에 있는 나를 찾아 다른 고아원 아이 한 명과 함께 기차를 타고 내려오다가 그만 기차 꼭대기에서 떨어져 죽어버린 일이다. 병일이는 성격이 과격하긴 해도 한번 나를 믿기 시작하자 정말 충실하게 따랐다. 나를 아버지처럼 따르던 순섬이도 불우한 성장 과정 탓인지 우리 식구들의 옷가지를 훔치는 등 이해하기 힘든 행동을 보이기는 했으나 본성은 참 상냥하고 착한 아이였다. 무슨 운명으로 어려서 부모를 잃고, 제대로 잘 해주지도 못한 나를 믿고 찾아오다가 피지도 못한 채 스러졌는지, 그 아이들의 작고 초라한 얼굴을 떠올리면 나는 지금도 가슴이 쓰려온다.

아내가 입원해 있는 동안 나는 다시 함북보육원에서 아이들 교육을 맡게 되었다. 얼마 후 아내가 퇴원하여 우리는 마창툰으로 떠나기 전처럼 고아들을 돌보며 아이들과 함께 농사 짓고 염소 기르고 과자 굽는 일을 하며 불안한 시간을 보냈다.

전쟁이 막바지에 이르러 세상이 점점 험악해지는 가운데 아내는 두번째 아이를 임신했고 나는 극도로 숨죽인 생활을 해야 했다. 그러나 몇 년 동안 운좋게 피해오던 일본 경찰의 손길에 결국 덜미를 잡히는 날이 닥쳐오고야 말았다.

1944년 겨울, 추위가 기세를 떨치던 어느 겨울날이었다. 형사세 명이 고아원으로 나를 찾아왔다.

"잠깐 할 얘기가 있으니 경찰서까지 갑시다."

"왜 그러십니까?"

"좀 물어볼 게 있어서 그럽니다. 잠깐이면 되니까 걱정하지 말고 같이 가죠."

곧 돌아올 수 있다는 대답에 정말 별 의심 없이 그들을 따라갔다. 그때 아내는 영양실조의 몸으로 둘째 혜원이를 낳고 산욕열로 누워 있었다. 혜원이가 태어난 날은 1944년 12월 13일인데, 뱃속에서부터 워낙 주려서 그런지 매우 허약했다.

경찰서에 도착하자마자 나는 취조실로 끌려갔다. 나를 취조한 사람은 후쿠이(福井)라는 고등계 주임이었는데, 몇 마디 묻더니 대뜸 나를 유치장에 집어넣었다. 나는 영문을 몰라 어리둥절할 수밖에 없었다. 그런 중에도 "선생이니까 잡범 취급하지 말고 방도 따뜻한 데다 넣어라"는 후쿠이의 말에 실날 같은 희망을 걸었으나, 정작 가보니 따뜻한 방도 아니고 선생 대접도 받을 수 있는 상황이 아니었다. 나는 그곳에서 지옥을 보았고 나 스스로 목숨을 포기하고 싶을 정도로 내 생애에서 가장 고통스러운 순간을 보내게 되었다.

내가 갇힌 곳은 제4감방이었다. 간수가 이름을 부르면 "제4감방" 하고 대답해야 했으므로 아직도 그 번호를 기억하고 있다. 감방에 들어서자마자 내 눈에 들어온 것은 콩나물 시루처럼 들어앉은 사람들이었다. 수염은 더부룩하고 뼈만 남은 꾀죄죄한 사람들의 얼굴은 불쾌한 냄새와 함께 내게 아귀 소굴을 연상시켰다.

나는 신입자로서 입소식부터 치러야 했다. 감방 안에는 독립운동가나 사상범 외에 잡범들도 섞여 있었는데, 그들이 그런 못된 관행을 되풀이하고 있었다. 그들은 입소식이라며 나를 발길로 차고 때린 후에 방구석에 있는 똥통 위에 앉혔다. 기가 막히고 어안이 벙벙했다. 그때 내가 갇혔던 감방은 사람이라는 이름이 완전히 무시된 곳이었다. 거기에 비하면 일제 시대를 그린 텔레비전

드라마에 나오는 감방 모습이 상당히 인간적으로 왜곡되어 있다는 것이 나의 솔직한 의견이다.

감방에는 손바닥만한 유리창 하나가 나 있을 뿐이어서 그 창문 색깔이 변하는 것을 보고서야 낮과 밤의 변화나 날씨를 짐작할 수 있었다. 감방 크기는 두 평 정도였는데 스물여덟 명이 그 좁은 공간에 수용되어 있었으니 그야말로 생지옥이었다. 눕는 것은 생각지도 못하고 24시간을 전부 찰떡처럼 붙어앉아 있어야 했으므로 잠도 제대로 잘 수 없었다. 피곤하기는 한데 잠은 잘 수 없고, 그러니 제일 고통스러운 시간은 새벽녘이었다.

추위와 배고픔에 지쳐 졸다 깨다 하며 쭈그리고 앉아 있다 보면 자기도 모르게 곁의 사람의 머리를 탁 받게 되는 수가 있다. 그러면 사람들의 신경이 워낙 곤두서 있는 상황이기 때문에 당장 "자식!" 하는 욕설과 함께 싸움이 붙게 마련이다.

싸움이 일어나면 간수가 쫓아와 싸운 사람들을 불러내 마주 세우고는 서로 뺨을 치게 하는 벌을 내렸다. 일본말로 '다이꼬(對向) 뻰따(따귀 때리기) 50' '다이꼬 뻰따 100'이라는 명령을 내리는데, 상대방의 뺨을 그만큼 치라는 얘기였다. 이 벌은 동병상련의 처지에 놓인 사람들을 이간시키는 정말 비인간적이고 악랄한 것이었다. 처음에야 서로 안 치려고 하거나 쳐도 마지못해 치지만, 횟수가 늘어날수록 때리는 강도가 세어지고 급기야는 감정이 생겨 서로 질세라 세게 뺨을 치게 된다.

그렇게 서로 때리고 나면 두 사람 사이는 원수처럼 되기 십상이었다. 그렇지 않아도 상황 자체가 워낙 비인간적이어서 감방

안에 있는 사람들 사이에는 같은 처지를 서로 위로하거나 동정하는 일이라곤 전혀 없이 서로에 대한 미움과 다른 사람들의 고통에 대한 무관심이 팽배했다. 나를 가장 못 견디게 한 것은 바로 그런 점이었다. 나는 그 같은 인간군상을 보면서 지옥이 있다면 바로 이럴 거라는 생각을 했다.

"당신, 임시정부에 가담하려 했지?"

감방 안에서는 먼지가 덩어리진 채 둥둥 떠다니며 코를 비롯해 얼굴에 덕지덕지 달라붙을 뿐만 아니라 이가 어디에고 바글거리며 붙어다녔다. 보통 이는 등에 까만 점이 있는데, 그곳에 있는 이는 등이 그냥 하얀색이었다. 깨무는 것도 보통 이보다 아팠고 아무리 털어내고 죽이고 또 죽여도 줄어드는 법 없이 계속 달려들곤 했다.

뭐니뭐니해도 사람들을 가장 고통스럽게 한 것은 굶주림이었다. 식사랍시고 하루 두세 번 수수 삶은 것을 주기는 줬는데, 물이 질벅질벅한 그것을 들고 다니면서 괴상한 통에다가 한 국자씩 담아줬다. 밥공기로 하나도 되지 않는 양에 반찬도 없이 물 한 컵을 주는 게 식사의 전부였다.

삶은 수수와 물을 받은 사람들은 수수알을 하나씩 씹어먹으며 물을 마셨는데 수수알을 집어먹고 나면 손이 잔뜩 지저분해지므로 식사 후에 손 닦을 물을 남겨놔야 했다. 그러나 물이라곤 식사 때 한 번씩 주는 게 전부였으므로 물을 마시다 보면 손 닦을 물을 남기고 말고 할 것도 없이 순식간에 다 마셔버리게 된다. 배고픈 것은 말할 것도 없고 물조차 마음껏 마시지 못하는 게 정말 끔찍한 일이었다.

가축우리처럼 비위생적이다 보니 수감자들에겐 배탈이 잦았다. 그런데 서른 명 가까운 사람이 한 똥통을 썼으므로 하루 종일 그 위가 빌 시간이 없었다. 차례를 기다리는 것도 고역이려니와 고약한 냄새가 방안에 진동하는 것도 참아내기 힘들었다. 하지만 사람들은 그런 상황에서도 먹는 얘기를 하며 즐거워했다. 꿈도 주로 먹는 내용이었는데, 자고 일어나서는 지난 밤 꿈에 어떤 음식을 먹었다며 입맛을 다시는 것이었다. 굶주리고 목마른 것이 어떤 것인지 나는 비로소 실감할 수 있었다.

내가 들어온 지 며칠이 지난 후에 함경북도의 어느 여자중학교 교장을 지낸 사람이 우리 방에 들어온 일이 있다. 처음에 그는 음식도 먹지 못하고 그냥 우울하게 앉아 있기만 했는데 며칠 후 그 사람이 앉아 있는 자리에서 뭔가 '툭툭' 하는 소리가 들렸다. 무슨 소리인가 하고 봤더니 배고픔을 견디지 못해 그는 자기 몸에 기어다니고 있는 이를 잡아 깨물어 먹고 있었다.

그곳에서 본 제일 끔찍한 광경은 어떤 사람이 병에 걸려 죽어 나갈 때였다. 병이 너무 심해 생사가 경각에 달린 사람이 완전히 탈진한 상태로 마치 소가 울듯 "무-울, 무-울" 하며 한 방울의 물을 애걸하고 있었다. 그런데 그것을 본 간수라는 사람이 큰 주전자에 물을 가득 담아 가지고 오더니 복도에 좍 쏟아버리면서 이렇게 내뱉었다.

"야, 너, 죽으면 목도 마르지 않아. 그러니 그냥 죽으면 되는 거야."

세상에 그처럼 피도 눈물도 없는 냉혈한이 있을 수 있을까.

그 사람이 죽은 후 얼마 지나지 않아 가족들이 시체를 찾아갔는데, 나는 그 과정을 보며 '아, 이게 어떻게 사람이 사는 세상이라고 말할 수 있는가' 하는 절망과 회의에 빠지지 않을 수 없었다.

유치장에 갇힌 후 나는 취조실로 여러 번 불려다녔다. 간수가 내 이름을 부르면 큰 소리로 "제4감방" 하고 대답한 후 간수를 따라 경찰서 2층에 있는 취조실로 가는 것이다. 그런데 지금 생각해도 기가 막힌 것은, 감방의 조건이 워낙 지옥 같았기 때문에 불려나가면 취조당하고 고문당할 것을 뻔히 알면서도 일단 감방을 벗어날 수 있다는 사실 한 가지 때문에 사람들은 자기 이름이 불리면 좋아하는 것이었다.

나에 대한 취조는 간단했다. 나는 지금도 내가 왜 그곳에 잡혀 갔는지 정확한 이유를 모르고 있다. 나중에 들은 이야기로 짐작해보면 내가 반일 학생운동을 하고 있다는 투서가 경찰서로 들어갔기 때문일 수도 있고, 또 시대가 워낙 험악하던 때라 일제에 적극 협력하지 않는다는 한 가지 이유만으로도 의심을 가지고 일단 나를 잡아 족대겨보고자 했던 것도 같다.

취조 경찰은 내게 어떤 근거나 구체적인 사례를 들지 못한 채 무조건 "독립운동에 가담한 것을 알고 끌고왔으니 사실을 시인하라"고 다그치기만 했다.

"당신이 회령에서 탈출해 중국으로 건너가 김구의 임시정부에 가담하려던 사실을 알고 있으니 자백하란 말이야!"

경관의 주장이 사실 무근이었으므로 나는 완강하게 부인했다. 자기들도 특별히 꼬투리를 잡을 근거가 없었기 때문인지 내게 태어나서 살아온 일들을 시시콜콜 캐묻고, 내 반응을 살피기 위해 별별 말을 다 미끼로 던졌다. 그래도 내가 전혀 꼬투리 잡힐 말을 안 하니까 마침내 지하실로 끌고 내려갔다.

이곳에도 신이 있을까

꽤 넓은 그 지하실은 사람을 고문하는 곳이었다. 그들은 나를 그곳에 세워두고 사람들이 고문당하는 것을 구경하게 했다. 말하자면 '너도 말을 듣지 않으면 이렇게 된다'는 경고성 위협이었다. 내 눈앞에 펼쳐진 그 지하실의 참상은 생살이 터지고 피가 튀는, 감방보다 더 처참한 목불인견의 지옥이었다. 나는 꼼짝없이 서서 애국인사와 사상범들이 비행기 태우기, 오토바이 태우기, 물 먹이기 등의 고문을 당하는 것을 지켜보아야 했다.

비행기 태우기라는 것은 사람의 손발을 모두 묶어 공중에 달아매고는 빙빙 돌려서 팔·다리 마디마디가 쑥쑥 빠지게 하는 고문으로, 고문받는 사람이 고통을 못 이겨 까무러친 후에야 땅으로 내려놓았다. 더 기가 막힌 것은 고문받는 사람의 가족을 불러 곁에 세워놓고 고문받는 모습을 지켜보게 하면서 경찰들은 그 옆에서 일상적인 잡담을 하는 것이었다. 까무러친 몸뚱이가 땅으로 떨어지면 다가가 담뱃불로 살을 지지는데 살이 부들부들 떨리면 살아 있는 것으로 확인하고 양동이로 냉수를 끼얹어 정신이 들게 한 뒤 다시 고문을 계속했다.

물 먹이기 고문도 잔인하기는 마찬가지였다. 사지를 몽땅 묶어 눕혀놓고는 입과 코에다 물을 사정없이 들이부으니, 사람이 견디지 못해 몸을 뒤틀다가는 결국 기절하게 마련이었다. 인간이 인간을 학대하는 것이 어쩌면 그 지경에까지 이를 수 있는 것인지, 나는 엄습해오는 공포에 눌리기 전에 인간의 가치와 인간에 대한 신뢰를 잃고 그저 망연자실해질 수밖에 없었다.

사람 목숨이 참 질긴 것이, 그렇게 곧 숨이 넘어갈 것처럼 보여도 쉽게 죽지는 않았다. 하지만 한 번 고문을 받으면 그 사람은 감방까지 그저 기어서 가야 했다. 나는 그렇게 지하실에 서너 차례 끌려가 몸서리치는 고문 장면을 지켜봐야 했는데, 나에게 직접 고문을 하지는 않았다. 그런 고문을 보게 한 다음에는 회유책을 써 나를 달래기도 했다. 회유책이란 게 별것이 아니라 새벽 2시쯤 나를 불러내서는 아주 부드러운 태도로 물 마셔라, 뭣도 해라 하면서 아주 인간적인 체하며 나를 어르는 것이었다. 그럴 때마다 한국인 형사가 나를 맡았다.

"내가 오늘 동포끼리 단 둘이 얘기하고 싶어서 불렀다. 내가 너희 집에 가봤더니 네 아내가 아이를 낳고 나서 몸도 좋지 않은 데다 네 걱정 때문에 몰골이 말이 아니었어. 아기는 아무것도 모르고 벌써 방실방실 웃는데 너는 그 아기가 보고 싶지도 않냐? 나도 동포로서 네가 고생하는 걸 보기가 딱하다. 어쨌든 살고 봐야 하지 않겠어? 자백만 하면 살려줄 테니 어서 솔직히 털어봐."

나는 강해서가 아니라 원래 그들을 만족시킬 만한 말을 할 거리가 없었기 때문에 계속 버틸 수밖에 없었다. 그러자 그들은 나를 구석에 앉혀놓고 "네 마음에 있는 것을 뭐든지 좋으니 다 써보라"며 백지를 주기도 했지만, 아무리 그래도 내게 무언가가 나올 리 없었다. 나는 한민족의 일원으로서 당연히 반일 민족주의적 생각을 갖고 있긴 했으나, 그들에게 잡힐 만큼 대단하고 용기 있는 행위를 한 적도 없고 사소한 위법 행위를 한 적도 없었다.

나는 괴롭긴 해도 그럭저럭 시간을 보냈는데, 주위에서 심하게 고문받아 죽어나가는 사람들이 수두룩했다. 지옥의 한가운데 있는 것 같은 감방 생활을 하면서 나는 정신적으로 깊은 갈등에 빠졌으니, 그때까지 광신이라 할 만큼 철석 같았던 내 신앙이 동요하기 시작한 것이다.

나는 감방과 고문실의 비인간적 참상과 사람이 짐승만도 못하게 죽어나가는 기막힌 현실을 보면서 '과연 정의의 하나님이 존재하는가' 하는 회의를 갖게 됐다. 거기서 본 일본 경찰은 사람의 얼굴을 가진 악마였고 사람을 사람 이하의 존재로 만드는 야비한 기술자들이었다. 감방에 있는 우리들 모두는 짐승에 불과했다.

'인간성이 상실되고 인간이 없는 이곳에 신은 있는가'

잠도 잘 수 없는 깊은 밤, 사람들 틈에 끼여 감방에 쭈그리고 앉은 나는 간절한 기도로 하나님을 찾았으나, 그 깊은 절망 속에서 하나님은 어디에 계신지 내겐 보이지 않았다.

나를 고민에 빠지게 만든 또 하나의 문제는 감방에 수감된 대부분의 사람들이 민족주의자이건 공산주의자이건, 비록 하나님은 믿지 않지만 나라와 민족을 위해 한 몸을 던진 선량한 사람들인데, 기독교 신자가 아니라는 이유로 지옥에 가야 하느냐 하는 것이었다.

공산주의자들도 꽤 많이 만났는데, 이들과의 접촉을 통해 그동안 받은 박해 때문에 형성된 공산주의에 대한 거부감도 상당히 바뀌게 되었다. 내가 그때까지 공산주의를 싫어했던 것은 공산주의자들이 기독교를 부정하고 박해했기 때문이었다. 그 외의 다른 부분들, 예를 들어 일본 제국주의에 저항한다거나 가난한 무산자를 지주나 자본가의 착취로부터 해방시킨다는 것은 억세게 가난하게 살아온 나로서는 환영했으면 환영했지 반대할 이유가 하등 없었다.

감방 안에 있는 공산주의자들에게 내 생각을 얘기했더니 그들은 내가 공산주의를 오해한 것이라고 설명했다.

"너는 옛날 공산주의를 말하고 있는데 지금은 그렇지 않아. 소련에서 1936년 12월에 스탈린 헌법을 제정했는데 그 헌법은 종교와 신앙의 자유를 허용하고 있어."

공산주의가 기독교를 배척하지만 않는다면 나 역시 공산주의를 거부할 이유가 없었다. 그렇다고 내가 공산주의자가 된 것은 아니었지만 나는 감방 안에서 그들과 싸우거나 적대시하지 않고 사이좋게 지냈다. 그러니 '선량한 공산주의자'를 보면서 내가 느꼈던 갈등은 결코 작은 것이 아니었다.

그때 내가 절망하며 고민했던 하나님의 존재에 대한 문제에 대해 근본적인 해답을 얻지는 못했지만 다만 한 가지 깨달은 것은 있었다.

'세상에서 일어나는 일은, 내가 세상에 태어난 것부터 시작해 모든 것이 다 하나님의 섭리에 의한 것이다. 그렇다면 내가 이런 곳에 들어오게 된 것도 이 시련을 통해 드러내고자 하는 하나님의 뜻이 있기 때문일 것이다.'

나는 그런 생각과 믿음으로 내가 처한 상황을 정리하면서 '모든 것을 하나님의 뜻에 맡기고 만약 이곳에서 살아나갈 수 있다면 이후부터는 죽는 날까지 전적으로 하나님만을 위해 살겠다'고 다짐하곤 했다. 그것이 내가 올릴 수 있는 기도의 전부였고, 그 기도야말로 비인간적인 상황에서 나의 존엄성을 최소한 지켜나갈 수 있는 유일한 수단이었다.

그렇지만 내가 살아 나가리라는 보장은 어디에고 없었다. 나에 대한 조사는 도무지 끝날 조짐도 없이 질질 시간만 끌고 있으니 그러다가 결국 감방 안에서 시름시름 죽어갈 게 뻔해 보였다.

'어차피 죽게 될 바에야 이런 생지옥에서 고생을 더하다 죽을 필요가 있을까. 또 이렇게 인간 이하의 조건에서 구차하게 연명하다 고통을 견디지 못해 일본놈들에게 치욕스런 꼴을 보일지도 모른다. 그러기 전에 이 육체를 버리는 게 현명한 길이 아닐까.'

이런 고민을 하던 나는 자살하기로 결정을 내렸다. 기독교에서 자살은 죄였지만 '추하게 죽느니 깨끗하게 자살을 택한 나를 하나님도 용서해주실 것'이라는 생각으로 자기 변호를 했다. 자살까지도 모두 하나님께 맡긴다는 생각으로 나는 죽을 방법을 찾았다. 그러나 수감될 때 끈이나 쇠 등 자살하는 데 도움이 될 만한 물건은 모두 압수당했으므로 도무지 쉽게 죽을 방법이 없었다. 생각 끝에 나는 굶어죽기로 하고 단식을 시작했다.

단식과 엉터리 폐병 진단

내가 감방에 갇힌 지 얼마가 지난 후부터 아내는 내게 하루에 한 번 사식을 들여보내고 있었다. 원래는 사식이 금지되어 있었으나, 삼성산부인과 원장인 정길환이 폐병을 앓고 있던 고등계 주임 후쿠이의 부인을 치료해주고 있었기 때문에 그의 덕분으로 사식이 들어올 수 있었다. 나중에 알게 된 얘기지만 내가 고문을 피할 수 있었던 것도 그의 도움 덕이었다.

내가 경찰서에 잡혀갔다는 얘기를 아내에게서 들은 정길환 원장은 후쿠이를 만난 자리에서 어떤 사람의 형편없이 나쁜 폐 사진을 보여주면서 이렇게 얘기했다고 한다.

"당신이 잡아간 강원용이라는 사람이 이런 상태에 있으니 섣불리 고문을 하다간 곧 죽고 말 것이오."

그런데 재미있는 것은, 나는 잘 기억이 나지 않는데 아내의 말에 의하면 내가 잡혀간 날 아침 아내에게 '어제 뱀에게 손을 물리는 기분 나쁜 꿈을 꾸었는데 정길환 장로가 나타나 얼른 붕대로 처매주었다'는 얘기를 했다는 것이다.

감방에 사식이 들어오면 나는 다른 사람들과 나누어 먹곤 했으나, 아무래도 내가 단식하고 있다는 것을 외부에 알리는 것이 좋을 것 같아서 사식 반입을 거절했다. 그리고는 배급되는 식사는 물론 음식이라곤 일절 입에 대지 않았다. 처음 한 나흘까지는 주린 배를 견디기가 정말 죽는 것보다 힘들었다. 그 시기가 지나고 나니까 정신이 몽롱해지더니 감각조차 무디어지고 일주일쯤 되면서 결국 쓰러지고 말았다.

밖에서 이런 사정을 듣게 된 정길환 원장은 후쿠이를 만나 한 번 나를 진찰해보는 것이 좋겠다고 사정을 해서 경찰서로 나를 진찰하러 왔다. 나는 그와 잘 모르는 사이인 척하고 진찰을 받았다. 나를 진찰한 정원장은 지난번에 보여준 폐결핵 사진도 있고 해서 후쿠이 주임에게 이런 가짜 보고를 했다.

"강원용은 폐결핵이 만기에 접어들었으니 다른 사람에게 전염이 될 수 있습니다. 조치를 취하십시오."

후쿠이라는 사람은 자기 아내 때문에 폐병이라면 기겁을 하는 사람이어서 정원장의 말을 듣곤 곧 나를 불렀다. 그때 나는 단식으로 완전히 탈진해 있어 혼자 걸을 수 없는 상태였다. 간수들을 붙잡고 간신히 후쿠이가 있는 방으로 올라갔더니 그는 문둥이라도 대하듯 "가까이 오지 말고 저 구석에 서 있으라"며 손을 내저었다. 숱한 사람을 고문으로 죽인 사람이 자신은 폐병에 전염될까봐 그렇게 겁을 내는 것이었다.

"병 때문에 너를 가석방시켜 준다. 그러니 집에 가서 몸을 돌보는데, 당신 폐병이 전염성이니까 밖에 나다니지 말고 지정된 골방에서 병을 치료해라. 단 병이 나으면 즉시 재수감한다!"

가석방이라는 소리를 들은 나는 너무나 기뻐 믿어지지가 않았다. 그야말로 하늘로 날아갈 것 같은 기분이었다.

"고아원에 사람을 보냈으니 곧 누가 데리러 올 거다. 그 사람과 함께 가도록 해라."

하지만 나는 한순간이라도 빨리 지옥 같은 경찰서를 벗어나고 싶은 마음과 혹시라도 후쿠이의 마음이 변하기라도 할까봐 급하게 그의 말을 받아서 물었다.

"그냥 나 혼자 가면 안 되겠습니까?"

"네가 그 몸으로 어떻게 간다는 거냐?"

"혼자 갈 수 있습니다."

후쿠이는 나를 찬찬히 쳐다보더니, "그럼 가라"고 했다.

허락이 떨어지자마자 나는 정말로 나는 것처럼 경찰서를 나와 집까지 한달음에 달려갔다. 탈진 상태에서 사람의 부축을 받으며 올라갔던 내가 어디서 그런 힘이 나서 집까지 뛰어갈 수 있었는지 참 신기한 일이었다.

그때 동생 형용이가 병 보석 소식을 듣고 인력거를 준비해 경찰서에 나와 있었다는데, 나는 동생과 인력거는 보지도 않고 동생이 부르는 것을 듣지도 못한 채 정신 나간 사람처럼 마구 집 쪽을 향해 달려가기만 했다고 한다.

내가 돌아온 것은 잡혀간 지 한 달 정도 흐른 뒤였는데 계절은 아직도 겨울을 완전히 넘어서지 못하고 있었다. 아내의 기억에 따르면 그때 내가 입고 갔던 외투는 솔기가 다 뜯어져 여러 갈래로 찢겨 있었는데 검정색이 하얗게 보일 정도로 온통 이를 뒤집어쓰고 있었다 한다. 그런 상태로 집에 도착하니 사람들은 나를 보고 반가워하기에 앞서 울기만 했다.

"사람을 보고 반가워하지는 않고 왜 울어?"

내가 의아해서 물었더니 나보고 거울을 좀 보라는 것이었다. 거울을 봤더니 정말 뼈에다 가죽만 입힌 몰골에 두 눈이 툭 불거져 나온 것이, '아, 정말 이게 나인가' 하는 생각이 들 정도였다. 하지만 죽기로 작정한 감옥에서 몸과 마음이 멀쩡하게 살아서 나왔으니 그만하면 다행이었다.

그때 우리와 함께 고아원에 있다가 내가 잡혀간 직후 경찰서에 끌려갔던 김만석이라는 아내의 조카 되는 사람이 있었다. 아마 나 때문에 끌려갔던 듯싶은데, 그는 나보다 먼저 풀려나긴 했으나 그곳에서 받은 충격을 견디지 못해 한동안 정신이상 증세를 보였다. 순진한 사람이었는데, 그의 순진하고 약한 정신으로는 그 같은 생지옥을 견뎌내기에 힘이 달렸던 모양이다.

일단 풀려나기는 했으나 그로써 고생이 끝난 것은 아니었다. 진짜 병이 있는 것이 아니어서 음식만 잘 먹으면 곧 회복될 수 있었지만, 그러면 다시 끌려가야 하므로 아내와 나는 건강은 회복하되 경찰의 눈에는 여전히 환자처럼 보이도록 하기 위해 신경을 써야 했다. 나는 가능한 한 먹고 싶은 좋은 음식을 피하고 되도록 형편없는 식사를 했다. 어쩌다 영양가 있는 음식을 먹게 되면 설사약을 사다 먹어야 했으니 그것도 고역이었다.

아! 해방

산 속에서 맞은 해방

그렇게 회령의 고아원에서 불안하게 지내던 내게 회령을 떠날 수 있는 기회가 주어진 것은 정말 하나님의 도움이었다. 내가 회령을 떠나 개산툰으로 옮기게 된 것은 동생 덕분이었다. 개산툰은 상삼봉역에서 두만강을 건넌 곳에 있는 만주의 국경 도시로서 펄프공장이 유명했는데 주민 대다수가 한국인이었다. 동생은 내가 경찰서에서 나온 후 바로 개산툰에 있는 '종방 가네보'라는 커다란 일본 펄프공장의 부속병원에서 일하게 되어 이미 그곳에 건너가 있었다.

그 병원 원장이 김길우라고 동생과 함께 용정 제창병원에서 일하던 사람이어서 그가 동생에게 일자리를 마련해준 것이었다. 그는 일본 사람들과 지면이 넓었고 그들의 신임을 받고 있었다. 또 개산툰의 명예 소방서장이 나의 은진중학 후배여서 나는 그곳에 살면서 여러 사람들의 도움을 받을 수 있었다.

개산툰의 경찰서장은 유아사(湯淺)라는 사람이었는데, 동생이 그 사람 가족의 건강을 돌봐주었기 때문에 친분이 있었다. 그래서 동생이 그에게 부탁해, 그가 회령경찰서에 나를 자기가 책임지고 관리하겠으니 넘겨달라고 해서 내가 회령을 떠날 수 있었던 것이다.

1945년 3월 하순 아내와 두 딸을 데리고 개산툰으로 건너간 나는 동생의 사택에 기거하며 회령에서보다 훨씬 여유있게 지냈다. 유아사 서장의 보호 아래 있었으니 마음껏 먹고 쉬면서 건강을 회복할 수 있었던 것이다.

건강이 어느 정도 회복되자 계속 놀고먹을 수만은 없어서 노동을 시작했다. 개산툰에도 교회가 있긴 하지만 담당형사가 나의 일거수일투족을 보고하고 있는 형편이어서 교회활동이나 경찰의 주목을 끌 만한 일은 피해야 했다.

내가 일자리를 얻은 곳은 아라키쿠미(荒木組)라는 조그만 토목회사였다. 나는 열 명 남짓한 노동자를 밑에 두고 십장 노릇을 했는데, 건물을 짓기 전에 땅을 고르고 기반을 조성하는 일을 주로 했다. 나무도 베어서 나르고 땅도 파고 하는 험한 일을 해야 했기 때문에 내 몸에 무리가 오지 않을 수 없었다. 힘든 막노동과 그에 못지 않게 참기 힘든 노동자들의 상소리를 하루 종일 들으면서도, 그래도 유치장에 있는 것보다는 훨씬 나으니까 꾹 참으며 조심스럽게 하루하루를 지냈다.

동생이 결혼을 한 것은 일본 패전을 눈앞에 둔 7월 초였다. 혼례를 고향에서 올렸기 때문에 나는 유아사 서장의 허락을 받아 몇 년 만에 다시 고향 땅을 밟게 되었다. 결혼식에는 각종리에 시집가서 살고 있던 누나도 참석을 했는데, 그때가 결국 누님을 마지막으로 본 때가 되고 말았다. 내가 세계기독교선교회(WCC)를 통해 알아본 바에 의하면 누님은 2000년 5월까지 이북에 생존해 있었다. 아들과 함께 살고 있다고 하는데 죽기 전에 꼭 한 번 누님을 뵙고 싶은 게 간절한 소망이다.

동생의 결혼식을 마치고 개산툰으로 돌아온 지 얼마 지난 뒤였다. 아마 8월 9일경이었을 것이다. 갑자기 비행기가 하늘에 새까맣게 뜨고 경보가 울리는 등 온 시가가 엄청난 혼돈에 빠졌다. 소련군이 참전한 것이었다. 경찰도 비상사태에 들어가 온 시가가 살얼음판이었다.

어느 날 밤 유아사 서장이 우리 집에 찾아와 은밀하게 귀띔해 주었다.

"가석방된 사상범들을 내일 모두 재수감하니 오늘밤에 도망치도록 하시오."

나는 당장 식구들을 이끌고 집에서 나와 만 하루 이상을 걸어 개산툰을 벗어난 지역의 산 속으로 도망을 쳤다. 그때 만 8개월이던 둘째딸은 원래 몸이 약한데다 소화불량으로 설사가 심해 내 동생의 주사로 겨우 연명하고 있었는데, 그애를 들쳐업고 산 속으로 들어간 것이다.

산 아래에 마을이 있었으나 우리는 사람들 눈을 피해 산중턱에 자리를 잡았다. 멀리서 군인들이 왔다갔다하는 게 보였다. 눈에 떨까봐 움막도 못 치고 나뭇가지를 꺾어 나무와 나무 사이에 걸쳐놓고 햇볕과 비를 겨우 피할 수 있게 만든 것이 다였다.

가지고 간 식량으로 연명을 하며 지내는데 하루는 회령 쪽에서 시커먼 연기와 함께 화염이 맹렬하게 치솟아오르고 있었다. 나중에 알게 된 얘기지만 그때 폭격으로 회령경찰서가 다 타버리고 말았으니, 만약 내가 단식을 해서 감방을 빠져나오지 못했더라면, 그리고 산으로 도피하지 않았더라면 재수감되어 일본인에게 죽었든지 아니면 그 폭격으로 죽고 말았을 것이다.

그렇게 산 속에서 한 열흘 정도 머물렀는데, 어느 날 아랫동네에서 느닷없이 애국가가 들려왔다. 아마 그때가 8월 18일 정도였던 것 같다. 깜짝 놀라 마을 쪽을 자세히 보니 소학생쯤 되는 아이들이 태극기를 흔들며 뛰어다니는 것이 보였다.

나는 꿈을 꾸고 있는 것 같았다. 눈앞에 벌어지고 있는 현실이 도저히 믿어지지가 않아 우리는 어안이 벙벙한 채 서로를 바라보기만 했다. 어찌됐든 해방이 되었다면 우리는 힘든 산 속 생활을 하지 않아도 되므로 우리에겐 해방이 정말 실감나는 '해방'인 셈이었다.

그날 밤이었다. 밤이 으슥한데 삿갓을 쓴 웬 남자가 우리가 있는 곳을 찾아왔다. 누군가 했더니 뜻밖에도 유아사 서장이었다. 어떻게 우리가 피신한 곳을 알고 있었던 모양으로 소련군이 들어오자 피신차 우리에게 온 것이었다. 불과 며칠 사이에 서로의 입장이 뒤바뀐 것이다.

그러나 그곳도 그에게 안전한 피난처가 될 수는 없어, 나는 그에게 남은 식량을 건네주며 어디 다른 곳으로 피해가라고 했다. 그를 보내면서 고향 주소를 적어주고 작별을 고했다.

"이 고비를 넘기면 고향으로 나를 한번 찾아오시오."

그러나 결국 그것이 마지막 이별이 되고 말았다. 후에 들은 얘기로는 소련군에게 붙잡혀 철도 놓는 일을 하다가 그만 총살당했다고 한다.

그는 일본인이었지만 내 생명의 은인이었다. 일본인에 의해 죽을 뻔했던 내가 역시 같은 일본인에 의해 목숨을 구했던 사실은 후에 일본을 대하는 내 태도에 영향을 주었다. 일본이 저지른 온갖 만행을 만주와 일본에서 목격했지만 가가와 선생이나 유아사 같은 이들은 나를 도와준 일본 사람이었다. 나는 일본이든 미국이든 모든 일본인, 모든 미국인을 일반화하여 평가하지 않는다. 어느 국가의 역사적인 과오와 정책을 비판할 수는 있지만 개개인의 양심과 도덕성은 제각기 다른 법이다.

인민재판장에 서다

유아사와 헤어진 후 우리는 곧장 개산툰으로 내려왔다. 내려와 보니 소련군이 길거리를 활보하면서 일본인들을 '야뽄스키'라 부르며 함부로 쏘아 죽이고, 여자란 여자는 눈에 띄는 대로 끌어다 강간을 하는가 하면, 시계 등 값나가는 물건은 보는 족족 강탈해 가는 것이었다. 당시 개산툰은 일본군이 아직 무장해제도 되지 않았고 소련군이 정식으로 주둔한 것도 아닌 일종의 치안 공백 상태였다.

그래서 개산툰의 한국 사람들이 자위대 성격의 치안유지위원회를 자발적으로 조직했는데, 사람들은 나를 감옥에 갔다온 애국자라며 그 위원회의 부위원장 겸 선전부장을 시켰다. 실질적인 힘은 별로 없었지만 그런 대로 조직이 구성되자 위원회의 간부들은 용정에 있는 소련군 사령부로 인사하러 가기로 했다.

우리는 팔에 붉은 완장을 두른 채 차를 타고 용정으로 향했다. 그런데 도중에 소련군이 우리 차를 세우더니 기관총을 들이대고는 시계를 몽땅 빼앗아가는 것이었다. 결국 책임 있는 소련군 관계자와 제대로 접촉도 못한 채 시계만 빼앗기고 돌아오게 되었다.

치안유지위원회는 어떤 이념적 색채를 갖고 있는 단체가 아니었다. 우리가 붉은 완장을 차고 간 것은 소련군 사령부를 방문하는 길이니까 편의상 그랬던 것에 불과했다. 그런데 하루 이틀 시간이 지나면서 서로 '동무'라고 부르는 사람들이 생겨났는데 그 사람들은 다들 권총을 소지하고 있었다.

나는 부위원장인데 왜 안 주나 하고 알아봤더니 어느 틈에 공산주의자와 비공산주의자에 대한 차별이 생겨나 있었다. 하지만 그때까지만 해도 공산주의에 대한 내 생각은 비교적 호의적인 편이었다. 회령경찰서 유치장에서의 경험도 있었던데다 당시 소련군이 거리에 붙였던 포고문에 종교의 자유를 인정한다는 항목이 들어가 있었기 때문이다.

그런데 그런 공산주의에 대한 내 생각을 확 바꿔버린 일이 곧 일어났다. 하루는 위원회 사람들이 얘기를 하는데 들어보니까

"펄프공장 노동자들이 해방을 맞아 독립 축하시위를 한다는데 그것을 우리 위원회가 도와줘야겠다"는 요지였다. 나는 그 말을 듣고 반대를 표명했다.

"아직 일본군이 무장 해제도 하지 않은 상황인데 시위를 하다가 흥분한 시위대와 일본군 사이에 충돌이 일어나 발포라도 하면 큰일이 날 수도 있습니다."

그런데 바로 이 발언이 문제가 되어 나는 인민재판에 걸리게 되었다. 나는 인민재판인지 뭔지도 모르는 채, 위원장의 말만 듣고 학교 강당으로 나가게 됐다. 위원장은 별 다른 설명 없이 그저 이렇게만 얘기했다.

"소학교 강당에서 노동자 대회가 열리는데 당신이 시위를 못하게 한다고 노동자들이 흥분해 있으니 가서 왜 시위를 반대하는지 그들에게 직접 얘기하시오."

좀 이상하긴 했지만 그러겠노라고 했다. 위원장은 나이가 든 사람으로 나중에 보니 공산주의자였다.

"그런데 내가 얘기할 시간은 얼마 동안입니까?"

"15분이오."

위원장과 함께 학교 강당에 들어가니 강당은 흥분한 노동자들로 꽉 차 있었다. 자세히 보니 사람들마다 손에 돌을 싼 보자기를 움켜쥐고 있는 것이 분위기가 보통 험악한 것이 아니었다. 그냥 노동자들을 설득하는 강연인 줄 알고 들어간 나는 내심 크게 당황하지 않을 수 없었다. 단상이 있는 앞쪽 벽면에는 붉은 소련기가 커다랗게 걸려 있었다.

어찌되었든 예정대로 강연을 해야 했다. 단상에 올라가 강연을 막 시작하려는데, 청중 속에서 몸집이 아주 좋은 한 남자가 느닷없이 단상으로 뛰어올랐다. 그는 느닷없이 내 손을 잡아채 쳐들더니 청중을 향해 큰 소리로 외쳤다.

"이 사람의 손바닥을 보라. 노동자를 착취해 손바닥에 못도 박이지 않은 사람이 어떻게 노동자의 피가 흐르는 붉은 깃발 아래서 얘기를 할 수 있겠는가?"

그러자 기다렸다는 듯이 "집어치워라" 하는 야유가 여기저기서 튀어나오고 금방 돌이라도 날아올 듯한 분위기로 치달아 도저히 강연을 시작할 상황이 아니었다. 나는 할 수 없이 단상에서 내려왔다. 까딱 잘못했다간 돌팔매에 맞아 죽고 말 것이라는 위기감에 모골이 송연했으나 그럴수록 정신을 차려야 했다.

나는 위원장에게 다가가 따졌다.

"아무리 그렇더라도 내 얘기를 일단 들어본 후에 심판을 해도 해야 되지 않겠소? 내게 얘기할 기회를 주시오."

내 말을 들은 위원장이 단상에 올라가 노동자들을 달랜 끝에 간신히 강연할 기회를 얻었다. 죽느냐 사느냐 기로에 선 나는 목숨을 건지기 위해서 내 장기인 웅변 실력을 최대한 발휘하기로 했다.

내가 그때 무슨 말을 했는지 잘 기억나지는 않지만, 대강 일제 식민통치 하에서 우리가 받았던 억압과 설움을 얘기한 뒤 우리가 맞게 된 해방의 감격을 말하고, 이어 앞으로 우리가 해방된 조국에서 어떤 일을 해야 하는가 하는 것 등에 대해 열변을 토해냈던 것 같다. 목숨이 걸린 일이었던 만큼 사력을 다해 웅변을 했다.

그 때문인지 처음 5분 정도는 이곳저곳에서 야유가 나왔지만 곧 장내가 숙연해졌고, 웅변 시작 후 7, 8분이 지난 후에는 박수가 쏟아져나오기 시작했다. 거기서 힘을 얻은 나는 신이라도 들린 것처럼 온 힘을 다해 웅변을 계속했다.

약속대로 15분 정도 걸린 웅변을 끝내자 장내는 우레와 같은 박수 소리로 꽉 차 처음과는 완전히 딴판으로 분위기가 돌변해버렸다.

'이젠 살았구나.'

내가 단상에서 내려와 앉아 있는데, 이번에는 다른 한 사람이 단상으로 뛰어오르더니 소리를 쳤다.

"이런 애국자를 반동분자, 매국노로 고발한 놈이 도대체 누구냐? 그놈을 찾아서 처단하자!"

장내가 다시 소란스러워지자 당황한 위원장이 내게 와서 사정을 했다.

"큰일 났소. 이 사태를 수습할 사람은 당신밖에 없으니 도와주시오."

나는 마침 그날 아침 아는 사람에게서 서울에서 여운형, 이승만, 김일성 등의 애국자들이 모여 동진공화국(東震共和國)이라는 나라를 세웠다는 얘기를 들은 것이 생각나서 단상에 올라가 그 얘기를 감격적으로 부풀려 이야기했다.

"이처럼 모두 단결해서 우리의 새 나라를 세운 마당에 우리는 여기서 이렇게 같은 동포를 죽이는 일이나 하면 되겠습니까? 내가 선두에 설 테니까 우리 모두 동진공화국 만세를 부르며 공화국 수립을 축하하는 행진을 합시다!"

나의 제의에 사람들은 모두 "좋소" "좋소" 하고 박수로 호응을 보내더니 행진을 하기 위해 밖으로 우르르 빠져나갔다. 간신히 한시름 돌린 나는 빨리 여기서 도망치지 않으면 언제 어떻게 될지 모른다는 생각에 슬쩍 그곳을 빠져나왔다. 집으로 돌아온 나는 가족들을 데리고 개산툰을 나와 배를 타고 두만강을 건너 다시 회령 쪽으로 들어갔다. 그때가 1945년 9월 초였다.

당시 내가 동생처럼 대해오던 이상철(현 캐나다 연합교회 총회장)도 우리와 함께 회령으로 나왔는데, 그는 내 은진중학 후배로 내가 중앙교회에서 전도사로 일할 때 교회 잡무를 보던 고학생이었다. 그때부터 우리는 매우 가깝게 지냈는데 용정에 있던 그를 불러 회령까지 같이 내려간 것이다. 이로써 만 10년 동안 단속적이나마 이어졌던 나의 만주생활은 막을 내리게 되었다.

극적으로 개산툰을 탈출한 후 들은 얘기에 의하면 우리가 그곳을 빠져나온 이후 팔로군이 들어오면서 인민재판 대상자를 재판에 회부할 때 그와 가장 가까운 사람으로 하여금 그를 공개적으로 고발하게 했다고 한다. 예를 들어 목사를 재판하게 되면 그와 가장 가까운 장로가 나와 그 목사의 죄상을 고발해야 했다니, 차마 인간으로서는 하지 못할 짓이었다.

역시 나중에 듣게 된 얘기지만 마창툰에 있던 외삼촌도 그때 매우 치욕스런 인민재판을 받았다고 한다. 외삼촌은 몸에 '개'라고 쓴 쪽지를 붙이고 목에 사슬이 묶인 채 진짜 개처럼 '웡웡'거리며 기어다녀야 했다니 기가 막힌 일이었다. 그는 인민재판에서는 살아났으나 마창툰에서 원산으로 빠져나와 서울로 올 기회를 엿보다가 그만 공산군에게 잡혀 죽고 말았다. 그곳에서 기적적으로 살아 나온 사람의 전언에 따르면 외삼촌은 사람들을 몇 겹씩 쌓아놓고 총살을 하는 데로 끌려가 비참한 최후를 맞았다고 한다.

나와 아내가 만주 땅을 다시 찾은 것은 지난 1991년 용정 지역 선교사업을 위해서였다. 비행장에 마중나온 사람 중 내가 은진중학 시절 교회 활동을 할 때 주일학교에 나왔던 어린이들과 아내의 제자도 있었다. 코흘리개 어린이들이었던 그들을 60대 노인으로 다시 상봉하게 되었으니 정말 감개가 무량했다.

내 젊음과 열정을 불태웠던 용문교와 해란강, 그리고 용두레 우물가와 일송정은 변함이 없었지만 은진중학, 명신여중 등의 학교와 교회는 그 자리를 찾아보기도 힘들 만큼 용정은 변해 있었다. 용강동 교회 자리는 다행히 찾을 수 있었으나 공산정부가 들어서면서 건물을 헐어버려 옛 모습은 볼 수가 없었다. 우리는 개산툰에도 가서 이제는 오염이 심해진 두만강을 끼고 도문까지 갔는데, 내가 인민재판을 받았던 소학교 강당 자리가 그대로 남아 있었다. 나는 50년 만에 다시 용정의 교회에서 설교를 했다. 내가 설교한 용정교회는 공산화 이전에 있었던 모든 교회들이 연합해서 예배를 드리는 곳이었다. 물론 목사는 없고 예전에 내가 주일학교를 할 때 참석했던 아이가 이제는 60대 중반이 되어 주무 장로로 일하고 있었다.

설교가 끝나자 주일학교에서 내 가르침을 받았던 사람들은 나는 정작 잊어버린 옛날의 내 설교를 떠올리면서 설교 내용이 그때와 너무 다르다고 놀라워했다. 그 시절엔 늘 죄니 심판이니 하는 무서운 얘기만 했는데 이제는 사랑의 하나님을 강조하니 놀라웠던 모양이다.

자유를 향해 남으로!

회령에 도착한 우리 일행은 어느 빈집에 거처를 정하고 삼성산 부인과의 정길환 원장과 원주회, 그리고 일본에서 의사를 했다는 유희원 등 몇 사람과 앞으로의 대책을 논의했다. 우리 모두가 그랬지만 특히 나는 인민재판의 경험과 소련군의 횡포 등으로 공산주의 세계에 환멸을 느끼고 있었으므로 공산 치하의 이북에서는 더 이상 살고 싶은 마음이 없었다.

논의 끝에 우선 정길환 원장과 내가 서울로 가서 거점을 확보하기로 하고 기차를 타고 회령을 떠났다. 객차가 아닌 화물차의 짐 사이에 끼여 앉기도 하고 기차 꼭대기에 올라앉기도 했는데, 이 기차가 한 번 서기만 하면 반나절도 좋고 하루 종일도 좋고 도대체 움직일 생각을 하지 않았다.

그것까지는 또 좋은데 기차가 멈추어 있는 동안 소련군이 올라와 조사를 한답시고 여자는 물론 여자같이 생긴 남자까지도 다 끌고 가는 형편이었다. 나야 괜찮았지만 곱살스레 생긴 정원장은 소련군이 여자 같다면서 자꾸만 끌고가 결국 남자라는 것을 증명해 보이고야 풀려나는 곤욕을 되풀이해야 했다.

서울로 가는 길에 나는 정원장과 함께 고향인 이원군에 내려 수항리에 계시던 부모님을 찾아뵈었다. 그때 아버지는 예순 가까이 되셨는데 횡성에서 돌아온 지 얼마 안 되어서 채 터도 잡기 전이었다. 우리가 서울행을 결심했다고 말씀드리자 직관력이 뛰어난 아버지는 생각 잘했다며 우리의 서울행을 격려하시곤 이렇게 덧붙이셨다.

"공산주의 치하에서는 못 산다. 그러니 네가 남쪽에 미리 내려가서 터를 잡고 우리를 불러라."

나를 보기만 하면 우시던 어머니는 그때도 그렇게 눈물을 흘리셨다.

우리는 아버님 어머님께 인사를 드리고 나왔다. 후에 아버님은 서울에서 한 번 더 뵐 수 있었지만 어머니와는 그 만남이 마지막이 되고 말았다. 물론 나는 그때가 마지막이 되리라고는 생각조차 할 수 없었다. 그도 그럴 것이 38선이라는 걸 알지도 못했던 우리는 38선 부근에 와서야 비로소 38선이 만들어진 줄 알았다. 그토록 정을 쏟으며 키웠던 큰아들에게 효도 한번 받아보지 못한 채 그렇게 어이없는 마지막 상봉을 해야 했던 어머니.

이원군을 떠난 후 우여곡절 끝에 원산에 도착해서 우리는 다시 기차를 타고 38선 근방까지 도달했다. 그곳부터는 나룻배를 타고 강을 건너는데, 강을 건너는 도중 공산군이 마구 따발총을 쏘아 대는 소리를 들을 수 있었다.

천신만고 끝에 드디어 서울에 도착한 날은 9월 20일이었다. 부모님은 고향에 두고 아내와 아이들과 동생은 회령에 남겨둔 채로 나는 해방 직후 혼란의 와중에서 동요하고 있는 서울에 단신으로 발을 딛게 되었다.

지난 9개월 동안 갑작스런 수감과 기적적인 가석방, 개산툰 이주와 유아사 서장과의 만남, 인민재판장에서 맞은 극적인 위기 등을 숨가쁘게 겪어온 나는 그 시간들을 되돌아보면서 내 능력이나 지혜를 초월한 곳에서부터 임해온 어떤 거대한 힘의 존재를 느끼지 않을 수 없었다. 따라서 나는 감방 안에서 다짐했던 대로 평생을 하나님 뜻에 따라 살기로 다시 한 번 다짐하며 낯선 서울 생활을 시작했다.

해방공간의 카오스

서울거리에 나부끼는 붉은 깃발

가을이 시작된 서울에, 여름 반소매 저고리를 입은 채 작은 보따리 하나 달랑 들고 발을 디딘 나는 우선 효자동에 있는 우리 모임의 멤버 신영희의 집에 거처를 정했다. 서울에 연고라고는 조선신학교(현재의 한신대학교)를 운영하면서 서울 교외의 전농동에 살고 있던 김재준 목사와 신영희가 전부였다.

김재준 목사의 사위이기도 한 신영희는 하얼빈에서 의학을 공부한 후 서울에서 병원을 개업하고 있었다. 그러나 신영희와 나 이외의 우리 모임 멤버들 대부분은 이북에서 넘어오지 못한 채였다. 가족이고 친지고 다 이북에 놔두고 홀홀 단신 월남한 나는 처음에 어리둥절한 채로 낯설기만 한 환경에 적응을 하느라 무척 신경을 써야 했다.

서울이 내게 준 낯설음은 개인적인 측면에서만은 아니었다. 내 눈에 비친 서울이란 도시는 해방 이후 한 달여 동안 내가 북에서 겪은 경험을 바탕으로 한 내 예상과는 너무나 다른 모습이었다.

나를 무엇보다 놀라게 한 것은 종로 화신백화점 곁에 당당하게 나부끼는 커다란 붉은 깃발과 온 거리에 붙어 있는 붉은 대자보들이었다. 전부 공산당이 만들어 붙인 대자보들이었으니, 공산주의가 싫어 서울로 내려온 나로서는 충격을 받지 않을 수 없었다. 내가 도착했을 때 서울에서는 이미 조선공산당이 재건되어 세력을 확장하고 있었고, 인민공화국이 수립되어 조각이 구성되는 등 좌익 세력이 맹위를 떨치고 있었다.

게다가 노동자 · 농민 조직을 비롯하여 청년 · 학생 · 예술인 · 여성 조직, 심지어 의사 · 약사 · 간호원 조직에 이르기까지 조직이란 조직은 거의 전부가 좌익이었으니, '이제 남쪽도 공산당 세상이 되어가는구나' 하고 내심 크게 놀라지 않을 수 없었다. 해방 이후 10월까지 생겨난 좌익 계열 조직만 해도 조선공산주의청년동맹, 조선음악가동맹, 조선프로레타리아 미술동맹, 조선프로레타리아예술동맹, 조선출판노조, 조선과학자동맹 등 이루 다 헤아리기가 어려울 정도였고, 그 뒤로도 좌익 조직이 속출했다.

또 하나 나에게 충격을 주고 울분을 참지 못하게 한 것은 친일파였다. 이북에서는 일본 사람들을 '야뽄스키'라며 총으로 죽이고 친일파는 잡아다가 그 죄상을 심판했는데, 이남에서는 일본인들이 버젓이 활개를 치고 다닐 뿐만 아니라 친일파 인사들 역시 마음대로 거리를 돌아다니고 있었다. 도대체 어떻게 이럴 수가 있단 말인가. 나는 그저 기가 막힐 뿐이었다.

어느 날인가 일본에서 숭덕료를 했던 목사가 내가 서울에 온 것을 알고 자기 사무실로 오라는 연락을 보냈다. 그는 분명한 친일파였으나 내가 일본에 있을 때 개인적으로 신세진 일도 있고, 또 그의 원래 의도야 어찌되었든 결과적으로 동경에 있던 한국 유학생들의 방패막이 노릇을 한 것도 사실이어서 곤경에 처해 있을 그를 조금이나마 도울 수 있을까 하는 마음으로 무교동에 있는 그의 사무실을 찾아갔다.

그러나 그 사무실에 발을 들여놓는 순간, 내 눈앞에 펼쳐진 광경에 나는 그만 어이가 없어지고 말았다. 커다란 사무실 안에는 잘 차려입은 사람들이 잔뜩 모여서 왁자그르 떠들고 있었다. 무슨 애긴가 하고 들어보니 일본으로 돌아가는 일본인들의 재산을 위임받는 일에 관한 것이었다. 당시 많은 일본인들은 한국 내의 재산을 포기하지 않고 관리권을 가깝게 지내던 친일 한국인들에게 넘기고 갔는데, 그 사무실에 친일파들이 쇠파리처럼 모여들어 일인이 두고 가는 재산을 놓고 서로 이권을 차지하느라 왈가왈부하고 있었던 것이다.

만 28세로 소박한 열혈청년이었던 나는 그 광경을 보고 흥분을 참기 어려웠다.

"목사님, 해방된 이 마당에 자숙하고 있어야 할 사람들이 이럴 수가 있습니까? 당신이 만나자고 하기에 나는 만약 당신이 어려운 처지에 있으면 변호해주려고 왔는데, 이런 일을 하고 있으니 정말 어처구니가 없습니다."

내 말을 들은 그는 오히려 "어떻게 당신이 내게 그럴 수 있소"

하며 섭섭해했다.

"나는 당신 개인에게만 화를 내고 있는 게 아닙니다. 지금은 일제 치하가 아닙니다. 일제가 남긴 모든 악과 비굴한 흔적을 일소해야 할 때라는 걸 아셔야 합니다."

나는 불쾌하고 절망한 기분으로 그의 사무실을 나왔다. 비록 해방은 되었지만 우리 사회가 처음부터 굉장히 잘못된 방향으로 나가고 있다는 느낌을 떨치기가 어려웠다. 실제로 나중에 자유당 국회위원으로까지 출세한 박영출 목사 같은 사람의 개인사는, 그의 인간적 품성이나 개인적 고뇌와는 별개로 우리의 왜곡된 현대사를 그대로 보여주는 것이라 하겠다.

내게 깊은 인상을 준 또 하나의 존재는 미군이었다. 서울에 와서 미군을 접하게 된 나는 소련군과는 크게 다른 미군의 태도를 보고 미군에게 호감을 느끼지 않을 수 없었다. 그럴 수밖에 없었던 것이, 여자만 보면 잡아다가 강간하고, 시계고 반지고 값나가는 물건이면 다 빼앗고 심지어 공장 시설까지 다 뜯어 소련으로 실어갔던 소련군에 비해 미군은 그런 일이 거의 없었을 뿐만 아니라, 태도가 매우 깔끔해 보였다. 나중에 알게 된 일이기는 하지만 당시 이북과 만주 일대에 들어온 소련군의 상당수가 형무소에 있던 죄수 출신이었다고 하니, 그 같은 양국 군대의 태도 차이는 이해되는 구석이 없는 것도 아니다.

서울에 도착한 후 어느 정도 물정을 파악하고 할 일을 모색하기 시작했다. 언제까지나 친구 집에서 기식할 수도 없는 노릇이라 내 밥벌이도 생각해야 했고, 또 이북과 만주에 있는 가족들과 동지들이 서울에 왔을 때 함께 살면서 일할 수 있는 터전도 마련해야 했다.

그런 상황에서 가만히 주위를 살펴보니 내가 월남민이어서 그런지 38선 이북에 고향을 둔 서울 유학생들의 딱한 사정이 무엇보다 시급히 해결해야 할 과제로 생각되었다. 38선 때문에 인편 외에는 고향에서 보내주는 학비나 생활비를 받을 길이 끊겨버린 이북 출신 학생들은 인편 송금이 쉬운 것도 아니고, 그렇다고 모든 것이 혼란스러운 시기에 마땅한 일자리가 있는 것도 아니어서 빈털터리 신세로 다가오는 겨울을 막막한 심정으로 맞고 있었다.

나의 관심을 끌었던 또 하나의 문제는 기독교 내부의 파쟁이었다. 나는 그때 목사도 장로도 아닌 평신도였지만 해방된 조국에서 기독교가 조국 건설에 도움은 주지 못할망정, 마치 기다렸다는 듯이 서로 갈라져서 물고 뜯고 싸우는 꼴을 보고 고민을 하지 않을 수 없었다. 기독교 내분의 발단은 일제시대에 일본이 기독교계를 쉽게 통제하기 위해 일본과 조선의 기독교 교회를 모아 각각 하나의 단체로 만들었던 데서 비롯했다. 해방된 후에 일본에서는 그냥 단합된 형태로 있는 게 좋겠다 해서 그대로 있었지만, 한국에서는 갈라져서 서로간에 다툼이 끊일 날이 없었다.

그 동안 기독교 교단을 맡아 활동하던 사람들이 거의 다 친일파였으므로 각 교단에서는 친일파를 몰아내고 교단 세력을 새로이 정립하기 위해서라도 감리교는 감리교대로 장로교는 장로교대로 독립하고자 했다. 그러다 보니 무슨 모임이 있다고 하면 으레 교파 사이에 싸움이 벌어졌다. 그때 감리교 책임자가 강태민이라는 사람이었는데, 이 사람의 감독 취임식에 반대파들이 들어가서 똥물을 퍼붓는 사태까지 빚어졌다.

이러한 상황이니 사람들이 보기에 이것은 교회가 아니라 무슨 난장판처럼 보일 지경이었다. 나는 이러한 기독교 교파간의 다툼을 어떻게 해결해볼 방도가 없을까 하는 생각으로도 바빴다. 지금 생각하면 우습지만 당시의 나는 그 모든 문제를 전부 껴안고 무슨 해결사라도 되는 양 새벽부터 밤늦게까지 뛰어다녔다.

선린형제단을 조직하다

내가 제일 먼저 착수한 일은 우리 동지들이 서울에서 공식적인 조직체로 뭉쳐야 한다는 생각에서 '선린형제단'(善隣兄弟團)이라는 단체를 미리 만들어두는 것이었다. 김재준 선생님을 모시고 신영희와 나, 그리고 김선생님의 조선신학교 제자로 서로 친하게 된 조향록(趙香祿) 등이 선린형제단의 결성을 주도했는데, 이북에서 미처 월남하지 못한 옛 동지들까지 포함해서 모두 22명이 그 구성원이었고 단장은 내가 맡았다. 아내와 동생도 일원이었다. 1945년 10월 창립 당시 멤버는 22명이었는데, 그 명단은 다음과 같다.

강원용, 남병헌, 강형용, 권경철, 김명주, 김선희, 김영규, 김종수, 김정숙, 김청자, 노명식, 박기순, 박억섭, 신영희, 신양섭, 유희원, 이상철, 이재석, 정금숙, 조향록, 차봉덕, 탁연택, 그리고 그 뒤에 추가 멤버가 생겼는데, 1차로 추가된 사람은 강이룡, 김기윤, 김기주, 김두식, 문성실, 양준철, 이두운, 이우정, 전태련, 주태익, 최죽송, 홍만길, 홍성영 등이었고, 2차로 추가된 사람은 고태성, 김동성, 박영매, 유재신, 이상선, 장민건, 정웅섭, 홍성걸 등이었다.

1955년에는 선린형제단 창립 10주년을 맞이하여 학생들 중에서 선발한 학생부가 조직되었는데 그 명단은 다음과 같다.

김영덕, 김인호, 소재영, 심일섭, 어상선, 이영숙, 이종만, 홍석우.

1957년 무렵 학생부에 추가로 가입된 사람은 고문승, 김광정, 김수재, 김동식, 김재옥, 노진영, 윤승도, 이성천, 이화수, 장희국 등이고, 그후에도 김용오, 김종례, 박관호, 박병일, 박옥주, 박제순, 서명길, 손승희, 송경숙, 송희연, 신옥희, 양승영, 오성화, 유재건, 이숙녀, 이영섭, 이인숙, 장상, 전희정, 정인임, 정창화, 최윤경, 최은자, 최향남, 홍화옥 등이 참여했다.

4·19 후에는 강혜자, 고시천, 권귀자, 권인혁, 김강산, 김경재, 김광국, 김막철, 김명걸, 김문환, 김미숙, 김성은, 김예정, 김공열, 김성숙, 김수재, 김숙자, 김영혜, 김용기, 김정후, 김주숙, 김진홍, 김청일, 김태련, 김혜자, 김호식, 김훈섭, 김훈숙, 노만호, 노청자, 문철환, 박영주, 박경서, 박민식, 박봉호, 박은국, 박인식, 배동인, 신희순, 안경자, 안연근, 안일웅, 여상환, 오금수, 원종호, 위성숙, 유연자, 오세원, 유중근, 윤성훈, 윤승도, 윤식, 은영민, 이경택, 이계림, 이동석, 이명재, 이명희, 이상혜, 이성옥, 이숙임, 이승현, 이신행, 이영섭, 이영순, 이영일, 이종율, 이철

수, 이효지, 임연철, 장문현, 장정남, 전남수, 전웅, 정숙화, 정정애, 정정호, 정화자, 조용범, 조일래, 조충현, 천홍진, 최세곤, 최영자, 최윤경, 최은자, 최지자, 최치호, 최향남, 추국자, 탁시영, 한정일, 홍연순, 황근옥, 황명찬, 황성혜 등이 참가했다.

선린형제단은 그후 학생부가 형제회, 경진회 등으로 개칭되었다가 선린회(善隣會)로 명칭을 굳혔고 지금도 계속 모이고 있다.

처음에는 우리 모임의 이름을 성경에 나오는 '착한 사마리아인을 본받는 형제들'이라는 뜻에서 영어로 'Brotherhood of Good Samaritan'이라고 했으나, 너무 복잡하다고 해서 '선한 이웃이 되는 형제들'이라는 뜻인 '선린형제단'으로 바꾸었다.

선린형제단의 대(大)강령은 김재준 선생님이 중심이 되어 만들었는데, '하나님의 영광과 우리 민족의 진정한 행복을 위하여 생활의 온갖 방면에 그리스도의 심정(心情)이 구현되도록 하는 것을 목적으로 한다'는 것이었다.

그에 따른 다섯 가지 행동 강령은 다음과 같다.

첫째, 우리는 자연과 역사에서 하나님이 절대 주권임을 믿으므로 그리스도의 복음을 전포(傳布)하며, 심령의 중생(重生)을 재래(齎來)함으로써 새로운 조국 건설의 기초를 세운다.

둘째, 우리나라의 민주주의 건설에 가장 긴중(緊重)한 것은 민도 향상이므로 교육과 계몽운동을 급속도로 전개해나간다.

셋째, 대중의 경제생활 안정, 문화 향상과 건설을 위하여 기독애를 동기로 한 온갖 사회사업을 영위한다.

넷째, 의식주와 기타 실생활 부문에서 과학적인 개량과 건설을 위하여 부단히 연구·지도·실천하기로 한다.

다섯째, 이 모든 것은 시종여일 자발적인 봉사에 의하여 실현할 것이요, 폭력 등 여하한 수단으로 양심의 자유를 억압하는 것은 절대 용허하지 않는다.

이러한 강령을 실천하기 위한 단원들의 생활 규범으로는, 신자의 일원으로 주(主)의 교회에 충성할 것, 순결·신의·복종·무사(無私)로 단체 생활을 공고히 할 것, 사업을 위하여 소유의 최대한을 주의 제단에 봉헌할 것 등 세 가지를 정했다.

이상의 강령과 생활 규범 아래서 우리는 기독교 전도, 농촌사업, 의료사업, 교육계몽사업 등의 분야에서 앞으로 펼쳐나갈 계획을 세웠다. 선린형제단의 첫 사업은 학비조달이 끊긴 이북 출신 학생들을 위해 기숙사를 운영하는 일이었다. 그러려면 무엇보다 기숙사로 쓸 건물이 있어야 했는데, 돈도 배경도 없는 우리들의 힘으로는 건물 확보가 아예 불가능했다.

그래서 선린형제단의 고문으로 당시 미군정 보건후생부장(지금의 보건사회부 장관)이던 이용설(李容卨) 박사와 한경직, 송창근, 김재준 목사를 모셨다. 그리고 나서 이용설 박사의 주선으로 한경직 목사를 모시고 미국인 서울 시장을 찾아갔다.

우리가 누울 곳은 어디인가

일제 치하에서 쓸 만한 건물은 전부가 일본인 소유였고 이것들은 모두 군정청에 의해 몰수되었기 때문에 기숙사로 쓸 건물을 얻기 위해서는 군정청의 도움을 빌리는 수밖에 없었다. 나는 영어를 못해 한목사의 통역으로 미군 시장과 얘기를 나눴다.

그때 미군측 시장은 아마 윌슨이었을 텐데 그의 반응은 매우 호의적이었다.

"나를 찾아오는 사람들은 주로 일본 사람들이 두고 간 업체를 어떻게 해달라느니 하며 모두 자기 재산 만들기에 혈안이 되어 있는데 당신은 어려운 학생들을 위해 일을 하겠다니 특별하군요."

그러면서 두말 않고 우리들의 요구를 들어주겠다고 나섰다. 그는 나를 직접 자기 차에 태워 시내의 이 건물 저 건물을 보여주면서 쓰고 싶은 것을 고르라고 했다.

지금 같았으면 건물의 재산 가치를 보고 골랐을 텐데 당시 뜻만 높았지 세상 물정에는 까막눈이었던 나는 우선 기숙사로 쓰기에 편한 건물을 찾았다. 그래서 고르게 된 것이 청운동에 있던 삼정물산(三井物産)의 사원용 기숙사였다. 기숙사로 썼던 건물인데다 시설도 좋아서 그 건물을 쓰고 싶다고 했더니, 미군 시장은 즉석에서 좋다면서 그날로 우리가 쓸 수 있도록 해주었다.

생각보다 쉽게 건물 문제를 해결한 우리 형제단은 바로 그 건물에 '신우료'(信友寮)라는 간판을 내걸고 학생들을 모집하기 위해 서울의 각 교회에 연락을 했다. 기숙사 수용 인원이 예순 명에 불과했기 때문에 입사(入舍) 자격을 기독학생으로 제한하고 각 교회 목사들에게 이북에서 온 학생들 중 의지할 곳 없는 우수한 학생을 두 명씩 추천해달라고 의뢰했다. 다만 기숙사를 얻는 데 수고한 한경직 목사의 베다니 교회(지금의 영락교회)에서는 여러 명의 학생이 오게 되어서 자연히 그 교회 학생들이 많아지게 되었다.

당시 신우료에 들어온 학생들 중에는 은진중학의 후배였던 남병헌(미국에서 교수로 일하다가 지금은 은퇴), 사학자인 노명식(한림대 교수), 한서병원 원장이던 탁연택, 동양제과 사장이던 이태성 등이 있었다. 그리고 나도 거처를 신우료로 옮겼다.

건물을 마련하고 나니 그 다음엔 먹고사는 게 문제였다. 우리는 리어카를 얻어서 시청까지 끌고가 월남민이나 일본에서 귀환한 사람들에게 배급되는 보리 등 곡식을 얻어다 반찬도 없는 밥을 해 먹었다. 그때 나와 함께 기숙사 학생들을 돌보고 지도한 사람은 조향록이었고, 나와 차호보통학교 동창인 이태현(李台現)이라는 사람도 함께 일했다. 그는 후일 수원농대 교수를 지냈는데, 자기 말로는 일본 제국대학에서 농업을 전공했지만 서울에서 올 데 갈 데가 없어 나와 같이 있게 되었다고 한다.

신우료를 운영하기 시작한 지 얼마 되지 않아서 날씨가 으슬으슬 추워지더니 곧 겨울의 문이 열렸다. 가족을 이북에 남겨둔 채로 있던 나는 날씨도 추워지고 38선도 점점 굳어지는 상황이어서 하루 빨리 가족을 데리러 가야겠다는 생각을 하고 있었다.

내가 가족을 데리러 이북으로 떠나려고 한 날이었다. 막 기숙사 문을 나서려는데, 예고도 없이 미군 지프 하나가 들이닥쳤다. 지프에서 내린 미군들이 다짜고짜 내게 말을 했다.

"추운 겨울이 닥쳤는데 우리가 사는 곳에는 스팀 장치가 없소. 그런데 이 건물에는 스팀이 있으니 우리가 이걸 써야겠소."

미군의 주선으로 얻은 건물이니 그들의 말을 거역할 수가 없었다. 그들은 우리에게 대신 "스팀은 없지만 아주 좋은 집을 주겠다"고 제의했다. 일이 이렇게 되어 나는 이북행을 포기해야 했다. 그때 내 사정을 알고 있던 학생들 중 나를 형님같이 따르던 최성도(崔成渡)라는 아이가 나섰다.

"제가 대신 이북에 가서 형님 가족을 모시고 오겠습니다."

나는 불안한 대로 그 아이를 보내게 되었다.

우리가 미군의 조치로 새로 이사하게 된 곳은 회현동에 있는 '아사히료'(旭寮)라는, 역시 일본인들이 기숙사로 쓰던 건물이었다. 청운동 건물보다는 규모가 훨씬 컸지만 몇 달 동안 비워놓았기 때문에 내부는 엉망진창이었다. 나는 학생들을 끌고가 대청소를 하고 불편한 대로 기숙사 운영을 계속했다.

그 썰렁하던 건물에 사람의 온기가 스며들 무렵 또 문제가 터졌다. 어느 날 이동정(李東井)이라는 사람이 불쑥 나타나서 하는 말이 이랬다.

"이 건물은 군정청 소속이 아니고 조흥은행을 통해 내가 접수한 것이오. 그러니 빨리 건물을 내놓으시오."

기가 막힐 노릇이었다.

"이 건물은 우리가 군정청으로부터 합법적으로 접수했는데, 무슨 말도 안 되는 소리요?"

나는 그에게 따졌지만 아무 소용이 없었다.

"법으로 따지자면 너희가 이 건물을 불법으로 점령하고 있는 것이야!"

그는 기세가 등등했다. 그가 엄포를 놓고 돌아간 후 내막을 알아보니 그 사람 뒤에는 시청에서 자선사업 관계를 담당하는 오커널이라는 미국인이 있었다. 이 둘이 짜고 우리 기숙사 건물을 빼앗으려고 하는 것이었다.

나는 어디 하소연할 곳도 없이 막막했다. 우리의 딱한 사정을 듣고 군정청 경무부에서 수사국장으로 일하던 최능진(崔能鎭)이라는 사람이 농성하고 있는 우리를 찾아와 돕겠다고 했다.

당시 미군정청 경무부에는 주도적인 인물이 셋 있었다. 경무부장에 조병옥, 수도청장에 장택상, 그리고 최능진이었다. 최능진은 평안도 출신으로 성격이 꽤나 괄괄했다. 미국 유학 출신의 민족주의자이면서 의협심 또한 대단했다. 그의 형 최능찬은 윤봉길 의사와 폭탄 제조 실험을 하다가 목숨을 잃을 정도로 민족의식이 투철한 명문 출신으로 같은 경무부에서 근무하는 조병옥과는 시각이나 방식이 달라 자연 사이가 좋지 않았다.

1948년 5월 10일 선거 때, 이승만이 동대문에서 단독 입후보하자 그는 "민주주의에서 단독 입후보라는 것은 있을 수 없다"며 입후보했다. 그러나 이것이 빌미가 되어 나중에 이승만에 의해 공산주의자라는 혐의를 뒤집어쓰고 총살당하고 만 비운의 인물이다.

그가 우리를 위해 애써주었으나 아무리 그래도 오커널의 힘은 당해내지 못했다. 우리는 한겨울에 쫓겨나지 않기 위해 기숙사에서 연좌농성도 하고 별별 저항을 다 해봤지만, 경찰이 와서 강제로 해산시키고 짐을 끌어내는 바람에 더 이상 버텨낼 수가 없었다.

경찰이 우리를 강제 이주시킨 곳은 장충동에 위치한, 커다란 바람개비가 달린 4층 건물이었다. 그때가 내 기억으로는 11월 즈음이었다. 꽤나 매서워진 겨울바람 속에 을씨년스럽게 서 있는 그 건물은 금방 낮도깨비라도 튀어나올 것처럼 음침하고 삭막한 분위기였다.

이렇게 상황이 점점 나빠지니 학생들 중 돈이 좀 있거나 다른 곳에 거처를 구할 수 있는 사람들은 거의 다 떠나버리고, 정말 의지할 곳이 없거나 동료로서 동고동락한다는 생각을 가진 서른 명 정도의 학생들만 남게 되었다. 그리고 그 무렵 월남한 내 동생 형용이도 합류했다.

바람개비 도는 집에서 힘들게 지내던 무렵 나는 일자리를 하나 얻게 되었다. 당시는 영어를 배워야 무엇이든 할 수 있다고 생각하는 분위기였는데 그런 분위기에 힘입어 나도 영어실력은 뛰어나지 않았지만 매달 500원을 받고 영어 강습소에서 사람들에게 기초를 가르치게 되었다.

경동교회의 보금자리를 마련하다

해방된 그해 10월 조선신학교는 새 교사를 마련하기 위해 서울 시내 40여 군데에 교회당 건물을 가지고 있던 적산 천리교의 재산을 군정청으로부터 인수하고 천리교 본부로 쓰였던 서울역 앞 동자동 건물은 조선신학교로, 그리고 저동에 있던 가장 큰 건물은 한경직 목사가 여자신학교를 운영하면서 베다니 교회로 쓰기 시작했다. 우리 선린형제단에게는 두번째로 큰 동사헌정(東四軒町) 교회당 터가 주어졌는데, 그것이 지금의 경동교회 자리다.

11월 하순 그것을 인수했을 때, 건물이라고는 2층으로 된 기숙사와 작은 강당이 ㄱ자 형으로 붙어 있는 건물 하나가 전부였고 예배당 건축 예정지로 잡아놓은 넓은 빈터가 휑뎅그렁하니 펼쳐져 있었다. 우리는 강당에 '선린형제단', '선린형제단 전도관'이라고 쓴 간판 둘을 걸어놓고 우리 활동의 근거지를 마련한 기쁨을 누렸다.

우리가 '교회'라는 말 대신 굳이 '전도관'이라는 명칭을 쓴 것은 제도화된 교회에 염증을 느낀데다가 선린형제단의 행동강령 1호가 '그리스도 복음의 전도'였기 때문이다. 또 당시 대학생들이나 고등학생들은 기성 교회에 불만이 많아 무교회주의에 매력을 느끼고 있었으므로 우리는 이런 학생들이 다닐 수 있는 교회를 만들어보자는 생각을 갖고 있었다.

전도관 일을 시작하면서 나는 거처를 전도관 옆에 있는, 전에 천리교 사제관으로 쓰던 작은 집으로 옮겼는데, 이때 장충동 기숙사에 있던 학생 몇 명도 함께 옮겨와 2층 기숙사에 들어오게 되었다.

그 무렵 우리 형제단이 인수하게 된 재산에는 이 천리교 건물과 터 외에 제기동에 포도밭 4천 평이 더 있었다. 형제단 고문인 이용설 박사의 사위로 동양척식회사의 중역을 지낸 이종열의 주선으로 우리가 인수하게 된 재산이었다.

그런데 앞에서 말한 이태현이 자기가 농업을 전공했으니 관리를 맡겠다고 나서서 관리자로 앉혔더니 얼마 후에 그것을 은밀하게 자기 소유로 만들어버리고 말았다. 우리 형제단은 멀쩡히 눈뜨고 앉아서 믿던 사람에게 사기를 당해 큰 재산을 잃고 만 셈이다.

우리가 선린형제단 전도관에서 역사적인 첫 예배를 드린 날은 1945년 12월 2일이었다. 그날 우리 단원들과 학생들은 을지로 6가부터 북을 치며 어린이 서른여 명을 모아 첫 예배를 드렸다. 일본 천리교도들이 버리고 간 폐품과 쓰레기로 불을 피운 고물 난로가 연기를 뿜어내는 가운데 모여든 꼬마들은 북장단에 맞추어 신나게 찬송가를 불러댔다.

어린이들이 흩어진 후 스무 명 남짓한 우리 청년 학생들이 새로 예배를 드렸다. 내가 사회를 보고 당시 유일하게 신학교를 졸업한 조향록이 설교를 한 이 첫 예배에 참석한 사람은 이미 언급한 남병헌, 노명식, 신영희, 탁연택 외에도 권경철, 신양섭 등이 있었고, 여자로는 박덕혜와 오길화, 차봉덕 등이 함께 했다. 박덕혜는 내가 고향 다보골에서 가깝게 지냈던 동양척식회사 산림간수 박성엽 씨의 큰딸로 이미 해방 전에 서울에 내려와 성동구에서 살고 있었다.

우스운 얘기지만, 고향에 있을 때 농사꾼이었던 나는 방학이 되면 깔끔한 중학생 교복 차림으로 집을 찾던 그녀를 선망의 눈초리로 바라보곤 했는데, 무슨 인연이 닿았는지 서울에서 다시 만나 같이 교회 일을 보게 된 것이다. 경제적으로 비교적 여유가 있던 그녀는 하나같이 가난한 우리들에게 때로 경제적 도움을 주기도 했고 이후 평생을 경동교회를 위해 헌신했다.

첫 예배를 마침으로써 미약하나마 목적했던 교회를 세상에 내놓게 된 우리들은 그날부터 교회를 일구는 데 심혈을 기울였다. 혼란 속에서 갈 곳 없는 젊은이들이 모여서 만든 교회였으므로 우리가 가진 것이라고는 뜨거운 신앙과 순수한 열정, 그리고 끈끈한 땀방울밖에 없었다. 교회 구성원 대다수가 학비조차 마련하기 힘든 고학생들이라 헌금 같은 것은 생각하기도 힘든 형편이었다. 당장 교회를 운영할 기본 경비도 없어 우리는 남산에 올라가 떨어진 나뭇가지를 주워와 헌 난로의 땔감으로 썼고, 재래식 화장실에 쌓인 분뇨가 꽁꽁 얼어 부풀어오르면 괭이로 파내서 내다버리곤 했다.

먹는 것도 연명이라는 말 그대로 근근이 이어갈 정도였다. 내가 영어 강의를 마치고 늦게 돌아오면 깡보리밥에 된장 한 가지의 반찬일망정 남아 있는 것을 얻어먹기가 힘들었다. 하지만 그때 우리는 우리의 교회를 만들고 있다는 뿌듯함과 기쁨 때문에 정말 힘든 줄 모르고 모든 일을 신나게 해나갔다. 돈을 모으기 위해 박억섭이라는 학생은 장난감 만드는 일, 이태성은 전기관계 일, 양준철과 최죽송 등은 행상을 했다.

크리스마스가 다가오자 우리는 크리스마스 준비에 들어갔다. 교회에는 아이들이 많이 모였기 때문에 나는 그애들을 데리고 「기다리던 메시아」라는 연극을 꾸몄다. 연극에 정열을 가지고 있던 나는 연기가 풀풀 나는 엉터리 난로를 때는 둥 마는 둥하며 춥고 긴 겨울밤을 새워가며 연습을 했다. 그렇게 고생한 보람이 있었던지 공연 첫날부터 사람들이 몰려왔고 사흘 동안의 공연 내내 입추의 여지없이 사람들이 들어찼다.

24일 밤을 교회에서 새운 우리는 25일 새벽, 어린이들을 중심으로 한 크리스마스 새벽 성가대를 이끌고 장충동과 신당동 일대를 돌며 예수 탄생을 축하하는 찬송가를 불렀다. 마침 흰눈까지 펄펄 날려 모두들 흥겨운 마음이 되었다. 크리스마스 아침에는 박덕혜가 성가대원과 지도 학생들을 집으로 초대해 음식을 대접해주었다.

우여곡절 끝에 교회를 세우고 맞은 첫 크리스마스는 이렇게 하얀 서설과 함께 가난하고 추운 우리들의 가슴을 따뜻한 정으로 채워주었다. 그때만 해도 크리스마스 밤에 성가대가 집집마다 찾아가 노래를 불러주고, 또 집에서는 따뜻한 차를 대접하는 풍속이 남아 있었다.

교회의 역사가 하루하루 쌓여가면서 오래지 않아 학생들뿐만 아니라 성인들도 하나 둘 나오기 시작했다. 교회 일뿐 아니라 기독교 청년 단체의 일로도 바빴던 나는 1946년으로 접어들면서 전국 순회 강연과 사회 활동으로 분주해져 시간을 밖으로 뺏기는 경우가 잦아지게 되었다. 이때 내가 비운 공백을 메우며 교회 운영과 살림을 살뜰하게 돌봐준 이가 유정화 전도사였다. 동경신학대학을 갓 졸업한 그녀는 봉급도 주지 못하는 우리 교회에서 약한 몸으로 오로지 교회 발전을 위해 헌신하다가 2년 뒤에 그만 폐결핵으로 세상을 떠났다. 그녀는 오늘의 경동교회가 있도록 한 밀알이었다.

누가 참다운 영웅인가

이승만, 김구, 김규식과의 만남

해방 후 내가 각종 시국 강연과 활동으로 바빴던 것은 내가 특별히 정치에 관심이 있어서라기보다는 '새로운 건국'이라는 역사적 과제에 당면한 그 시대 상황이 젊은이들로 하여금 정세에 관심을 가지지 않을 수 없도록 하는 원인(原因)에다 기독교 청년 단체에서 간부로 일하게 된 근인(近因)이 함께 작용한 결과였다.

내가 서울에 도착하기 전인 8월 19일 새문안교회에서 '조선기독청년동맹'이라는 청년 단체를 조직했는데 정치적인 참여보다는 해방 후 연합군을 환영하는 각종 행사를 주관하거나, 월남민이나 귀환민을 위한 구호사업을 펼치는 것을 목적으로 하고 있었다.

이에 비해 내가 서울에 온 후 조직된 '조선기독청년회전국연합회'(약칭 기독청년연합회)는 사회참여적인 성격이 짙었다. 이 연합회는 각 교단의 중견 청년들, 즉 감리교의 김희운, 맹기영,

이강훈과 장로교의 김성섭, 정훈 그리고 성결교의 윤판석 등이 결성한 것으로 정·부위원장과 총무 아래 사업부로서 종교부·섭외부·사업부·정치부·선전부·음악부·구호부 등의 조직을 갖추고 있었다.

나는 이 연합회에서 일을 해보고 싶어 회원으로 참여했는데 대부분 서울 사람들이라 나를 아는 사람이 없었고, 나 역시 그들을 잘 알지 못했으나 함께 활동하면서 점차 서로를 알아갔다. 그들이 내게 맡긴 직책은 정치부장이었다. 거창하게 들릴지 모르지만 정치 활동을 본격적으로 하는 것은 아니고, 다만 기독청년의 입장에서 주어진 정치 상황에 대해 의견을 개진하고 참여하는 정도였다.

내가 정치부장직을 수락한 이유는 무엇보다도 당시 극성을 부리던 공산주의 세력 때문이었다. 연합회에 가입하게 된 것도 공산주의자들이 이렇게 맹위를 떨치도록 그냥 놔두어서는 안 된다는 생각과 좌익은 모두가 똘똘 뭉쳐 일을 체계적으로 하고 있는데 우익은 조직 면에서 형편없다는 자각에서였다. 어찌 됐든 서울에 도착한 지 얼마 안 되어 기독청년연합회 정치부장으로 활동하게 된 나는 자연스럽게 거물 정치인들과도 접촉할 기회를 갖게 되었다.

온 국민의 관심 속에서 이승만 박사가 돌아온 것은 10월 16일이었다. 그의 환국에 대한 우리 국민들의 환영은 공산당까지 포함한 거국적이고 열광적인 것이었다. 나 역시 어려서 아버지에게서 이름만 들었던 이승만이라는 독립투사를 처음 보게 되어 흥분하였는데, 그가 도착 연설을 할 때 멀리서 그의 목소리를 들으면서 눈물을 흘리는 사람도 있었다.

이박사는 처음 조선호텔에 묵었다가 10월 24일, 후에 돈암장(敦岩莊)으로 불리게 된 집으로 거처를 옮겼다. 그가 돈암장으로 옮긴 후, 우리 연합회는 그에게 면회를 신청했다. 이박사의 측근으로 미국에서 함께 독립운동을 했던 이명원이라는 사람의 소개로 돈암장에 들어가 이박사를 만나게 되었는데, 그때의 심정은 마치 하나님 앞에 나아가는 것 같았다.

우리들은 위대한 애국자를 직접 만난다는 감격에 차서 '차렷' 자세로 잔뜩 긴장을 하고는 이박사를 기다렸다. 그런데 한순간 이박사가 불쑥 나타나서는 마치 오랫동안 알아온 사이라도 되는 양 친근한 태도로 말하는 것이었다.

"아니, 자네들이야 나와 한 식구나 마찬가진데 그렇게 형식적으로 대할 것이 뭐 있나. 내 방으로 들어와."

그러면서 우리를 온돌로 된 자기 침실로 데리고 들어갔다. 우리가 침실에 들어가 앉자 그는 서랍을 열어 깨엿을 꺼내더니 손수 망치로 깨서 한 조각씩 우리에게 먹으라고 권했다. 우리는 황송해서 차마 받아먹을 수가 없었다.

"아니, 괜찮습니다."

"아냐, 아냐. 왔으니까 뭘 먹어야지. 내 아들이라고 해도 좋고 손자라고 해도 좋은 사람들인데……. 기독청년들이라면 내가 기독교인이니 내 아들이고 손자들 아닌가."

그가 너무나 스스럼없이 대하는 바람에 우리는 그 엿을 받아먹지 않을 수 없었다. 그런데 우리와 얘기하는 도중 이박사는 자기 손끝을 후후 불며 얼굴을 찌푸리곤 하는 것이었다. 나는 그가 손을 다친 줄 알고 깜짝 놀라서 물었다.

"아니, 이박사님. 엿을 깨다가 손을 다치신 것 아닙니까?"

"아냐, 내가 왜놈들한테 붙들려 갔을 때 고문당한 손이 지금도 종종 아파서 그래."

그 말을 듣고 우리는 울컥 감격의 눈물을 흘렸다. 그리고 이런 애국자를 위해서라면 기꺼이 목숨을 바치겠다고 마음속으로 다짐했다.

그런데 나중에 알게 된 사실은, 그는 일제 시대에 일경에게 체포된 일이 없었다. 이 고문 얘기는 이승만의 인격에 큰 인상을 받았던 로버트 T. 올리버라는 사람이 후일에 쓴 이승만 전기에도 나오는데, 이 책이 출간되자 일본 정부가 "이승만이란 사람은 일본 경찰에 한번도 잡힌 일이 없다"고 항의를 했다. 그래서 조사를 해보니 이박사는 구한말 독립협회와 만민공동회 사건으로 구속되어 옥고를 치른 일은 있으나 실제로 일본 경찰에 잡혀 고문당한 일은 없었다.

하지만 당시 정치라는 것은 하나도 모르고, 정치인 이승만이 아니라 오직 위대한 애국자 이승만으로서만 그를 우러렀던 우리들은 "이박사가 일경에 구속된 일이 없다"는 얘기를 듣고도 공산당의 모함이라며 일축해버렸다.

첫 대면 이후 나는 이박사를 더욱 존경하게 되었고 이박사도 나를 각별하게 대해주었다. 그때 돈암장에 출입하는 것이 지금

청와대 출입하는 것보다 더 힘들었는데, 나는 연락만 하면 출입이 가능할 정도였다. 당시 이박사의 비서실장은 윤치영이었고 면접비서로 이정이라는 사람이 있었는데, 이 사람이 꽤 까다롭게 굴었다. 내가 일이 있을 때 연락만 하면 볼 수 있도록 이박사와 얘기가 되어 있었는데도 그 비서가 나를 못 들어가게 해서 심한 언쟁이 붙곤 했다. 그러면 이박사가 내가 온 것을 알고 나를 불러 들이곤 했다.

해방 직후 이승만이라는 존재는 공산당에서도 인민공화국의 주석(主席)으로 추대할 정도였으니 외형적으로는 전체 이남의 지지를 받는 민족의 영도자였다. 하지만 그를 그런 위치로 만든 데는 그와 인연이 깊은 미국의 입김이 어느 정도 작용했다.

사실 내가 서울에 오자마자 가장 만나고 싶었던 정치인은 몽양 여운형(夢陽 呂運亨)이었다. 용정에서 은진중학을 다닐 때 그를 한 번 보고 홀딱 반한 일이 있었다. 그때 용정에서 조선중앙일보 주최로 축구대회가 열렸는데 당시 그 신문사 사장이던 몽양이 용정에 와 강연을 했다. 사람들 틈에 끼여 강연을 들어보니 놀랍도록 멋지게 생긴 사람이 그렇게 훌륭한 강연을 할 수가 없었다. 감격한 나는 일부러 그에게 뛰어나가 인사를 했고 그 이후로 그에게 숭모심 같은 것을 품게 되었다.

그런데 서울에 와서 보니 이 여운형 선생이 좌익의 거물이 되어 있는 게 아닌가. 그는 해방과 함께 총독부의 요청으로 건국준비위원회를 조직해 과도기의 치안 유지와 국가 권력의 순조로운 이양을 책임졌다가 9월 6일 인민공화국 수립을 선포하고 부주석에 추대되어 있었다. 인공 수립의 실질적인 주도인물은 박헌영이었는데, 겉으로는 여운형을 내세운 것이다. 아무리 흠모하던 사람이지만 좌익으로 간 이상 나는 그를 만날 마음이 없어서 그때까지 찾아가지 않고 있었다.

그러던 중 11월 23일 중국에서 김구 주석을 위시한 임시정부 요인들이 귀국했다. 잘 알려진 대로 27년 동안 중국에서 식민지 한국의 망명정부로 항일투쟁을 벌여온 임시정부는 "남한에는 미 군정만이 유일한 합법 정부"라는 미국측 입장 때문에 정부 자격이 아닌 개인 자격으로 굴욕적인 환국을 하게 된 것이다. 이런 사정 뒤에는 물론 미국과 통하는 이승만의 입김이 있었을 것이다. 김구 선생 일행이 귀국하자 미군 최고사령관 하지 중장은 "김구 선생 일행 15명이 개인 자격으로 서울에 돌아왔다"는 짤막한 성명을 발표했다. 하지만 온 국민의 환영은 뜨겁고 열렬했다.

임시정부가 돌아오고 닷새째 되는 28일, 그 이틀 전 임정 지지 성명을 발표했던 우리 기독청년연합회는 정동교회에서 이승만 박사와 김구(金九), 김규식(金奎植) 박사를 비롯하여 조소앙, 최동오, 엄항섭 등 임정요인 귀국 환영회를 주최했다. 이들 세 거두가 다 나온다고 하니까 교회 내부는 물론 뜰에까지 사람들이 들어차 환영회는 성황을 이뤘다.

환영회는 내가 환영사를 한 후 참석한 인사들이 차례로 한 마디씩 인사말과 더불어 국가 운영에 대한 자신들의 견해를 표명하는 순서로 진행되었다. 그들이 한 이야기는 거의 다 잊어버렸지만 단편적인 말 몇 마디만은 기억에 남아 있다.

김구 선생은 "경찰서를 열 개 짓는 것보다 교회를 한 개 짓는 것이 나라의 안정에 유익하다"는 말을 했고, 김규식 박사는 "우리나라의 건설은 김주석 아니라 김주석 할아버지의 힘으로도 할 수가 없고 반드시 하나님의 허락이 있어야 한다. 이 대업을 인간의 힘으로 성취하려는 것은 잘못된 일이다. 그러므로 여러분과 우리는 함께 뭉쳐 한 손으로는 하나님을 붙잡고 다른 한 손으로는 민중을 붙잡아 굳세게 나가야 한다"는 요지의 발언을 했다.

우리 순진한 기독청년들은 그들의 말을 들으며 우리나라가 기독교 국가가 되어간다고 열광을 했고, 우리가 주축이 되어 공산주의를 반대하고, 이박사와 임정 인사들을 더욱 지지해야 한다고 거듭 결의를 다졌다.

환영회가 성공적으로 끝난 후 우리 연합회는 임정 요인들에게 면회를 신청했다. 12월 초라고 기억하는데 우리 청년 몇 사람이 경교장(京橋莊)을 방문하여 김구, 김규식, 조소앙 등을 보게 되었다. 쟁쟁한 독립투사들을 지척에서 만나 얘기를 나누게 된 우리들은 아무래도 흥분을 했던 것 같다. 그래서였는지 우리 일행 중 성결교에 속해 있던 윤판석이 죽 모여 있는 임정 요인들 앞에서 손가락을 깨물어 흰 천에다 혈서를 쓰고는 그것으로 머리를 질끈 동여매 자신의 충성심을 과시하려 했다.

그것을 본 우사(尤史) 김규식 박사는 얼굴을 찌푸리며 말했다.

"일본 놈한테 배웠구먼. 그거, 왜놈한테서 배운 버릇을……이보게 청년들, 그런 짓은 하지 말게."

그의 점잖은 꾸중은 우리를 무안하게 했다.

그날 인사하러 간 우리들은 그 뒤로 경교장을 자주 출입하게 되었다. 임시정부 인사들 중 내가 가장 자주 접촉한 사람은 비교적 젊은 축에 드는 엄항섭 선전부장과 부주석 김규식 박사였다. 특히 김박사는 독실한 기독교인으로 우리 기독청년들과 밀접한 관계를 맺게 되었다.

기독교인 김규식 박사

우사와의 관계를 설명하기 위해서는 당시의 교계 상황을 언급할 필요가 있다. 앞서 말했듯이 일제는 패망 직전인 1945년 7월 19일 모든 교파를 강제로 통합하여 '일본기독교 조선교단'을 발족시켰다. 자발적으로 이루어진 것이 아니라 외부의 강제력에 의한 것이었던 만큼 해방이 되자 강제 통합 이전 상태로 환원하려는 움직임이 교파별로 거세게 일어났다. 기독청년연합회는 그것이 비록 일제 총독부에 의해 강압적으로 이루어진 것이긴 해도 '교파 통합'이라는 대의에는 지지를 보내고 있었으므로 "명칭은 바꾸되 교파를 초월한 단합은 지속되어야 한다"고 주장하면서 교파 분리 운동에 반대 입장을 표명하고 나섰다.

이 문제를 논의하기 위해 1945년 초겨울 새문안교회에서 전교단 대표회의가 소집되었다. 아직까지는 38선 출입이 비교적 자유로웠으므로 이북 교회 대표들도 많이 참석을 했다. 사안이 사안이니 만큼 총회는 시끄럽지 않을 수가 없었다. 일제 때 총독부에 협력했던 교회 지도자들에 대한 책임 추궁이 매섭게 제기되고

"해방된 지금은 일제 강압에 근거한 단일 교단을 해체해 각 교파로 돌아가야 한다"는 주장이 일제 청산이라는 명분의 힘을 업고 강하게 대두되었다.

지금 생각하면 그것이 당연한 주장이지만 나를 비롯한 순박한 청년들은 "갈라져서는 안 된다"고 외치며 수백 명이 새문안교회를 포위하고 항의를 했다.

"모두가 뭉쳐야 할 해방된 조국에서, 게다가 38선으로 남북이 나뉘어 좌우익이 대결을 하는 이 마당에, 교회만큼은 무조건 뭉쳐야 한다!"

그러다 스무남은 명은 회의장에까지 밀고들어가 유인물을 돌리고 "우리는 교회가 갈라지는 것을 결사 반대한다"며 진을 치고 농성을 했다.

우리의 이 같은 항의에도 불구하고 회의는 교파 분리 쪽으로 가고 있었다. 냉철한 이성보다 젊은 혈기가 앞선 우리 청년들은 그대로 두고 볼 수 없다며 사람들이 나가지 못하게 출입문을 잠그고 단상을 점거했다.

나는 단상에 뛰어올라가 의사 진행을 막기 위해 마이크를 잡고 악악대듯 마구 소리를 질렀는데, 그 정신없는 와중에 의사 진행 책임자를 '의장'이라고 부르지 않고 '사회, 사회' 하고 고함을 질러댔다. 우리가 어찌나 극성을 떨었는지 그들은 결국 교파 분리에 대한 결의를 할 수 없었다.

그런데 우습게도 이 사건 때문에 나는 한동안 교계에서 '공산주의자' 소리를 듣게 됐다.

"함경도에서 왔다는 젊은 녀석이 목소리도 크고 하는 짓이 소란스러운 게 꼭 공산당 같다. 게다가 공산주의자들은 '의장'이란 말 대신에 '사회'라는 호칭을 쓴다는데, 그 녀석이 '사회'라고 고함지르지 않았나? 기독교계에 침투된 공산주의자가 틀림없어."

공산주의자라는 오해까지 받으며 감행했던 우리의 항의는 결국 헛수고로 돌아가고 말았다. 대세를 청년들의 힘만으로는 막을 수가 없었다. 하나로 모였던 교단은 사실상 해체되고 대신 잠정적으로 교파별 연합체 형식의 '기독교 남부대회'가 1945년 겨울에 발족되었다. 이 모임이 만들어진 데는 우리 청년들의 압력이 크게 작용한 것이 사실이다. 남부대회 발족 당시에는 38선이 굳어져 이북 대표들이 참석하지 못했기 때문에 명칭이 그렇게 붙여졌다. 이 남부대회는 1946년 9월 '조선기독교연합회'로 개편된다.

'교회 단결'을 부르짖었던 우리 청년들은 청년 조직 개편에도 착수했다. 나뉘어 있던 청년조직을 발전적으로 해체하여 1946년 3월 28일 '조선기독교회청년회 전국연합회'(약칭 교회청년연합회)로 새로이 태어났는데, 이전 조직이 교파 상관없이 뜻 맞는 기독청년들의 모임이었던 데 비해 이 교회청년연합회는 각 교파를 대표하는 청년들이 모인 것이었다. 이 연합회 회장을 맡게 된 사람이 김규식 박사다.

회장 선출 문제가 나오자 청년 조직에 관계하던 엄요섭 목사가 "일제 때 청년회 회장을 이상재 선생이 한 것을 봐서라도 우리 연합회의 회장은 교계와 정계를 대표할 수 있는 거물을 내세워야 한다"고 강력하게 주장해 새문안교회 초대 장로이자 임시정부 부주석이던 김박사가 회장으로 추대되었던 것이다. 그런데 엄목사의 장인인 김관식 목사가 김규식 박사의 사촌동생이었다.

연합회의 부회장에는 엄요섭과 이강훈이 선출되었고 총무단에는 나와 김희운, 김영주, 조경묵, 한준석 등 5명이 피선되었는데, 나중에는 나와 정준 두 명만이 총무 일을 번갈아 보게 되었다. 사무부서로는 종교부 · 재정부 · 정경부 · 사회부 · 소년부 · 지방부 · 음악부 등이 조직되어 조향록, 이일선, 정훈, 윤판석, 이명하 등이 각각 맡았다.

나는 총무로서 회장이던 김규식 박사와 자주 접촉을 갖게 되었다. 그의 부인인 김순애 여사도 독실한 신자였기 때문에 삼청동에 있던 김박사 자택에 찾아가 함께 기도하는 등 그들과 가깝게 지내게 되었다.

초라한 강사, 그러나 큰 웅변

지금까지 정치인들과 관련된 얘기를 주로 해서 오해가 있을지 모르겠으나 사실 기독청년연합회에서 벌인 주요 활동은 월남민과 귀환자를 위한 구호사업이었다. 관련자료에 따르면 해방 후 1948년 봄까지 월남민의 수는 약 200만 명에 이르고 일본에서 들어온 귀환자는 1947년까지 100여만 명에 달한다. 이렇게 엄청난 숫자의 사람들이 몰려들었지만 거처할 곳이나 생필품 등을 구하기 힘들어 어려움을 겪어야 했다. 게다가 이들이 막 밀려들던

10월, 11월은 겨울을 코앞에 둔 때여서 대책 수립이 시급했다.

우리 연합회는 이들을 위한 구호사업을 대대적으로 펼쳤다. 우리는 군정청을 통해 서울역 앞의 4, 5층 정도 되는 큰 건물 하나를 접수한 후 그곳을 구호사업 본부로 삼아 활동을 했다. 무작정 서울역에 떨어진 월남민이나 귀환민들을 우리 건물에 들르게 해 각자의 사정에 따라 적당한 구호시설로 연결시켜주거나 도움을 받을 수 있는 길을 알선해주는 일이었다. 우리는 부산에서도 항구 근처에 터를 잡고 배로 귀국하는 동포들을 상대로 일을 전개했다.

우리 연합회가 주안점을 둔 또 하나의 활동은 건국운동이었다. 정치 현실에 관심을 가지지 않을 수 없었던 우리 기독청년들은 시국 강연 활동도 열심히 벌였는데, 어려서부터 웅변에 소질이 있던 나는 자연히 강연 활동의 선봉에 서게 됐다.

내가 이남에서 강연 무대에 처음 서게 된 것은 1945년 12월 전주에서였다. 전라북도 기독청년연합회에서 "전주에서 전북 기독청년대회를 개최하는데 마땅한 강사를 하나 보내달라"는 초청이 와서 내가 가기로 된 것이다. 당시 지방의 기독청년회 중 가장 세력이 강했던 전북 기독청년연합회의 회장은 배보석이라는 사람으로, 이승만 박사가 중심이 되어 결성한 '독립촉성중앙협의회'의 회장을 맡기도 했던 민족지도자 배은희 목사의 아들이었다.

막상 전주에 가려니 강사라는 신분에 맞게 입고 갈 옷이 없었다. 다행히 내 사정을 알게 된 박덕혜가 일본 천리교 사제가 두고 간 예복을 뜯어서 두루마기까지 갖추어 한복을 만들어주어 그 옷을 차려입고 가는데, 객차가 아닌 짐차를 타고 가게 되어 고생이 이만저만이 아니었다.

기차에는 문도 제대로 달려 있지 않아 기차가 굴 속에 들어가면 새까만 연기와 먼지가 막 들어오고, 화장실도 없어 소변을 보려면 10전을 내고 소변용 깡통을 빌려 써야 했다. 지금과 달리 전주까지는 10시간 가까이 걸리는 긴 여행이었으니 시달림 끝에 기차에서 내렸을 때의 내 모습은 내가 봐도 꼴불견이었다. 수염도 자르지 못한 얼굴이 시커멓게 그을린데다 새 한복도 꾀죄죄하게 구겨지고 두루마기가 자꾸 허리 위로 기어올라 여간 신경이 쓰이는 게 아니었다.

그런 몰골로 몇 발자국 걸어가니 십자가 완장을 찬 젊은이들이 일렬로 죽 늘어서 있는 게 보였다. 암만 해도 나를 마중 나온 사람들 같은데, 나한테는 눈길도 주지 않고 또 내 쪽에서도 아는 얼굴이 보이지 않아서 회장이 누구냐고 물어 그에게 다가갔다.

"실례지만 혹시 서울에서 오는 강사를 기다리시는 것 아닙니까?"

"네, 그렇습니다만."

"제가 서울에서 강사로 보낸 강원용이란 사람인데요."

내 말이 채 떨어지기도 전에 그의 얼굴에 실망하는 빛이 나타났다. '뭐 이런 것이 왔는가' 하는 표정이었다. 그때 나말고 강사로 초청된 사람들 중에는 임시정부에서 선전부장을 하던 엄항섭(嚴恒燮)도 있어서 사방에 그를 환영하는 플래카드가 붙어 있었는데, 기독청년연합회에서 왔다는 강사가 이름도 없는데다 겉모양까지 형편없으니 그들로선 대단히 실망한 모양이었다.

그들은 무뚝뚝한 태도로 나를 완산동에 있는 어느 여관에 데리고 가 우선 좀 쉬라고 하더니 언제 만나자는 얘기도 없이 그냥 가버렸다.

혼자 여관에 남은 나는 옷이야 어쩔 수 없다 해도 세수도 하고 내 딴에는 매무새를 단정히 하고 기다렸는데, 아무리 기다려도 사람도 연락도 오지 않는 것이었다. 예정된 강연 시간은 다가오고 아무래도 안 되겠다 싶어 내가 먼저 연락을 해서 청년회 관계자들을 만났다.

"당신들은 내가 필요 없는 모양인데, 그렇다면 좋습니다. 나는 오후에 서울로 올라가겠습니다. 그러나 가기 전에 잠깐 인사말이나 하고 가게 해주십시오."

나의 말에 그들은 심드렁한 태도로 그렇게 하라고 했고, 나는 "딱 5분 간만 인사말을 하겠다"고 약속을 했다.

대회장인 서문밖교회는 초만원이었다. 속으로 본때를 보여주겠다고 벼른 나는 내 차례가 되자 강단에 나가 인사말을 시작했다.

"나는 서울 기독청년연합회에서 강연을 하러 내려온 사람입니다. 그런데 와보니 여기 오신 분들이 다 훌륭하신 분들이라 나까지 강연할 시간은 없는 것 같아 한 5분 동안 인사말로 강연을 대신하겠습니다."

이렇게 서두를 떼고는 나의 특기라고 할 웅변을 시작했다. 그랬더니 불과 2, 3분 만에 박수가 나오고 급기야는 "와" 소리를 지르며 발을 구르는 등 야단이 났다. 놀란 주최측에서 큰 종이에 '시간 제한을 받지 마십시오'라고 써서 강단에 있는 내게 흔들어 보였다. 그러나 이미 작심한 바가 있는 나는 5분만 더 연장해 10분 동안만 강연을 하고 딱 끊어버렸다. 당황한 주최측은 나를 쫓아와 강연을 계속해달라고 간청했으나 나는 약속대로 하는 사람이라며 서울로 돌아갈 채비를 했다.

내가 고집을 꺾지 않자 그들은 멋대로 청중들을 향해 이런 광고까지 했다.

"여러분, 오늘 저녁 일곱 시에 강원용 선생의 강연이 계속되니 모두 나오십시오. 강선생이 일단 여기에 온 이상 강연도 않고 마음대로 갈 수 있겠습니까? 그러니 저녁 때 많이 나오셔서 멋진 강연을 들어보십시오."

하지만 나는 내 고집이 어떤 것인가를 보여주자는 오기에서 그들의 만류를 기어이 뿌리치고는 그날 오후에 서울로 올라와 버렸다. 나중에 들은 얘기로는 그날 저녁에 사람들이 너무 많이 몰려와 교회 난간이 무너지는 바람에 여자 하나가 죽은 사건이 벌어졌다고 한다.

목숨을 걸고 반공강연에 나서다

이 전주 강연 사건으로 나는 전라북도 지역에 이름이 알려지고 엄항섭과도 가까워져 종종 만나는 사이가 되었다. 뒤에 얘기하게 되겠지만 전라북도 사람들의 요청으로 1946년 2월과 3월에는 전라북도 지역을 21일 동안 순회하며 강연을 갖기도 했다.

기독청년들이 애국·시국 강연을 활발히 펼쳐 정치가들의 관심을 끌기 시작한 것은 1945년 겨울부터였다. 지금도 내 기억에 뚜렷이 남아 있는 강연 활동 중의 하나는 이명하(李明河), 조향록, 맹기영 등 세 사람과 나까지 모두 네 명이 한 조가 되어 지방 순회 강연에 나섰던 일이다.

우리들은 강연할 지역에 도착하면 큰 백지를 사다가 글씨를 잘 쓰는 이명하가 포스터를 만들어 붙여 사람들을 불러보았다. "진짜 웅변다운 웅변을 듣고 싶으면 한번 와보시라!" 어쩌고 하는 포스터를 잔뜩 붙여놓고는 극장이나 교회당, 공회당 같은 데서 강연을 했다. 우리가 했던 강연의 취지를 군이 요약하자면 '민족정신을 깨우치고 공산주의도 자본주의도 아닌, 국민 모두가 자유롭게 함께 사는 민족국가를 만들 수 있는 제3의 이념을 찾자'는 것이었다.

당시는 강연이나 웅변이 유행이었고 사람들의 관심도 높을 때여서 우리들의 순회강연은 매우 성공적이었다. 기독청년 세력이 강한 천안 같은 데서는 김재복(金在福) 장로를 비롯하여 사람들이 구름처럼 몰려들었다.

우리가 제일 어려움을 많이 겪은 곳은 좌익 세력이 강했던 경상북도였다. 그 중에서도 안동은 '경북의 모스크바'라고까지 일컬어지던 곳으로 특히 좌익 세력의 재정을 도맡다시피 하던 지역이었다. 우리는 그 사실을 미처 모르고 들어갔다가 아주 호되게 당하고 말았다.

강연 장소인 엉성한 극장에 들어가 보니 청중은 젊은 사람 일색인데, 모두 조그만 불화로를 가지고 앉아 있었다. 우리는 그저 한겨울이라 추워서 그러려니 했는데, 누군가가 와서 귀뜸하기를 강연하는 도중에 불화로를 던질 것이라는 얘기였다. 그 말을 듣고 우리는 비상시 뒤로 빠져나갈 길을 만들어놓고 강연을 시작했다. 그런데 정말로 조향록이 강연을 하는 도중에 불화로가 막 날아와서 우리 일행은 냅다 도망쳐 나와야 했다.

경상북도에서 공산 세력이 유난히 강했던 또 한 곳은 춘양(春陽)이었다. 그곳에는 나 혼자 그 지역 청년회의 초청을 받아 가게 되었는데, 영주에서 출발해 가는 도중 봉화에도 못 미처 그만 자동차 사고가 나 영주로 되돌아가게 되었다. 그런데 내가 춘양에 간다는 것을 알게 된 영주경찰서에서 나를 말리고 나섰다.

"춘양은 공산당이 완전히 점령한 지역이어서 이미 자체적으로 토지 분배까지 끝낸 상태이고, 아침이면 집집마다 붉은 전단이 쫙 돕니다. 경찰도 들어갔다가 견디지 못하고 나온 곳인데 혼자 몸으로 들어가 어떻게 견디겠습니까. 분명 큰일이 날 테니 가면 안 됩니다."

하지만 그렇다고 해서 약속한 강연을 포기할 수는 없었다. 내 강연은 사흘에 걸쳐 하기로 계획되어 있었다.

경찰의 만류를 뿌리치고 춘양에 들어간 나는 그곳 청년회의 안내로 어느 우익 인사의 집에 거처를 정했다. 후에 국회의원도 지낸 사람이었는데, 좌익의 위협이 심각해 집에 담을 높이 치고 셰퍼드를 네 마리나 기르고 있었다.

춘양 주민들이 내가 누구인지 모르는 상태에서 나는 '조국의 과거' '조국의 현재' '조국의 미래'라는 제목으로 3회에 걸친 강연을 시작했다. 첫날 강연에는 주제가 '조국의 과거'이니 만큼 일제 시대에 우리가 일본놈들에게 억압받고 착취당한 얘기를 했다.

내가 마창툰에서 직접 경험했던 일본인들의 징검다리 정책 등을 예로 들며 우리가 얼마나 억울하게 일제 침략정책의 희생양이 되었는지를 환기시켰는데, 자연 얘기가 감정적으로 되지 않을 수 없어 어떤 노인들은 눈물을 흘리기도 하고, 공감의 박수 갈채가 터지고, 강사와 청중이 혼연일체가 되어버리고 말았다. 강연이 끝난 다음 나를 얼싸안는 사람들도 많았다.

이튿날, 조국의 현재를 얘기하게 되었을 때 나는 일부러 공산당 얘기는 일절 하지 않았다. 해방을 맞은 우리가 현재 어떤 상황에 놓여 있는가를 광범위하게 얘기했는데, 이 강연도 호응을 받았다.

드디어 마지막 날이었다. 마음을 다잡고 강단에 선 나는 조국의 미래를 전망하면서 본격적인 반공 강연을 시작했다. 우선 우리나라가 민주주의가 되면 어떻게 되고 공산주의가 되면 어떻게 되는가를 설파한 후, 내가 개산툰과 이북에서 겪은 공산주의 세상을 얘기하면서 왜 반공을 해야 하는가를 설득하기 시작했다. 그러자 당장 여기저기서 야유가 터져나왔다. 하지만 두 번에 걸친 강연을 통해서 내 지지자들이 많이 생겨나 있었으므로 심각할 정도는 아니었다.

계산했던 대로 별일 없이 강연을 끝내고 밖으로 나오니 검은 옷을 입은 장정 몇 사람이 다가와 나를 끌고가는 것이었다. 속으로 '이젠 죽었구나' 하고 잔뜩 긴장했는데, 그들이 데리고 간 곳은 바로 내가 머물고 있는 집이었다. 알고 보니 그들은 영주경찰서에서 보낸 사복형사들이었다. 아무래도 테러가 일어날 것 같으니까 강연이 끝난 후 나를 호위해준 것이었다.

내 강연이 끝났을 때 주최측에서는 청중들에게 "강 선생님은 내일 아침 아홉 시에 영주로 나가는 버스를 타고 간다"고 광고를 했는데, 형사들은 나에게 "그 버스가 분명히 습격을 당할 테니 그보다 먼저 떠나라"고 충고했다. 그래서 다음날 아침 일찍 춘양을 빠져나왔는데, 나중에 들으니 그 아홉 시 버스가 정말로 습격을 당했다고 한다.

이처럼 공산당 세력의 위협은 심각한 지경이었는데 생명의 위험을 무릅쓰고 지방을 돌아다니며 강연 활동을 한 사람들은 우리 그룹밖에 없었다. 우리가 그런 활동을 한 것은 '반탁학생연맹'이나 '서북청년회' 같은 우익단체가 조직되기 전이었다. 또 우리는 폭력 배제, 극우를 피한 반공이라는 원칙 아래서 행동했기 때문에 그런 단체들과는 입장이 근본적으로 틀렸으며 적잖은 지지도 얻어낼 수 있었다.

친탁인가 반탁인가

반탁의 열기 속에서

내가 청년 웅변가로 이름이 나고 정치인들의 주목을 끌게 된 것은 1945년 12월 31일 서울운동장에서 열린 신탁통치 반대 서울시민 궐기대회에 청년 대표로 나가 연설하면서부터였다.

내가 신탁통치 소식을 처음 듣게 된 것은 12월 28일 오후 배재중학교 강당에서 월남 동포를 위한 연말 자선음악회 준비를 하고 있을 때였다. 그때 우리 기독청년연합회는 구호기금을 마련하기 위해 유명 음악인들이 출연하는 음악회를 기획해서 우리나라 사람들뿐 아니라 미군에게까지 표를 팔았는데, 바로 그날 저녁 음악회가 열리기로 되어 있었다.

오후 세 시쯤 되었을까, 이규갑(李奎甲)이라는 사람이 음악회 준비로 한창 바쁜 우리들에게 헐레벌떡 뛰어왔다. 나이가 예순쯤 되었던 그는 감리교 소속 목사로 건국준비위원회의 재정부장을 맡았다가 민세 안재홍(民世 安在鴻)을 따라 국민당 조직에 참여하기도 했고 기독교 남부대회의 사회부장으로 활동하고 있었다.

그는 나를 보더니 다짜고짜 소리를 지르는 것이었다.

"이 사람들아, 지금 정신이 있나 없나?"

영문을 몰라 어리둥절해하는 우리들에게 그는 더욱 언성을 높여 말했다.

"지금 모스크바에서 방송이 나왔는데 우리나라를 신탁통치하겠다는 결정이 났대. 나라가 망해가는데 음악회는 무슨 얼어죽을 음악회야."

그날이 바로 모스크바에서 미국, 영국, 소련 3국 외상이 모여 한반도를 5년 이내에 신탁통치하겠다는 내용을 담은 '코리아에 관한 모스크바 의정서'를 공동 발표한 날이었다.

한반도를 신탁통치하겠다는 방침은 이미 2차 대전 중에 미국에 의해 구상되었고 의정서가 발표되기 두 달 전인 10월 20일에 미국 국무부 극동국장인 빈센트가 '한반도 신탁통치 예정' 운운하여 신탁통치라는 말이 아주 생소한 것은 아니었다. 그렇긴 해도 흥분한 이규갑으로부터 그 소식을 전해들은 우리들은 크게 충격을 받지 않을 수 없었다.

나는 즉시 긴급 간부회의를 소집했다. 나를 비롯한 간부들은 모두 감정적으로 격분해 있었기 때문에 상황이 이런 판국에 우리가 음악회나 할 수 있느냐는 데 목소리를 함께 하고는 "어차피 음악회에 사람들이 많이 올 테니 음악회 대신 신탁을 반대하는 강연을 하자"는 결정을 내렸다. 우리는 음악회를 취소하기로 하고 출

230

연자들에게 상황을 설명하면서 양해를 구했다.

그때 출연자 중에 김천애(金天愛)라고, 일제 말기에 「봉선화」라는 노래로 이름을 날리던 소프라노 가수가 있었는데, 그녀가 우리 결정에 반발하고 나왔다.

"당신들은 강연하는 사람만 애국자고 음악하는 사람은 애국심도 없다고 생각합니까? 말로만 사람들을 감동시킬 수 있고 노래로는 그럴 수 없다는 겁니까? 나는 노래하러 왔으니 노래를 해야겠습니다."

그래서 그녀는 예정대로 노래를 부르기로 하고 임정 요인인 엄항섭과 나는 강연을 하기로 했다. 사람들이 꽉 찬 강당에 김천애가 먼저 나와서 노래를 했는데, 어느 틈에 소복을 차려입고 무대에 나와 참 구성지게 노래를 잘 불렀다.

나는 감정이 채 진정되지 않은 채로 강당에 나가 마구 열변을 토했는데, 그때의 뜨거운 내 감정이 전달되었는지 앉아 있던 서양 사람들도 내 강연에 박수를 보냈던 기억이 난다.

강연회를 마친 우리는 강연만 하고 끝낼 수는 없고 빨리 대책을 세워야 한다는 생각에 몇 명이 경교장으로 김구 선생을 찾아갔다. 경교장은 벌써 신탁통치 소식을 듣고 찾아온 각 정당과 사회단체 인사들로 초만원이었다.

경교장에 모인 인사들은 소속 당이나 단체를 불문하고 모두 신탁통치 절대 반대의 입장을 표명하고, 모스크바 결정에 어떻게 대응할 것인가 하는 문제로 흥분의 도가니였다. 이 신탁통치 반대를 위한 비상대책회의는 29일까지 계속되었고 그 과정에서

'신탁통치반대 국민총동원위원회'가 결성되었는데, 나는 29일의 회의에도 참석했다.

이날 회의에는 한민당, 국민당, 공산당 등 좌우를 망라한 정당과 사회단체, 종교계와 언론기관 등의 대표 약 200명이 참석해 열기를 뿜었다. 그러나 그 회의에 이승만 박사는 참석하지 않았다. 그 무렵 이박사는 신탁통치 반대 성명에도 매우 소극적이었다고 기억되는데, 이런 사실로 미루어볼 때 나중에 반탁 운동에 적극적으로 나서서 그것을 반공과 연계시켜 지지 기반을 확고히 한 이박사가 과연 처음부터 반탁의 입장이었는지는 의문이다.

여하간에 당시 경교장 회의의 열기는 대단했다. 참석자들은 좌익이고 우익이고 가릴 것 없이 신탁통치 반대를 외치며 고함을 지르고 일어나서 주먹질을 하는 등 모두 울분으로 감정이 북받쳐 있었다. 김구 선생도 "오늘부터는 양복도 구두고 다 벗어버리고 전부 짚신을 신고 다니자" 소리를 높이는 판이었다.

모두들 신탁통치 반대에 한 목소리를 냈지만 반대의 방법론에 대해서는 의견의 차이가 있었다. 임정과 한민당 사이에 대립이 있었던 것이다. 즉 임정에서는 미국을 믿을 수 없으니 미군정을 임정에서 접수하여 우리 민족의 자주적인 힘으로 신탁통치 반대를 관철시키자는 것이었고, 한민당에서는 미군정을 그렇게 정면으로 부인하지 말고 신탁통치반대 국민대회를 전국적으로 열어서 그 여론을 미국에 알려 목적하는 바를 이루자는 것이었다.

그런 한민당의 입장 때문이었는지 공산당에서 온 사람은 한민당을 비난하는 발언을 하기도 했다.

"우리가 갖고 있는 정보로는 한민당이 미국에 신탁통치를 해달라는 요청을 해서 미국이 탁치안을 내놓아 소련이 합의를 했다고 합니다. 신탁통치 결정은 결국 이승만 박사와 한민당의 협조 아래 이루어진 것입니다."

그들은 이박사가 해외에서 독립운동을 할 때, 이미 신탁통치 관계 발언을 해 굉장한 물의를 일으킨 적이 있다고 주장했다. 그들의 주장을 들은 한민당 진영에서 모략하지 말라는 반박의 소리가 쏟아져나왔는데, 특히 임영신(任永信)은 "한민당이 없었던들 이박사는 물론 김구 선생을 비롯한 사람들이 고국에 와서 제대로 발붙일 수 있었겠느냐"며 한민당을 옹호하는 발언을 한참 동안 했다. 그녀는 얘기 끝에 불쑥 이런 말을 했다.

"그런데 미국 사람들이 여기 와서 차 타고 가다가 남자들이 길가에서 함부로 오줌 누는 것을 보곤 하는데, 그런 야만적인 광경을 보고 우리가 독립할 능력이 있다고 보겠습니까? 이런 상황이니 신탁통치하겠다는 얘기가 나오지 않겠습니까?"

그녀의 말이 떨어지자마자 여기저기서 야유가 터져나왔다. 지금 돌이켜보면 당시 참석자들 대부분이 냉철하게 문제의 본질에 접근하지 못한 채 신탁통치 반대가 곧 독립 쟁취라는 단순한 생각에서 지사적인 의분을 터뜨리는 데 그쳤다고 할 수 있다. 따라서 회의를 지배한 것은 감정적인 말의 난무였다.

고하 송진우의 독특한 시각

그런데 그런 분위기와 달리 매우 신중한 자세를 보여준 사람이 고하 송진우(古下 宋鎭禹)였다. 한민당 수석총무로 당을 이끌고 있던 송진우를 그때 처음 봤는데, 그는 3·1운동의 주역으로 48인 사건에 연루돼 일경에 체포됐던 민족지도자였고, 3·1운동의 소산인 임정의 법통을 독립된 새 나라에 계승시켜야 한다고 주장하던 사람이었다. 송진우는 큼지막한 몸집에 맞게 흥분된 분위기 속에서도 아무 얘기도 안 하고 눈을 지그시 감은 채 가만히 앉아 있었다.

송진우가 이야기를 시작한 것은 이런저런 말의 난무 끝에 신탁통치 반대 의사를 강력하게 표명하기 위해 임정이 주권을 행사, 미군정에서 일하고 있는 모든 공무원이 군정을 거부하고 임정의 명령에 따르도록 하고 상인들도 모두 철시해 반탁운동을 벌이자는 의견이 대세로 자리잡아갈 무렵이었다. 그는 진중한 태도로 입을 열었다.

"여러분의 그런 생각이 모두 애국심에서 나온 것이란 걸 나도 알고 있지만 나라를 이끄는 지도자들로서 우리가 경박해서는 안 되겠지요. 여기 누구라도 모스크바 3상회의에서 결정된 의정서의 원본을 제대로 읽어본 분이 있습니까? 내가 알고 있기로는 그 내용이 미소공동위원회를 설치한 후 한국의 정당·사회단체들과 협의해서 남북을 통일한 임시정부를 세우고 5년 이내의 신탁통치를 하는 것으로 되어 있는데, 내가 알고 있는 게 정확하다면 길어야 5년이면 통일된 우리의 독립정부를 세울 수 있는 것을 그렇게 극단적인 방법으로까지 반대할 이유는 없지 않겠습니까? 어차피 우리가 우리 힘으로 정부를 세운다고 해도 현재 이렇게 분할 통치되고 있는 상황이고 강대국간에 전후 문제가 아직 해결되지 않은 상태에서 우리가 그들의 합의 없이 마음대로 할 수 있는 게 아니지 않습니까. 신탁통치가 길어야 5년이라고 하니 3년이 될 수도 있는 것인데 그렇게 거국적으로 반대할 이유가 뭐 있습니까. 물론 나도 신탁통치는 반대합니다. 그러나 반대 방법은 다시 한 번 여유를 가지고 냉정히 생각해 봅시다."

송진우의 말이 끝나자마자 여기저기서 세찬 반발이 일었다. 좌익계 사람들은 물론 임시정부 사람들도 "봐라, 역시 한민당이 신탁통치와 관련이 있다. 이것은 병 주고 약 주고 하는 것 아닌가" 하며 그를 비난했고 "매국노" "망할 놈의 영감" 하는 공격과 야유가 빗발쳤다.

나도 고하의 발언을 듣고 "뭐 저런 사람이 있는가?" 하고 흥분했는데, 지금 돌이켜보면 그 역시 반탁의 입장이었으나 다만 그 방법에서 견해 차이를 드러냈을 뿐이었다. 그는 임정이 미군정을 배격하고 직접 통치권을 행사하려는 것에 대해서 현실 정세를 고려해 우려를 표시했던 것이다. 어쨌든 고하의 발언으로 그날 임정과 고하 사이에 격론이 벌어졌다.

그런데 고하는 경교장 회의에 참석한 직후인 31일 새벽 한현우라는 사람에 의해 자택에서 총탄에 맞아 암살되고 말았다. 해방 정국에 충격을 준 그의 암살 사건은 고하가 신탁통치를 지지한다는 내용의 소문을 임정 쪽에서 퍼뜨리던 차에 일어난 것으로, 분명히 경교장 회의에서 그가 한 발언과 관계가 있다고 말하는 사람들도 있었다.

직업 테러리스트인 암살범 한현우는 재판 과정에서 고하뿐 아니라 몽양도 암살할 계획을 갖고 있었다고 밝혔다.

"몽양을 죽이려고 미행을 하다 파고다 공원 앞길에서 만나게 되었는데, 그의 얼굴을 보니 차마 죽일 생각이 들지 않아 죽이지 못했습니다."

그 시절을 회고하면서 지금 깨닫는 것은 애국심이라는 감정과 현실적으로 국가를 위해 최선의 길이 무엇인가를 지혜롭게 판단하는 것은 때로 별개일 수 있다는 것이다. 특히 한 나라를 운영하려면 감정보다 앞을 내다볼 줄 하는 합리적인 계산이 앞서야 하는데, 당시 지도자들은 대부분 그런 점에서 능력이 좀 부족했던 것 같다.

지금 보면 비난을 받던 송진우 같은 사람이 오히려 합리적인 판단을 갖고 있었던 것이 아닌가 한다. 역사에서 '만약'이라는 가정은 부질없는 짓이기는 하지만, 만약 그때 우리가 잠깐의 굴욕을 참고 인내심을 가지고 신탁통치에 대해 달리 대응했더라면 자주적인 독립정부를 세웠을 가능성이 있지 않았을까 하는 생각이 든다. 우리가 그렇게까지 신탁통치를 반대해야만 했었느냐 하는 데 대해서 회의를 가지지 않을 수가 없다.

하지만 일제 치하에서 갓 벗어난 당시 우리 민족의 감정으로는 신탁이 곧 식민통치와 같은 굴욕적인 상태로 퇴행하는 듯이 느껴

졌고 그 단순한 감정에 휘둘려 이남의 전지역은 반탁의 열기로 들끓었다. 온 나라 온 국민이 거대한 감정의 파도에 파묻혀 실제적으로 신탁안을 챙겨보거나 실무적으로 대처할 방안을 궁리해볼 생각은 하지 못하고 감정의 분출만 이어졌다. 28일 밤부터 서울 거리는 신탁반대 삐라와 포스터가 범람하기 시작했으며 서울의 대부분의 상점이 29일부터 철시에 들어갔고 거리에는 '신탁통치 결사 반대'를 외치는 시위대의 행렬이 이어졌다.

나 역시 젊은 혈기로 그런 '행동'에 참가하였고, 그렇게 행동으로 사는 순간에는 가슴에 격정만이 들끓을 뿐, 냉정한 머리의 로고스는 부재했다. 그때 뜨거운 가슴과 함께 서늘한 머리를 가지고 인내심과 여유로 사태를 파악했더라면 좋았을 것을. 아쉬운 역사의 한 장은 그렇게 우리를 시험 속으로 내몬 채 우리 눈앞에서 거침없이 전개되고 있었다.

신탁통치를 둘러싼 좌우의 대립

반탁의 열기 속에서 열린 것이 앞서 얘기했던, 31일 서울운동장에서 열린 서울시민 반탁궐기대회였다. 경교장 회의 이틀 만에 만든 '반탁국민총동원위원회'가 주최했는데, 반탁의 열기가 뜨거웠던 만큼 운동장에는 시민 · 청년 · 학생들이 운집해 동대문 뒷산까지 사람들이 넘쳐날 지경이었다.

이날 대회에서 위원장 서정희(徐廷禧)는 개회사를 통해 "우리들의 문화적인 시위운동은 반드시 외국인으로 하여금 우리나라

백성이 문화민족임을 충분히 인식하게 해야 한다"고 말했다. 이어 부위원장인 안재홍(安在鴻)의 다음과 같은 선언문 낭독이 있었다.

"카이로 선언과 포츠담 선언, 그리고 국제헌장으로 세계에 공약한 한국의 독립 부여는 금번 모스크바에서 개최한 3상회의의 신탁 관리 결의로써 수포로 돌아갔으니 다시 우리 삼천만은 명예로운 피로써 자주독립을 획득하지 않으면 아니 될 단계에 들어섰다. 동포여! 8·15 이전과 이후 피차의 과오와 마찰을 청산하고서 우리 정부 밑에 뭉치자. 그리하여 그 지도하에 삼천만의 총 역량을 발휘하여서 신탁 관리제를 배격하는 국민운동을 전개하여, 자주독립을 완전히 획득하기까지 삼천만 전민족의 최후의 피 한 방울까지라도 흘려서 싸우는 투쟁 개시를 선언한다."

이같이 비장한 선언문 낭독에 이어 박완(朴浣)의 결의문 낭독, 유홍(柳鴻)의 선서문 낭독이 있었다. 그리고 내가 청년 대표로 나가 반탁 강연을 했는데 사람들의 반응은 가히 폭발적이었다. 그 강연 내용을 지금은 원고를 분실해 잘 기억하지 못하는데, 다만 내 강연을 들은 사람들이 그 뒤에 나를 만나면 화제로 삼던 내용이 있다.

즉 나는 1943년에 있었던 카이로 회담을 환기시키며 "왜 미·영·소 3국은 기왕에 카이로에서 선언된 한반도 독립 결의를 저버리고 신탁통치를 결정했는가. 카이로 회담에는 미국의 루스벨트, 영국의 처칠, 중국의 장개석이 참석했는데 모스크바에는 중국 대표 대신 소련 대표가 참석해 신탁통치 결정을 내렸으니 장개석 주석을 참석시켜 다시 한 번 회의를 하라"고 한 것이다.

사실 카이로 회담에서는 한국의 독립이 '적당한 시기'에 달성될 것이라고 했는데, 이 애매한 표현은 당시 루스벨트가 구상하고 있던 신탁통치를 의미한 것으로 해석할 수도 있다는 것이 학계의 분석이다. 그러나 당시 국내에서는 카이로 선언을 한반도의 즉각적인 독립 보장으로 받아들였기 때문에, 모스크바 결정은 카이로 선언에 위배된다는 생각이 지배적이었다.

나 개인적으로는 이날 강연이 내 생애에 커다란 계기가 되었다. 이후로 내 이름은 적지 않게 알려졌고, 그 덕으로 내로라 하는 정치인들도 내가 만나자고 하면 만나주게 되었다.

1946년에 접어들어 신탁통치 문제가 전국민의 뜨거운 현안으로 부각되어 온 나라가 시끌시끌했다. 탁치 문제가 더욱 첨예한 쟁점이 된 것은 공산당이 신탁 지지로 입장을 바꾸었기 때문이다.

이미 언급한 대로 공산당은 처음 경교장 대책회의에 참석해 신탁이 미국과 한민당의 짓이라며 비난도 하고 반탁 성명서도 발표하는 등 반탁의 입장이었으나, 1946년 1월 2일 지지로 태도를 바꾸고 3일에는 3상회의 결정을 지지한다는 성명을 발표하기에 이르렀다.

"탁치가 독립과 대립된 것이 아니고 독립을 위한 방책이기에 이를 지지하며 또 신탁이 거론되는 원인이 민족통일의 미성수(未成遂)에 있으니 반탁운동을 민족통일전선 결성운동으로 전환하자."

그렇게 되자 정국은 반탁을 주장하는 우익과 찬탁을 외치는 좌익의 대결 양상으로 치닫게 되었다. 학생들도 좌익과 우익으로 나뉘어 대립이 심했는데, 당시 우익 학생운동 지도자로서 연희전문의 이동원(李東元)과 보성전문의 이철승(李哲承)이 경합을 벌이다 1월 7일 반탁학생총연맹이 결성되면서 이철승이 의장으로 선출되어 주도권을 잡게 됐다.

이 반탁학생총연맹은 1946년 11월 생겨난 반공 단체인 서북청년회와 함께 신탁을 지지하는 좌익계 조직과 치열하게 투쟁했는데, 그 과정에서 양측이 다 과격해져서 서로간에 테러를 가해 사상자를 낳기도 했다. 서북청년회는 이북에서 온 청년들로 이루어진 단체로 문씨 성을 가진 이가 주도한 상당히 과격한 단체였다.

신탁통치를 둘러싼 좌우익의 입장 차이가 분명해지자, 정계 인사들 사이에는 각각의 의견을 수렴해 모스크바 결정에 슬기롭게 대처하자는 의견이 대두되었다. 1월 7일 좌우를 망라한 인민당, 한민당, 국민당, 공산당의 4당 대표가 회동해 4당 공동 코뮈니케를 발표하게 되었다. 코뮈니케의 골자는 신탁 문제는 우리가 자주적으로 해결하되, 연합국의 원조와 협조는 받아들인다는 애매한 내용이었다.

어쨌든 좌우 주요 정당이 모여 합의를 하고 공동성명을 발표했다는 사실은 국민들에게 희망을 안겨주었고, 반탁의 선봉에 서 있던 임정에서도 외무부장 조소앙을 통해 4당 공동성명을 지지한다는 담화를 발표했다.

이 4당의 합의는 바로 다음날 한민당의 공동성명 승인 거부로 무산되고 말았는데, 이와 관련해 특기할 만한 사실은 이승만 박사의 행동이었다. 그는 공동성명이 발표된 날 오후, 그때까지 반탁에 대해 매우 조심스럽고 소극적인 대응을 해온 태도에서 일변해 전에 없이 강경한 반탁 성명을 발표한 것이다.

내 생각에는 그때부터 이박사가 반탁을 정치적으로 이용하기 시작한 것 같다. 처음에는 경교장 대책회의에도 참석하지 않고 반탁에도 소극적이었던 그가 좌익이 찬탁을 들고나오고, 여운형 김규식 등의 중도 노선이 생겨나고 나중에는 한민당까지 미소공동위원회 참여를 결정하게 되자 하루아침에 반탁의 목청을 높인 것이다. 그는 반탁과 반공·반소를 연결시키면서 임정이 쥐고 있던 반탁운동의 주도권을 차지하게 됐다. 반탁운동은 결과적으로 이승만이 자기 세력을 구축하는 데 결정적인 기여를 했다.

"내 바지 벗겨지겠소"

1946년에 들어 내가 관여하게 된 중요한 정치적 사건은 '비상국민회의'였다. 중경에 있던 임시정부는 해방 후 9월 3일 14개 조항의 '임시정부 당면 정책'을 발표한 일이 있는데, 그 중 제6항이 '전국적 보선에 의한 정식 정권이 수립되기까지 국내 과도 정책을 수립하기 위하여 국내외 각층, 각 혁명당파, 각 종교집단, 각 지방 대표와 저명한 각 민주 영수회의를 소집하도록 적극 노력할 것'이라고 되어 있었다.

이 정책 약속에 따라 1946년 1월 4일, 김구 주석이 비상정치회의 소집에 관한 성명을 발표하고 준비회의를 거친 후 2월 1일에는 이승만의 독촉(獨促, 독립촉성국민회)을 비롯한 거의 모든 우익 정당·사회단체가 참여했고 중도파들까지 배석한 가운데 비상국민회의를 개최했다. 장소는 명동 천주교회당이었는데, 거리에 말 탄 경찰들이 서 있었던 것으로 기억된다.

비상국민회의에 초빙된 대의원 수는 201명이었으나 참석 대의원 수는 167명이었다. 우리 기독청년연합회도 초빙되어 나는 최연소 대의원으로 참석하게 되었다. 비록 임정이 미군정의 인정을 받지는 못했지만, 이 대회는 임시정부의 전권을 이어받는 과도정부 구성이라는 중요한 역사적 의의를 갖고 있었다.

회의는 안재홍의 개회 선언으로 시작되어 임시의장에 김병로(金炳魯)가 피선된 후 순서대로 진행되었다. 그런데 지금도 내가 뚜렷이 기억하고 있는 것은 뉴먼(Newman)이라는 군정청 공보국장의 축사다. 그는 러치 공보부장을 대신해 축사라는 것을 하러 나와서는 "이 회합은 조선민족 통일을 사실화한 것, 그리고 정치적 통일인 반면에 정신적 결합……" 운운하며 굳이 정치적 의미를 축소시키려는 듯한 발언을 하더니 "당신들이 여기 모여 이러고 있는 동안 밖에서는 식량이 없어 굶는 사람들이 있다는 것을 아시오" 하는 말을 내뱉곤 나가버렸다.

그가 한 얘기의 요지인즉 '국민들은 먹고 살 길이 막막한 상황인데, 지도자란 당신들은 왜 이렇게 쓸데없는 짓을 하느냐'는 것이었다. 사실상 축사라고 할 수도 없었다. 만일 군정청에서 비상국민회의를 인정했다면 군정장관이나 고위층에서 참석해야 마땅한데, 군정장관 아널드는 불참한 채 형식적인 메시지만 보내고 겨우 공보국장을 보내 그 같은 축사 아닌 축사를 하게 했던 것이다.

여하튼 회의는 계속되었는데 별안간 미술가 고희동(高羲東)이 긴급동의를 내고 권동진(權東鎭) 등 대의원 101명의 연서로 다음과 같은 제의를 했다. 즉 "긴급한 내외 정세에 비추어 일각도 지연할 수 없는 건국 구민(救民)의 과제를 위해 우리의 진정한 지도자 김구 주석, 이승만 박사께 관계 열국과의 절충과 필요한 제반 조치를 행할 최고정무위원회 조직을 일임하자"는 제안이었다.

그 제안을 듣고 나는 일어나서 반박했다.

"아니, 세상에 정부 조직을 어떻게 긴급동의로 할 수 있습니까? 또 긴급동의라면서 어떻게 서명인 수가 대의원의 과반수를 넘습니까? 후세 역사에 기록될 정부 조직 문제를 긴급동의로 처리하는 수치스런 모습을 남겨서는 안 됩니다. 먼저 토론을 해야 합니다."

그러자 내 뒤에 앉아 있던 임영신이 "이 청년 그만 앉아"라면서 내 바지를 자꾸 잡아당겼다. 나는 화가 나서 "여보쇼, 내 바지가 벗겨지니까 이러지 마쇼"라고 소리를 질렀고 장내에서는 웃음이 터졌다.

나는 끝까지 하고 싶은 얘기를 다 하고 앉았으나, 고희동의 제의가 의제로 상정되어 결국 다수의 찬성으로 가결되고 말았다. 회의가 끝난 후 방청석에 앉아 있던 이극로(李克魯) 같은 이가 나를 칭찬하기도 했지만, 반대 의견은 소수에 지나지 않았다.

이날 국민회의의 결의에 따라 이승만과 김구는 2월 13일 여운형을 포함한 28명의 최고정무위원을 선출했다. 그런데 지금도 내가 알 수 없는 것은 과도정부 수립과 긴급한 여러 문제를 주체적으로 해결할 임무를 띠고 선출된 최고정무위원이 다음날인 14일 돌연 '민주의원'으로 성격과 명칭을 바꾸어버린 일이다. 정식 명칭은 '남조선 대한민국 대표 민주의원'으로서 '미군 총사령관이 한국의 과도정부 수립을 준비하는 노력에 자문 자격으로 협력한다'는 것을 목적으로 하고 있으니 본래의 의도와는 달리 미군정청의 자문기관으로 하락한 느낌이었다. 어쨌든 14일 군정청 제1회의실에서 이 민주의원이 개원을 하고 의장에는 이승만, 부의장에는 김구와 김규식이 각각 선출되었으며 총리직에 역시 김구가 선출되었다.

도대체 어떤 이유와 경로로 '자주적인 과도정부 수립'을 지향했던 국민회의 최고정무위원회가 '미국 사령관에 의한 과도정부 수립 노력에 자문한다'는 민주의원으로 격하됐는지 아직도 내게는 의문으로 남아 있다. 또 비상국민회의에 대해 미군정이 냉담했던 것은 그 회의가 미군정이 부인하는 임정의 법통을 기반으로 강한 반탁의 입장을 취하고 있었다는 점에서 이해가 가지만, 그렇다면 어째서 굳이 그곳에서 선출된 사람들로 자문기관을 구성했는가도 의문이 아닐 수 없다.

두번째로 내가 의아하게 생각하는 것은 김규식과 관련된 것이다. 우익 진영의 '3영수'라면 으레 김구, 이승만, 김규식을 지칭했는데 비상국민회의 첫날에 제출된 동의안에는 최고정무위원

선출권을 김구, 이승만에게만 일임하는 것으로 되어 있었다. 그 점으로 미루어볼 때, 이미 그때 김규식이 우익 지도부에서 소외되기 시작한 것이 아닌가 하는 생각도 든다.

국민회의 또는 민주의원 문제와 관련해 언급하고 싶은 또 한 사람은 여운형이다. 이승만과 김구에 의해 비상국민회의 최고정무위원으로 선출된 여운형은 좌익계 이사였으므로 하루아침에 성격이 바뀌어버린 민주의원직을 과연 수락하겠느냐는 것이 사람들의 관심사였다. 너무 오래된 일이라 지금 기억이 분명히 나지는 않지만 당시 내가 직접 라디오 방송에서 들은 이야기가 있다. 그 방송에 의하면 회의 시작 무렵 여운형이 입장했는데, 이승만 박사가 그에게 "누구시죠?"라고 물으니까 "근로인민당의 여운형입니다"라고 대답했다. 그러자 이승만 박사가 "아, people's party" 하더니, "저기 앉게 하시오" 하면서 마지막 스물여덟번째 자리, 김선이라는 우익 진영 여자의 옆자리를 가리켰다. 그러자 여운형은 잠시 두리번거리다가 돌아서서 나갔다는 얘기였다.

그 라디오의 내용으로 보면 여운형이 그 직책을 수락할 뜻이 아주 없었던 것은 아니라는 말이 된다. 물론 그와는 다른 내용의 증언도 있지만 당시 신문기자로 그 자리에 있었던 박갑동 씨 역시 다음과 같은 증언을 하고 있다.

민주의원 개원 식장의 테이블 위에 회의 시작 직전까지 여운형의 명패가 있었으나 그가 나타나지 않자 하지 중장의 정치고문 버치 중위가 명패를 살짝 들고 나갔다. 여운형이 버치 중위에게 어느 정도 긍정적으로 말을 했기 때문에 명패와 자리까지 만들어놓고 기다렸을 것이다(「환상의 터널―그 시작과 끝」, 전남로당 지하총책 박갑동 사상편력회상기, 『중앙일보』, 1990년 3월 3일자).

또 하나 송남헌에 따르면, 여운형은 회의장 앞까지 왔는데 기다리던 사람의 말을 듣고 돌아갔다는 것이다. 무엇이 정확한 이야기인지는 알 수가 없다.

내 추측으로는 민주의원을 주도한 사람들이 사전에 여운형의 대우 문제로 고심을 했던 것 같다. 김규식 박사는 여운형을 민주의원 부의장으로 추대하려 했으나, 독단적으로 민주의원을 이끌던 이승만이 이를 거부했고 결국 여운형이 마음을 바꾸어버린 것이 아닌가 한다. 어찌 됐든 여운형은 민주의원이 되기를 거부하고 그 다음날인 2월 15일, 우익 세력에 대항해 결성된 좌익 세력의 연합체인 '민주주의 민족전선'(약칭 민전) 의장단의 한 사람으로 취임했고 그러면서 좌익을 대표하는 인물로 완전히 굳어져버렸다.

상황이 그렇게 전개된 데는 여운형의 우유부단한 성격 탓도 있을지 모르지만 좌우 어느 쪽에도 속하지 않는 중도파의 어려운 행로 때문이기도 하다. 우익 중심이긴 하지만 민주의원은 어쨌든 나라를 대표하는 모임처럼 보였으므로 여운형은 민족문제 해결을 위해 내키지 않아 하면서도 참여하려 했던 것 같다. 게다가 좌익으로부터는 우익 모임에 참석한다는 비난도 받아야 했으므로 그는 점점 더 난처한 입장으로 내몰렸다. 그 때문에 여운형은 결단력이 부족한 인물로 비칠 수밖에 없었다.

경찰서장으로 출세한 일본 앞잡이

그 시절 내가 벌였던 강연 활동 가운데 기억나는 것이 1946년 초봄 21일에 걸친 전북 지역 순회 강연이다. 주최측에서 트럭을 세 대 준비해서 전주를 기점으로 전북 각 지역을 순회하며 강연을 했는데 당시 분위기는 전주고등학교의 경우 좌익 학생들이 교장인 김가전을 반동이라며 "김가전 죽여라" 하고 데모를 하는 판국이었다.

그런 상황에서 우리 순회 강연단은 제일 앞 트럭에는 큰북을 둥둥 울리며 나팔을 부는 악대를 태우고, 두번째 트럭에는 나를 비롯해 청년회 간부들이 타고, 세번째 트럭에는 우리와 함께 다니는 일행을 태우고 지역을 돌며 사람을 모았다. 그 시절엔 길이 포장되어 있지 않아 낮이면 햇볕에 녹아 질척거렸기 때문에 새벽에 길을 떠나 낮에 강연을 하고 저녁이 되어 다시 땅이 얼면 새로운 지역으로 떠나는 강행군을 계속했다.

이제 해방을 맞아 우리 손으로 나라를 끌어가야 한다고 역설하는 내용의 강연을 통해 우리는 가는 곳마다 선풍적인 호응을 얻었다. 강연 장소는 주로 교회나 공회당이었지만, 때로 야외에서도 했고 작은 마을에서는 트럭 위에 선 채로 강연을 하기도 했다. 지금은 그런 모습을 찾아보기 어렵지만 그때는 청중들도 아주 열광적이어서 강연을 듣다가 공감하는 부분이 있으면 발을 구르며 박수를 치는 등 감격이 넘쳤다. 오랜 식민 통치에 신음하다 해방된 조국에서 감격과 기대, 불안이 뒤섞여 있는데다가 우리 민족의 강한 에너지가 무언가 의미 있는 지표를 찾아 헤매고 있었기 때문이리라.

그런데 순회 강연 중 나는 충격적인 경험을 하게 된다. 고창에서 강연을 할 때였다. 전도 강연이 아닌 시국 강연이었던 만큼 그곳 경찰서장이 나왔는데 놀랍게도 회령경찰서에서 나를 취조했던 최씨 성을 가진 다카야마라는 사람이었다. 불과 2년 전 "조선 사람을 사랑한다"는 이유만으로 나를 불순분자로 몰던 사람이 해방된 조국에서 경찰서장으로 승진해 있는 것을 보고 아찔한 기분이었다.

그도 친일 부역자들을 처벌하는 북한 정권을 피해 월남한 후, 미군정이 일제 경찰 출신을 중용하고 한민당이 친일 세력을 은근히 비호하는 가운데 살길을 찾는 차원을 넘어 출세까지 한 모양이었다.

어이가 없어 놀란 얼굴로 그를 바라봤더니 그도 나를 알아보고는 시선을 피했다. 스스로 어색함을 견디기가 힘들었는지, 아니면 나의 폭로가 두려웠는지 모르겠지만 강연이 채 끝나기도 전에 슬쩍 가버리고 말았다.

해방된 후 한 달이나 지나서야 겨우 출발한 미군정은 당시 통역이랍시고 일본계 2세들을 데리고 들어왔다. 우리말 대신 일본말을 하는 사람들을 데리고 온 셈이니 친일파들은 얼씨구나 하고 미군들 주위에 꾀기 시작했다. 한국에 대해 전혀 아는 바 없던 미군들은 자신들의 편의를 위해 친일 관료들을 그대로 썼고, 대한민국이 수립된 뒤에도 이승만 정부는 친일 관료들을 대거 등용했다. 이들을 대신할 지식인과 인재들은 제거의 대상이 되어 갈수록 적어지고, 이승만 자신은 친일파와 타협함으로써 빈약한 자신의 기반을 다지고 권력을 유지할 수 있었기 때문이다.

나는 이러한 남쪽의 상황 때문에 계속하여 혼란스러웠다. 당시 대다수 국민들 모두가 그랬을 것이다. 독립군을 잡아다 죽인 일제의 앞잡이들이 여전히 경찰서를 지키고 있고 독립군 집안은 아무런 보상도 없이 가난에 허덕이거나 정치적으로 희생되는 지경이니 민초인 국민들은 제대로 사는 법, 옳게 사는 법을 배울 기회조차 가질 수 없었다.

몇 해 뒤 1948년 9월 국회에서 소장의원들을 중심으로 한 '반민족행위 특별조사위원회'가 가동되지만, 이승만의 비호 아래 경찰이 오히려 반민특위를 습격하는 등 갖가지 방해공작으로 친일파 청산은 유야무야 끝나버리고 만다.

이러한 이승만의 친일파 포용은 우리 민족이 정상적으로 발전할 기회의 싹을 아예 없애버린 것으로, 대한민국의 정통성을 약화시킨 것은 물론이요, 세상에 아부하고 자기 뱃속을 채우는 자가 계속 권좌에 남는 길을 열어줌으로써 우리 사회 전체의 도덕성과 힘을 약화시켜버리고 말았다. 세상이 어지러우면 뜻 있는 사람은 숨고, 소인배가 나서게 마련이다. 그때 마련된 소인배의 마당이 오늘날까지 계속 유지되고 있으니 우리 민족으로선 참으로 안타까운 일이 아닐 수 없다.

서울에서 다시 만난 가족

최성도라는 학생이 나 대신 이북으로 올라가 아내와 두 딸을 데리고 내려온 것이 1946년 3월의 일이다. 최성도는 겨울에 가족들을 만나기는 했는데 너무 추워 움직일 수가 없어 3월까지 기다려 남행을 감행한 것이다. 이때 은진중학 시절부터 함께 활동했던 절친한 친구 김영규와 내 아내의 조카이기도 한 그의 아내, 이상철과 의사인 유희원도 함께 내려왔다.

최성도는 38선을 넘다가 공산군에게 붙잡혀 유치장에 갇혀 있다 다행히 기회를 틈타 탈출했다고 한다. 그 아이가 나이도 어리고 대담해서 이런 모험 같은 일이 가능했지, 만일 내가 갔더라면 상황은 완전히 다르게 전개되었을 것이다. 겁이 많은 나는 가족들과 상봉은커녕 유치장에서도 탈출하지 못했을 것이다. 나 대신 성도가 북으로 간 것도, 그렇듯 우여곡절 끝에 가족들을 데리고 무사히 올 수 있었던 것도 하나님의 도움이었다고 말할 수밖에 없다.

6개월여 만에 아내와 두 딸을 서울에서 상봉하게 되었는데, 다들 고생으로 몰골이 형편없었다. 특히 둘째 딸애는 태어나면서부터 건강이 안 좋아 정말로 뼈에다 가죽만 입힌 것 같은 형색이었다.

"세상에 무슨 저런 아이가 있는가."

그 아이를 보자마자 나도 모르게 나온 말이었는데 이 말에 아내는 오랫동안 서운해했다.

"회령에서 떠나기 전에 의사가 '이 아이는 서울까지 무사히 갈 가망이 없으니 각오를 하고 데려가라'고 하더군요."

그 정도였으니 목숨이 붙어 있는 것만도 다행이었다.

아내는 결혼사진 한 장 지니지 못한 채 친정어머니가 물려준 재봉틀을 팔아 돈을 만들어 기차를 스무 번 가까이 갈아타고 왔다는데, 애들은 물론 본인도 몸이 아파 고생에 지친 흔적이 역력했다.

내가 회령을 떠나올 때, 여자만 보면 가만두지 않는 소련군을 의식하고 나는 아내에게 이렇게 일러두었다.

"혹시 무슨 일이 생겨도 생명이 위태로울 때는 너무 세게 나가지 마시오."

그런데 아내에게 들으니 큰일날 뻔한 적이 있었단다. 한번은 아픈 두 아이에게 약을 먹이고 있는 중에 소련군이 들이닥쳤는데 약병을 보고는 그냥 나가버리더란다. 소련군은 여자 목욕탕에까지 마구 들어가던 상황이었으니 천만다행이 아닐 수 없다.

가족이 서울에 도착한 후 내가 숙소로 쓰던 전도관 건물 옆의 허름한 창고 같은 2층 건물에서 살림을 시작했다. 나는 이불도 없이 생활하고 있었는데, 아내가 재봉틀 판 돈으로 이불을 사오고 해서 생활의 온기가 생겨나기 시작했다. 그러나 옥수수죽으로 연명해야 하는 사정은 조금도 나아지지 않았다. 교회를 운영하고는 있었으나 가난한 고학생과 동네 조무래기들이 신도였으니, 인건비는커녕 운영비도 조달하기 어려운 상황이었다.

친탁도 반탁도 아닌데 테러에 몰리다

좌우의 대립이 심화되면서 내게도 신변의 위협이 따르기 시작했다. 나는 12월 31일의 반탁 강연으로 이름이 좀 알려진데다, 언제 어디서 좌우익의 테러를 당할지 몰라 항상 신경을 곤두세우고 다녀야 했다. 나 같은 사람은 좌익에서도, 그리고 우익에서도 시비를 걸어올 수 있었기 때문이다.

나는 우선 이발소 출입부터 끊었다. 만일 면도사가 테러리스트라도 된다면 얼마든지 나를 해칠 수 있을 정도로 험악하고 뒤숭숭한 사회 분위기였다. 또 숙소인 선린형제단 전도관에 가려면 을지로 6가에서 전차를 내려야 했으나 일부러 7가에서 내리곤 했다. 정거장이나 숙소에서도 불의의 공격을 당할 가능성이 커서 그때 신학교에 다니고 있던 둘째 아우 이용(利龍)이가 정거장에서 기다리고 있다가 "집에 아무 일도 없습니다"라고 해야 집에 들어갔다.

반탁 입장에 서 있었던 나는 미소공동위원회가 열리고 내가 따르던 김규식 박사가 중도노선을 걷게 되면서 더 이상 반탁운동에 가담하지 않게 되었다. 나는 역시 김규식과 안재홍의 노선을 따르는 편이었다. 그 전까지 반탁 강연을 그렇게 열심히 하고 돌아다닌 것은, 지금 생각해보면 우습지만 감정적인 애국심의 발로였다.

그후 좌익은 남산에서, 우익은 서울운동장에서 3상회의 지지 대회, 반탁 궐기대회 등을 벌였는데 나는 이미 그 어느 쪽에도 가담하지 않게 되었다. 대신 방송(서울 중앙라디오방송)에서 이야기할 기회가 더러 있을 때에는 "극좌, 극우 모두를 배제하고 합작해서 나가야 한다"는 말을 하게 됐다.

그러자 이번에는 과격 반탁 진영에서 공격이 들어왔다. 나중에 알게 된 일이지만 내가 김규식 박사를 지지해서 반탁운동에 적극 가담하지 않으니까, 남산에서 열린 좌익계의 신탁 지지대회에 내가 나가 연설을 했다는 헛소문이 나 있었다.

더 이상 반탁운동에 가담하지 않고 있던 5월 중순, 당시 우리 가족은 조향록 목사 가족과 함께 살고 있었는데, 저녁에 교회에서 예배를 인도하고 있던 도중 누군가 큰 소리를 쳤다.

"테러단이 밖에 왔으니 도망치시오!"

놀란 나는 예배를 서둘러 마친 뒤 교회 담을 타고 뒷문으로 빠져나와 몸을 피했다.

나 대신 테러단을 맞은 것은 아내와 조목사의 부인이었다. 두 여자가 밖으로 나가보니 테러단이 트럭을 타고 잔뜩 와 있었다고 한다. 그런데 그 사람들을 이끌고 온 책임자가 마침 조목사 부인의 가까운 친척 오빠였다. 그는 조목사 부인을 보고 깜짝 놀라서 물었다.

"아니, 너 어떻게 여기에 있니?"

"남편 친구인 강선생과 같이 있는데……."

"너, 그 빨갱이와 같이 있단 말이냐?"

'빨갱이'라는 소리를 들은 조목사의 부인은 "강선생이 왜 빨갱이냐"고 대들었고, 남산에서 신탁 지지 강연을 했다는 그들의 주장에 그런 일이 없었다고 사실대로 해명해주었다. 그러자 그들은 자기들끼리 수군대더니 "정보를 잘못 입수한 것 같다"며 그냥 돌아갔다고 한다. 그때 나를 잡으러 온 그 테러단은 나중에 안 일이지만 교회 청년들이었다.

따지고 보면 그 무렵 내가 기독교계를 비롯해 우익 계열 사람들에게 좌익으로 몰리게 된 데는 그럴 만한 일이 있었다. 1946년 봄이라고 기억하는데, 지금은 세상을 떠났지만 가나안농군학교를 운영하던 김용기(金容基)와 사회주의자 기독교인들과 함께 '기독교사회주의동맹'이라는 단체를 만들고 그 위원장에 취임했던 일이 있다. 그 때문에 교계에서는 나를 '좀 불그스레하다'고 여기게 되었지만 그때 우리는 공산주의와 연결하여 사회주의라는 말을 쓴 것은 아니었다. 오히려 공산주의·자본주의를 모두 반대하면서 정치적 자유와 경제적 평등이 실현될 수 있는 '제3의 이념'으로서 사회주의라는 말을 차용했을 뿐이다.

또 하나, 나를 오해한 근거는 1947년 2월 조봉암, 이극로 등이 만든 '민주주의민족통일전선'이라는 중도 좌익 단체에 나도 모르는 사이에 내 이름이 올라 신문에 발표된 된 일이 있었다. 이런저런 이유로 그 무렵 나는 좌우 양쪽에서 다가오는 테러의 위협에 항상 신경을 쓰지 않으면 안 되는 상황에 처하게 되었다.

그와 관련해 기억나는 사건은, 시간상으로 약간 비약이 있긴 하지만 1947년 초 지방에 순회 강연을 갔을 때의 일이다. 나는 전라북도에서 인기가 꽤 있었는데, 이리에 나를 친형처럼 따르는 김옥배(金玉培) 장로가 있었다. 그는 유리를 원료로 하는 제품을 만드는 공장을 운영하고 있었는데, 나에게 꼭 내려와서 강연을 해달라고 하여 바쁜 시간을 쪼개 이리에 내려갔다. 그런데 기차에서 내리기도 전에 어떤 사람이 내게 오더니 내 귀에 대고 속삭였다.

"밖에 테러단이 기다리고 있으니 내리지 마십시오. 큰일납니다."

그래서 그 기차를 타고 김제까지 가서 장태수(張泰洙) 장로의 집에 머물면서 강연도 하지 못하고 돌아온 일이 있다.

지방에서도 내가 중도 좌익계라고 소문이 나 있어 그런 일이 벌어진 것인데, 기독교계 내에서도 노회(老會)에서 나를 강단에 세우지 않기로 결의하고 나를 초청한 사람들을 징계하는 일까지 있었다.

맹렬 여성운동가들의 초상

1946년 무렵을 회고하다 보니 당시 활동했던 여성 단체들이 떠오른다. 서울운동장 반탁 강연 이후 이름을 얻게 된 나는 이곳저곳에서 강연 초청을 받았는데, 그 중에는 여성 단체들도 있었다. 당시의 여성운동은 오히려 지금보다 더 적극적이고 맹렬했다. 나는 공산당과 관계된 여성 단체를 제외한 대부분의 여성 단체 모임에 강연을 다니면서 여성 인사들을 많이 알게 되었다.

당시 여성운동 지도자들은 대부분 나보다 나이가 많아 나를 동생처럼 여기고 사랑해주었다. '독립촉성애국부인회' 회장이었던 50대 초반의 박승호는 동아일보 여기자로 일하다가 창덕여고 교장으로 재직하던 중 6·25 때 납북되고 말았다. 박승호와 함께 일한 사람들로는 박순천, 황신덕과 그 언니인 황애덕이 있다.

또 생각나는 사람으로 황기성이라는 여자도 있는데, 이 여자는 강연을 아주 잘해서 여성 모임에는 주로 나와 황기성이 함께 강연을 하곤 했다. 그런데 이상하게도 이후 그녀는 행방불명이 되고 말았다.

과격한 우익 여성 단체로는 여자청년단이 있었다. 그 단체에서 제일 열심이었던 사람이 훗날 고아원을 운영한 황근옥이다. 당시에는 여성 단체 역시 좌익계가 압도적이었으므로 공산주의가 아니거나 민족주의 편에서 일하는 사람들은 테러를 당할 각오를 하지 않고는 길거리에 못 나갈 정도였다. 우리 선린형제단의 멤버이기도 했던 황근옥은 좌익 여성들의 돌에 맞아 머리가 터지는 사고를 당해 내가 직접 찾아가서 위로했던 일도 있다.

가장 독특한 여성운동 단체로 내 기억에 남아 있는 것은 서울여자의학전문학교가 주축이 되어 만든 애국부녀동맹이다. 카톨릭 신자였던 박은성이 동맹위원장으로 활동했고 홍만길, 나신애 등을 중심으로 한 서른여 명이 매우 적극적으로 활동했다.

애국부녀동맹은 초창기에 주로 반공 투쟁을 했다. 언제 맞아죽을지 모르는 상황에서 똘똘 뭉쳐 한집에서 숙식까지 하는, 목숨을 건 투쟁이었다. 이들은 또 신선한 발상으로 운동을 전개하여 사람들의 이목도 많이 끌었다.

내가 이들과 인연을 맺게 된 것은 그 학교에 강연을 나가면서부터다. 나는 아는 것도 없으면서 한 주에 한 번씩 그들에게 강연

식으로 이야기를 했는데, 활동이야 그네들이 자발적으로 했지만 그들의 중도 우익적인 입장은 나와 맞는 바가 있어 이야기가 잘 통했다.

그때는 공산당이라고 막 잡아넣는 시대는 아니었고 오히려 백가쟁명식으로 모든 이념과 사상이 분출하여 격렬하게 대립, 투쟁하던 시기였다. 특히 대자보로 전개되는 사상 투쟁이 격렬했다. 그런데 1948년부터 공산주의자들을 쳐버리기 시작하자 이 열성 극우 단체도 중간 노선으로 돌아서서 극좌와 극우를 모두 배격하는 입장에 서게 되었다. 그 과정에서 이 사람들 또한 좌익이 아니냐는 오해를 받기도 했다.

이 애국부녀동맹은 다른 단체에 비해 합리적이고 체계적이어서 많은 지지도 이끌어냈다. 이들은 재치있게 반공 투쟁을 이끌어 신문에도 자주 등장했는데, 공산당 조직에 직접 침투하여 '정판사(精版社) 위조지폐 사건'을 적발해내는 데도 공을 세웠다.

이들이 벌인 활동 중에 특기할 만한 것으로는 정동교회에서 열린 공산주의자들에 대한 모의재판이 있다. 그들은 박헌영과 여운형 등을 가상으로 세워놓고 기지와 재치를 한껏 발휘해 신랄하게 비판하여 사람들의 관심을 사로잡더니 마지막에 판사가 여운형에게 사형을 언도하자 방청석에서 박수가 터져나왔다. 이 모의재판은 여운형의 귀에도 들어가 그의 심기를 언짢게 했던 모양으로, 얼마 후 몽양을 찾았던 나는 그 재판과 관련해 섭섭해하는 얘기를 듣기도 했다.

애국부녀동맹의 박은성은 6·25전쟁 때 북한으로 끌려가고 홍만길, 나신애는 붙잡혀서 공산당 학생동맹에서 인민재판을 받은 후 사형언도를 받았다. 그런데 거기서 극적으로 탈출한 홍만길은 우리 식구와 더불어 시골로 피난 가서 석 달을 함께 지낸 적이 있다.

또한 고황경과 김활란과도 알고 지냈는데 보건사회부 부녀국장을 지냈던 고박사는 여성운동을 하면서 경동교회 여성 모임에도 자주 나와 많은 도움을 주었다. 한국 최초의 여성박사인 김박사는 1948년 강연 부탁을 받고 내가 이화여대에서 강연한 것을 인연으로 그녀가 세상을 떠날 때까지 가깝게 지냈다.

전쟁 중에는 여자청년단이라는 단체가 조직되어 활동을 펼쳤다. 모두 군복을 입고 다녔는데 단장은 모윤숙씨였고 중간간부로는 이희호, 김정례, 박기순 등이 있었다. 이런 정도가 해방 정국의 여성운동의 모습이었다.

한 가지 애석한 점은 공산당 여성운동에 대해서는 내가 접근조차 하지 못한 관계로 잘 알지 못한다는 것이다. 다만 하나 밝히고 싶은 이야기는 내가 강연하는 것을 들었던 좌익 학생 중 한 사람이 홍만길이 인민재판을 받을 때 변명을 해준 사실이다. 그랬다가 그 여자도 잡혔다고 한다.

한참 뒤의 일이지만, 그녀는 미국에 가서 의사인 남편과 결혼을 해 살고 있다가 내가 워싱턴에 있는 한인 교회에서 설교를 할 때 그 교회에 다녀 다시 만나게 되었다. 한번은 그녀와 옛날 이야기를 하다가 좌익이었던 당신이 어떻게 내 강연을 들으러 왔었느냐고 물어보았다. 그녀가 웃으며 대답했다.

"기독교는 질색이었지만 미남이 와서 강연한다기에 얼굴이나 보려고 찾아갔죠."

어쨌든 그녀는 내 강연을 들으러 다니다가 홍만길 등 애국부녀동맹 사람들과도 낯을 익히게 되고 그 인연으로 인민재판정에 선 홍만길을 도왔던 것이다.

그때 여성운동은 크게 두 가지 성격을 지니고 있었다. 하나는 일반의 무지한 여성들을 대상으로 하는 계몽적인 성격이고, 또 다른 하나는 의식 있는 여성들의 애국운동이었다. 다시 말하면 당시 여성단체는 계몽운동과 정치운동으로 양분되어 있었다. 그 시절 여성들만 한 500명 모인 전라북도 김제에서 강연을 한 적이 있는데 우리말을 쓰고 읽을 수 있는 사람은 손들어보라고 했더니 손드는 사람이 몇 없었다. 이런 여성들이 계몽운동의 대상이었다.

여운형과 이승만

마침내 몽양을 찾아가다

내가 서울에 내려와 몽양 여운형을 처음 찾게 된 것은 좌우 합작이 공식적으로 추진되기 직전이었으니까 아마 1946년 5월이었던 것 같다. 앞서 얘기했듯이 나는 용정에서 그를 처음 보고 한눈에 숭모심을 갖게 되었으나 막상 서울에 와서는 그가 좌익의 거물로 활동하고 있어 그를 찾아가기는커녕 오히려 그를 비판하고 공격하는 강연을 하고 다녔다.

그러나 첫 만남에서 그에게 너무 매혹되었기 때문에 욕을 하면서도 내심으로는 그를 완전히 버리지 못하는 갈등이 계속되고 있었다. 고민 끝에 나는 '에라, 어떻게든 한번 직접 만나 결판을 내자'는 마음에서 그를 찾아보기로 했다.

그때 몽양은 심각한 테러의 위험 속에서 거처를 자주 옮기고 있었으므로 그가 어디에 있는지 알아내기가 쉽지 않았다. 수소문

끝에 계동에 머물고 있다는 사실을 알게 된 나는 무작정 그 집으로 찾아갔다.

대문 앞에 서서 안에 대고 "여운형 선생님 계십니까?" 하고 물으니 아직 안 들어왔다는 대답이 들려왔다. 나는 몽양이 안에 있으면서도 면담을 거절하는 줄로 알고 '그러면 좋다. 대문 앞에서 기다리겠다'는 생각으로 끈질기게 버텼다.

'늘어지게 기다리다 보면 안으로 들어오게 하겠지.'

그런 속셈으로 아무 반응이 없는 집 안쪽을 탐색하며 정말 늘어지게 기다리고 있는데 해가 넘어갈 무렵 길 저쪽에서 어떤 사람이 동그란 맥고모자를 쓰고 지팡이를 빙빙 돌리면서 걸어오는 게 보였다.

그가 바로 여운형이었다. 옆에는 경호원이 따르고 있었는데 아마 박재황이었을 것이다.

나는 반가운 마음에 불쑥 그에게 달려가 인사를 했다. 경호원이 긴장하며 제지하는 가운데 그에게 급하게 나 자신을 소개했다.

"저는 기독청년연합회의 강원용이라는 사람인데 선생님과 애기를 나누고 싶어 이렇게 찾아왔습니다."

"아, 그래? 좋아, 좋아. 애기하자구."

흔쾌하게 응하는 몽양의 뒤를 따라 나는 그의 거처로 들어갔다.

그렇게 시작한 애기는 꼬박 밤을 새우고 이튿날 새벽 다섯 시까지 계속되었다. 그만큼 나는 몽양을 떠나고 싶지 않았고, 몽양역시 나와 함께 하는 시간을 싫어하지 않았다. 몽양은 거물급 인사였지만 솔직하고 스스럼이 없어 나는 주저하지 않고 그에 대해

궁금한 점을 물을 수 있었다.

"사실 저는 서울에 올 때 선생님 생각을 많이 했습니다. 선생님을 처음 뵙고 애국자이면서도 멋있는 분이라고 생각했고 게다가 기독교 신학을 공부하셨다는 말을 듣고 더 좋아했는데, 어떻게 지금은 유물론자가 되어 공산당과 함께 활동하고 계십니까?"

"좋아, 좋아. 젊은 사람이 그렇게 대담하게 얘기해야지. 내 앞에서는 듣기 좋은 말만 하는 사람들이 많거든. 하지만 나도 강군에게 하나 물어볼 게 있는데, 그처럼 예수를 믿고 하나님의 사랑을 전하는 사람들이 어떻게 정동교회 안에서 '여운형이를 죽여라' 하는 사형선고를 내릴 수가 있지?"

물론 기독교가 매우 우익적이긴 했지만 사실 그 모의재판은 기독교에서 했다기보다 애국부녀동맹이 교회를 빌려서 했던 것이다.

그날 밤 몽양은 많은 이야기를 했는데, 지금도 뚜렷이 기억에 남는 것은 마지막으로 결론 비슷하게 한 말이다.

"일제 치하에서 독립운동도 했고 지금도 정치에 관여하고 있지만 정말 이제는 더 이상 이 땅에서 정치를 못하겠어. 솔직히 어디로 빠져나가고 싶은데, 생각대로 되지 않는군."

그는 나에게 이승만, 김구 등 지도자들과 관련된 얘기를 해주었다. 특히 이승만에 관한 얘기는 충격이었다. 해방되던 해 '조선체육회'를 이끌던 몽양은 이박사가 환국한 후 서울운동장에서 전국체육대회를 개최했다. 그때 몽양은 비록 노선은 다르지만 이박사가 해외에서 독립을 위해 수십 년을 일하다 돌아왔으므로 일장

기가 아닌 태극기를 가슴에 단 우리 청년들이 대회장에 위풍당당하게 걸어들어오는 것을 보면 얼마나 감격할까 하는 생각에서 이박사를 개회식에 초대했다고 한다.

이박사는 윤치영과 함께 와서 내빈석에 자리를 잡았는데 식이 시작되어 각도 청년들이 줄을 지어 씩씩하게 입장하자 몽양은 이박사가 얼마나 흐뭇해할까 하고 감격을 나누기 위해 그의 손을 잡으려고 했다. 그런데 이박사는 청년들은 보지도 않고 수행한 윤치영과 귓속말로 정치 이야기만 하더니 "일이 있어 그만 가봐야겠다"며 곧 퇴장해버리고 말더라는 것이다.

정치적 노선은 다르지만 인간적인 입장에서 그를 초청했는데, 그 모습을 보고 몽양은 인간적으로 섭섭했다면서 자기가 이박사에게 가장 실망을 느낀 때가 바로 그때였다고 했다.

"정치라는 것이 도대체 무엇인가? 정치를 하다 보면 서로 이념이나 사상이 다를 수도 있지만 적어도 해방된 조국의 가을 하늘 아래서 우리 청년들이 늠름하게 걸어들어오는 그 순간만은 함께 흐뭇해할 수 있는 그런 게 있어야 하는 게 아닌가 말야. 나는 정치를 무엇보다 인간의 문제라고 생각하네."

몽양은 김구 선생에 대해서는 다음과 같은 말을 했다.

"김구 선생이 중경에서 돌아온다고 할 때 사실 나는 그분을 만날 생각이 없었어. 왜 그런 줄 아나? 임시정부가 중경을 떠나올 때 마지막 국무회의에서 내린 결정 중의 하나가 나에 대한 사형선고야. 그리고 떠나면서 청사 대문 앞에다 '여운형이는 사형을 시킨다'고 써붙였어. 그런 사람들을 내가 무슨 이유로 보고 싶어

하겠는가?

그렇지만 그들이 돌아왔을 때 나는 내 개인적인 감정은 차치하고, 해외에서 오랜 세월 독립 운동하느라 애쓴 노고에 경의를 표하려고 그들에게 인사를 갔었네. 그런데 자네도 알다시피 내가 거기서 얼마나 모욕과 냉대를 당했나? 앞을 지키는 경호원들이 몸수색을 할 때는 그들이 뭘 알겠는가 싶어서 그래도 참고 그냥 들어갔는데, 안에서 손님이 와 있다며 기다리라고 하지 않겠는가. 그렇게 마냥 기다리려니 나보다 늦게 온 다른 손님들은 계속해서 들어가는데 끝내 나를 부르지 않더군. 날 만나지 않겠다는 의미로 받아들여 돌아왔네. 어떻게 이럴 수가 있나? 정치도 사람들이 하는 건데. 이제 나는 정치에서 은퇴하고, 강군 같은 젊은 사람들이 나서서 하면 그저 뒤에서 도와주는 영감 노릇이나 했으면 좋겠어."

그 얘기를 들은 나는 그에게 물었다.

"그럼 좌익계 안에서는 인간 관계가 좋으십니까?"

"뭐, 일일이 다 말할 수는 없지만, 크게 다르지 않아. 좌익이나 우익이나 정치하는 사람들은 다 마찬가지인 것 같아."

그리고는 몇몇 공산당 지도자들을 거명하면서 그들에게 자신이 속아 이용당한 일들을 서슴지 않고 얘기했다. 박헌영 얘기는 하지 않았지만 여운형을 17년이나 모셨던 김용기에게서 들은 이야기가 있어 여기에 옮겨본다.

해방된 이듬해 5월 몽양은 회갑을 맞이했다. 회갑 잔치는 내

(김용기)가 일제 말기에 그를 모시고 있던 장소이기도 한 경기도 봉안촌(奉安村)에서 준비를 했다. 이 잔치에는 각 당의 주요 정객들이 많이 참석해 축사를 했고 미군정에서도 아널드 장군이 참석할 만큼 성의를 보였다. 그런데 박헌영이 축사를 한다고 나와서는 미국에 대한 공격을 마구 해대는 것이었다. 자연히 잔치 분위기는 경색되지 않을 수 없었고 그것을 본 나는 '공산주의자들은 목적을 위해서는 수단과 방법을 가리지 않는 사람들'이라는 인식을 갖게 되었다.

이런저런 얘기를 모두 들은 나는 젊은 나이에 주제넘은 짓인지는 모르지만 이런 말을 할 수밖에 없었다.

"선생님 말씀을 듣고 보니 선생님 같은 분은 정치를 해서는 안 될 것 같습니다. 선생님이 정치하기에 적합한 세상은 옛날 신농씨, 복희씨 시대처럼 통치자가 호위병도 없이 농민들이 멍석 깔고 막걸리 마시는 데 가서 같이 어울릴 수 있는 그런 세상인 것 같습니다. 요즘 같은 아수라장에서는 정치를 안 하시는 게 좋을 듯합니다."

이 말에 여운형은 "옳아, 옳아, 정치에 나는 맞지가 않아" 하며 웃어 보였다. 그 자신은 이용당하는 걸 알고 있으면서도 어쩔 수 없이 이런저런 활동에 관계할 수밖에 없고, 그런 그 자신의 한계를 숨기지 않고 시인하는 모습이었다.

여운형과 얘기를 마치고 돌아오는 새벽, 내 마음은 참으로 복잡했다. 몽양과 같은 민족 지도자와 서로 애정을 가지고 장시간

흉금을 터놓고 애기를 했다는 감격과, 그럼에도 여전히 좌익인 그의 정치노선이 주는 거리감이 서로 얽혀 나를 매우 착잡하게 만들었다.

또한 나이 차이도 많고 지위나 신분도 다른데 흔쾌히 앉아서 그렇게 솔직한 이야기를 나눠준 그를 보고 인간적인 측면에서 '내가 왜 저런 사람을 욕하고 다녔을까' 하는 후회의 감정도 강하게 일었다. 그런 입장에서 김구와 이승만을 비판하는 부분은 더욱 피부에 와닿았다. 그가 느꼈을 외로움이 마치 우리 민족의 앞날에 그림자를 드리우는 것처럼 느껴지는 것이었다.

중국과 소련을 오가며, 또 임정과 공산당 사이에서 두루 신망을 얻었던 그는 일본 정부의 초청으로 일본의 고관들에게 우리말로 조선의 독립을 설파하여 일본인들에게까지 존경심을 불러일으켰고 우리 청년들에게 민족적 자긍심을 세워준 인물이 아닌가. 미국과 소련 양쪽에서도 알아주던 국제적인 역량을 지닌 우리 민족의 지도자인 그가 오늘날 독립운동가 명부에조차 오르지 못한 현실을 생각하면, 하늘나라에 있는 지금까지 몽양은 외로울 것 같다.

나는 그의 55주기에 그를 독립운동가로 추대하기 위해 서명을 하여 보훈처에 올렸지만 "좌익이기 때문에 안 될 것이다"라는 답답한 답을 들었을 뿐이다. 좌익이면 목숨을 바친 독립운동도 아무것도 아닌 게 된단 말인가? 우리가 존경할 만한 지도자들을 거의 다 잃어버린 것만도 억울한데, 역사에 기록조차 하지 않고 망각 속으로 밀어내버리는 것은 우리 민족으로서는 막대한 손해가 아닐까 싶다. 독립운동은 독립운동으로, 좌익운동은 좌익운동으로 우리는 역사를 제대로 기록해 두어야 한다. 만약 집권자들만의 기록이 역사라면, 그것도 친일 세력과 야합한 정권만이 우리의 역사라고 한다면 우리 민족은 너무 초라하지 않은가.

결국 깨어지고 만 미소공동위원회

반탁과 찬탁의 대립 속에 1946년 3월 20일 덕수궁에서 개최된 1차 미소공동위원회는 양측의 이견이 평행선을 달려 결국 5월 7일 결렬되고 만다. 이 과정에서 소련측의 의도가 한반도에 친소 공산주의 정권을 수립하는 것이라고 간파한 미국측은 또 그들 나름대로 소련을 견제하려는 계획을 세우게 되는데, 그것이 바로 좌우 합작이었다. 미국은 미국대로 좌우 합작을 통해 한국에 단일 친미정권을 세우려고 했던 것이다.

미소공위가 결렬된 직후, 극우 진영인 한민당은 "미소공위의 결렬은 유감천만이다"라고 하면서도 공위 재개에 대해서는 언급을 회피하고 지극히 냉담한 태도를 보였다. 좌익계는 미소공위의 결렬 책임이 이승만을 비롯한 극우 진영의 반소적 태도에 있다고 주장하면서 임시정부를 조속하게 수립하기 위해서는 미소공위를 빨리 재개하여 3상회의 결정을 실천하는 길밖에 없다고 주장했다.

온건 좌파인 인민당의 대표 여운형은 "공위는 휴회되었으나 실망은 않는다. 조선 독립을 약속한 3상회의 결정이 엄존하는 이상

현지 외교 절충에서 생긴 일시적 저어(齟齬)로 문제될 바 아니요, 위싱턴과 모스크바에서 그 타개점을 모색하여 해결지으리라 믿는다"라는 낙관적인 희망을 표시하며 공위 재개를 촉구하였다.

이렇듯 공위 휴회 후 국내 각 정파 사이에 몇 갈래의 상이한 의견이 나오는 가운데 5월 15일자 UP통신은 "이승만과 김구가 한국 문제 해결에 지장을 주고 있다"고 보도하였다. 당시 미국은 중국 주재 대사 마셜을 앞세워 국공 합작을 추진하던 때였다. 즉 마셜을 비롯하여 국민정부 대표와 중공 대표로 3인위원회를 만들어 국공간에 정전협정을 성립시켰고(1946. 1. 10), 이것이 정치 협상으로 발전하여 군대의 정리, 통일에 관한 협정을 성립시켜 국민정부군을 50개 사단, 중공군을 10개 사단으로 감축하는 계획을 세웠고, 6월에는 15일 간의 정전이 성립되었다.

이와 같이 미국의 대외정책은 좌우 대립 지역에서 합작을 유도하던 때여서 한반도 문제도 이와 같은 맥락에서 좌우 합작에 의한 미소공위를 통해 해결할 수 있다는 희망을 버리지 않았다. 미국이 지목한 좌우 합작의 대표는 좌익계로는 여운형, 우익으로는 김규식이었다. 중국을 방문했던 마셜이 귀국길에 한국에 들러 김규식을 만나고 갔는데 그때 나도 그 자리에 있었다.

이러한 국제적 배경과 미군정의 적극적인 지지 아래 김규식, 여운형의 좌우 합작운동이 시작되었다. 미군정이 우익 진영에서 이승만을 배제하고 김규식을 택한 데 대해서는 민주의원에서 보여준 김규식의 활동을 통하여 그의 식견과 도량, 그의 민주주의적인 사상과 온후한 포용력, 그리고 탁월한 어학 능력을 평가했기 때문이었을 것이다.

좌우 합작과 관련해서 분명히 짚고 넘어가야 할 사실은 여운형도 합작에 소극적이었고 김규식 역시 회의적인 태도를 보였다는 점이다. 양쪽 다 합작에 대한 신념과 열의가 약했다. 여운형은 회의에 참석도 잘 안 했고 김규식은 평소 공산주의에 대한 그의 입장을 고려할 때 좌우 합작에 열성적일 수가 없는 인물이었다.

김규식은 해방 후 적십자사 총재직을 맡아달라는 제의가 들어오자 처음에 그 제의를 거절했는데, 그 이유가 "거기에 각 정당과 사회단체의 지도급 인사들이 참여하는데 그 중엔 박헌영도 있다. 나는 그와 같은 공산당 두목과는 같이 앉아 있을 수가 없다"는 것이었다. 후일 나는 김규식에게 그의 좌익 기피증에 대해 이유를 물은 일이 있다. 그의 대답은 이러했다.

"자네가 공산당이 뭔지 몰라서 그래. 내가 알기로 공산주의는 천하에 몹쓸 것이야. 특히 우리나라는 공산주의를 받아들이면 안 돼. 내가 중국과 러시아에서 러시아 사람들을 많이 사귀어 봤는데, 원래 그들이 참 선량한 사람들이거든. 그런데 레닌이 공산혁명을 일으킨 후에 아주 잔인해져서 700만 명이나 숙청을 당하지 않았나. 알바니아에서 공산혁명이 일어났을 때에도 하룻밤에 6만 명을 죽인 일이 있으니 공산주의란 것이 그렇게 잔인하고 가혹한 것이야. 그런데 우리 민족이 내 생각에는 상당히 잔인한 민족인데 공산화까지 되면 어떤 일이 벌어지겠나. 러시아 정도가 아닐 것이네. 그래서 한국에는 공산주의가 들어오면 안 돼. 공산주의란 게 또 한번 빠지면 헤어나오기가 힘들어요."

그런 김규식이 좌우 합작운동에 나서 좌익을 상대한다는 것은 지극히 어려운 일이었고 자신도 없었기 때문에 상당한 시간 주저하였던 것 같다. 하지 사령관의 정치고문인 버치 중위가 매일같이 삼청동 김규식의 집을 방문하여 설득하다가 나중에는 이승만까지 동원하였다.

정치적 계산이 깔려 있는 이승만은 김규식에게 다음과 같이 간곡히 권유했다.

"이것은 나 개인의 생각이 아니고 미국의 정책이 이렇게라도 해야 통일된 임시정부를 수립하는 데 도움이 된다고 하니 아우님이 한번 나와주시오."

이에 우사는 즐기던 대통담배를 탁탁 털면서 이렇게 말했다.

"형님(우사는 이박사를 형님이라고 불렀다), 형님은 대통령 못 하면 못 살 사람이고 나는 대통담배를 못 피우면 못 살 사람이니 나를 대통이나 피우게 내버려두시오."

그는 "형님은 나를 나무 위에 올라가게 해놓고는 결국 흔들어서 떨어뜨릴 것이오. 합작을 하면 나를 공산당으로 몰 텐데 내가 왜 하겠소"라고 반박했는데, 이박사는 이에 대해 상당히 서운하다는 반응을 보였다.

내 기억에 우사는 머리는 좋으나 심약했다. 우여곡절 끝에 합작에 나서게 된 그와 여운형이 중심이 되어 7월 21일 좌우합작위원회가 정식으로 구성되고, 다음날인 22일 1차 회의가 열렸다. 미국이 자국의 정책에 따라 한반도에서 공산주의자들이 주도하는 임시정부 수립을 막기 위해 좌우 합작운동을 지지했다 하더라도, 이 운동을 주도한 김규식과 여운형의 입장은 분단의 위험을 극복하고 통일민족국가 건설을 이루기 위해서였다. 이와 같은 결심을 굳히기까지는 물론 하지 사령관의 정치고문인 버치 중위의 활약이 있었다.

버치 중위는 비록 계급은 낮았으나 미군정청 안에서 가장 우수한 능력을 가진 군인이었다. 미국 오하이오 주 출신으로 하버드대학 법과대학원에서 석사학위를 받은 인물로 김규식과 여운형의 중간에 서서 막후 교섭을 했는데, 1945년 12월 처음으로 한국에 왔을 때에는 소위였다. 그는 대단히 부지런하고 문필에도 능하여 곧 중위로 승진되었고, 하지 사령관의 고문으로 그의 대외적 발표문을 작성하고 각종 회의에도 참가하는 등 군정 내부에서 큰 발언권을 가지고 있었다. 그는 공산당을 싫어했지만 극우파도 싫어했다. 그러므로 김규식과 여운형을 좋아했다.

합작운동에서 좌익을 대표한 민주주의민족전선 의장단의 한 사람이자 조선인민당 당수인 여운형은, 중국에서 신한청년당을 결성하고 1919년 김규식을 파리 강화회의에 대표로 보내기도 했던 만큼 김규식과는 독립운동을 하면서 깊은 인연이 있는 사이였다. 미군이 한국에 진주한 초기에는 여운형이 공산주의자로 오인되어 많은 오해를 불러일으켰으나 점차 시간이 지나면서 온건한 사회주의자라는 것이 알려져 존경받는 정치인이 되었다.

여운형의 사상으로 말하자면 그가 비록 1920년대 초기에 이르쿠츠크파 공산당에서 잠시 활동했다고 해서 그것만으로 그가 정통 공산주의자라고 볼 수는 없고 다만 민족해방운동의 한 방법으로 공산주의를 택한 것이 아니었나 싶다. 그는 중국과 소련의 공산주의자들뿐 아니라 중국의 국민당이나 미국의 정치가들과도 접촉하면서 광범위하게 독립운동을 펼쳤다.

하나님의 계시를 받았다는 여자

난세에는 미신이 활개를 치는 법인지, 그 시절의 일화가 하나 있다. 찬탁이니 반탁이니 좌우 합작이니 하며 정계가 소란스럽고 세간에는 좌우익 테러가 빈발하던 1946년 초여름, 하루는 앞서 말한 이형종 장로가 나를 찾아왔다. 그는 하나님의 계시를 받았다는 어떤 여자가 나를 꼭 만나고 싶어한다는 말을 했다.

그래서 전에 국제극장이 있던 자리 건너편에 있는 한 여관에서 그 여자를 만나게 되었다. 30대 초반의 얌전하게 생긴 여자였는데 그녀가 말하는 하나님의 계시라는 것의 요지인즉 "이승만 박사와 김일성이 비로봉에서 서로 만나 통일정부를 만든다. 나는 그때 부를 통일 노래의 가사까지 계시를 받았다. 그런데 통일정부가 서기까지 그 주역을 당신이 담당해야 한다"는 것이었다.

그녀는 이북에서 강연도 했고 김일성도 만났으며 또 나를 아는 사람도 만났다고 했다. 그녀가 이북에서 만났다고 거명한 박기순은 후에 부산 동아대학 교수를 지낸 사람으로 정말로 나와 아는 사람이었다. 그러나 나는 원래 계시니 뭐니 하는 것을 안 믿는 사람이어서 그 여자가 이래라저래라하는 말을 그냥 흘러듣고 말았다. 그런데 얼마 후 돈암장에 이박사를 만나러 갔더니 그 여자가 응접실에 떡하니 앉아 있는 것이었다.

그 비슷한 일은 김규식 박사에게도 있었다. 하루는 그의 집에 찾아갔더니 부인인 김순애 여사가 나를 보고 "어떤 점쟁이가 하늘의 계시라면서 찾아온 일이 있다"고 말하는 것이었다. 그 점쟁이가 "우리나라가 지금 방이 헐어 난장판인데 그 가운데를 이어서 통일을 달성할 사람은 김박사밖엔 없다"고 했다는 것이다. 고금을 막론하고 난세일수록 정치가나 권력자의 주변에는 그런 사람들이 꼬여들게 마련인데, 세 영수 중 가장 지적이고 합리적이었던 우사도 그런 말을 일축해버리지는 못했던 것 같다.

정치적인 너무나 정치적인 이승만

한편 김규식에게 합작을 권유했던 이승만은 합작운동이 전개되기 시작하던 1946년 6월 3일 전라도 정읍에서 남한만의 단독정부 수립을 공식적으로 발언했다. 당시 지방 여행 중이던 그는 정읍에서 다음과 같이 발언해 충격을 주었다.

"무기 휴회된 공위가 재개될 기색도 보이지 않으며 통일정부를 고대하나 여의치 않으니, 남한만이라도 임시정부 또는 위원회 같은 것을 조직하여 38 이북에서 소련이 철퇴하도록 세계 공론에 호소해야 할 것이다."

당시 남한만의 단독정부 수립을 주도한 한국 내의 정치 세력은 이승만과 한민당이었다. 이들의 명분은 미소공동위원회의 결렬과 유엔 한국위원단의 입북 거부 등이었다. 미국의 단독 선거 정책과 아울러 남한만의 정부 수립이 기정 사실화되자 정국의 구도는 기존의 좌우 대립에서 단정 찬반을 둘러싼 대립으로 바뀌게 되었다. 이승만은 이 발언을 한 직후부터 남한만의 단독정부 수립에 본격적으로 나섰고, 그해 12월부터 1947년 4월까지 미국에 건너가 남한 단독정부 수립을 촉구하는 외교 활동을 펼쳤다.

정읍 발언이 있은 후 돈암장으로 이승만을 찾아갔다. 그때까지만 해도 나는 그곳에 자유로이 출입할 수 있었는데 이박사를 만나 "남한만의 정부라니 무슨 말이냐"고 따지자 그는 이미 공식적으로 했던 얘기를 장황하게 되풀이해 늘어놓으며 나를 설득하려 했다.

이승만은 그 발언 후 6월 29일, 김구와 함께 민주의원이나 비상국민회의와는 별도로 대한독립촉성국민회(독립촉성중앙협의회와 반탁국민총동원위원회가 합쳐진 것)를 모체로 한 민족통일총본부(약칭 민통)라는 국민운동 기관을 발족시켰는데, 이때 어떻게 김구가 단정 얘기를 들고 나온 이승만과 손을 잡았는지는 지금도 이해가 안 된다.

민족통일총본부는 좌익계는 물론 우익 일부로부터도 민족을 분열시키는 행동이라는 맹렬한 비난을 받았다. 민통 발족 이후에도 좌우 합작운동은 전국민의 기대 속에 여전히 계속되고 있었다. 우리 민족의 염원은 오로지 통일된 민족국가 수립이었다.

민통을 언급하면서 빼놓을 수 없는 것이 김규식과의 관계이다. 민통의 총재는 이승만, 부총재는 김구로서 우익 3영수 중 김규식은 완전히 배제되어 있었다. 기자들이 그에 대해 묻자 이승만은

"아, 그분은 좌우 합작 일에 바빠서 그 일에 지장이 있을까봐 일부러 뺐어"라고 대답했다. 그래서 모두들 그렇게 알았는데 나중에 보니 그게 아니었다.

이승만은 민통을 발족시킨 후 각 정당과 사회단체 대표자들을 돈화문 근방 아악부라는 건물로 부른 일이 있다. 그때 나도 참석했는데 그 자리에서 어떤 인사가 "삼천만 동포가 다 원하는데 왜 빨리 이박사께서 집권하여 정부를 세우지 못하느냐"고 물었다. 그랬더니 이박사가 이렇게 대답했다.

"내가 맥아더도 만났고 여러 요로의 인사들을 만나봤는데, 그들도 한결같이 나보고 집권하라는 말을 하지만 단, 공산당과는 연합하지 말라고 해요. 그런데 당신들이 자꾸 3영수, 3영수 하는데 어떻게 집권을 합니까?"

요지인즉 김규식을 우익 지도부에서 배제하라는 말이었다. 그 말의 문맥에서 보자면 김규식은 영락없는 좌익이었다. 김규식이 일찍이 간파한 대로 그는 우사에게 좌우 합작이라는 나무 위에 올라가게 해놓고는 그 나무를 흔들며 우사를 좌익으로 몰고 있는 것이었다. 나는 그 말을 듣고 도저히 참을 수가 없어서 자리에서 일어나 강력하게 반박했다.

"이박사님, 삼천만 겨레가 이박사님 집권하는 날만 기다린다고 하는데, 그건 다 거짓말입니다. 나는 오늘 지방에서 올라왔는데, 지방에 가면 붉은 깃발이 꽂혀 있는 마을이 수두룩하고 인민위원회가 토지를 분배한 곳도 많은데 어떻게 삼천만이 박사님을 중심으로 단결한다고 말할 수 있습니까? 이박사님이 김규식 박사를 좌익시하여 3영수의 사이가 벌어질 말을 하면 어떻게 합니까?"

그러자 참 기가 막히게도 이박사가 나를 가리키며 물었다.

"저 청년 누구죠? 저 청년 누구죠?"

그토록 자주 만나고 많은 이야기를 나누었으면서도 그는 나를 못 알아보는 척한 것이다.

나의 말이 끝나자마자 민통 청년부 소속이던 김종회와 한민홍에게 나는 재갈이 물리고 양손이 뒤틀려진 채 끌려나갔다. 나는 그 두 사람과도 평소 잘 아는 사이였다. 이 모양을 본 이박사가 "아, 안 됩니다. 민주주의는 폭력 반대입니다. 폭력은 안 됩니다"라며 두 청년을 제지해 겨우 그들에게서 풀려날 수 있었다. 풀려난 나는 그 자리에서 돌아서서 이박사를 향해 마지막 말을 뱉어냈다.

"이박사님, 이게 이 땅에서 제가 이박사님을 마지막으로 뵙는 것입니다. 앞으로는 절대 나타나지 않을 겁니다."

나는 그곳에서 나왔고 실제로 그 일을 계기로 이박사와는 완전히 갈라지게 되어 그 이후로 한번도 그를 만난 일이 없다.

능수능란한 정치가의 거짓말

고문과 관련하여 이승만의 '도저히 이해할 수 없는 이상한 거짓말'을 앞에서 얘기했지만 그와 비슷한 경우가 또 하나 있다. 그의 부인 프란체스카와 관련된 얘기다. 이박사가 환국한 후 공산당과 사이가 나빠지자 공산당 쪽에서는 이박사 부인이 서양 여자라고 공세를 펼쳤다. 그 말을 듣고 직접 그에게 그게 사실인지 물은 적이 있는데 그는 아주 태연하게 대답했다.

"공산당 놈들이야 밤낮 거짓말만 하는 놈들인데 그런 얘기에 귀기울이지 말아."

순진했던 나는 그의 말을 전적으로 믿고 강연을 할 때면 "이박사에게는 전혀 그런 사실이 없다. 공산당에서 거짓말을 하고 있는 것이다"라고 그를 옹호하고 다녔다.

그런데 얼마 후 이박사가 심한 감기를 앓게 되어 문병을 갔더니 그는 내게 프란체스카에게서 온 편지를 보여주었다. "당신의 몸이 안 좋으니 내가 당신 곁에 있어야 하지 않겠느냐, 한국에 가고 싶으니 가게 해달라"는 내용이었다. 편지를 보여주며 이박사는 이렇게 말했다.

"사실 내게는 서양 여자인 아내가 있네. 그런데 사람들에게 알려지면 여러 가지로 문제가 되기 때문에 지금까지 숨겨온 거지. 하지만 이제는 내가 몸도 좋지 않고 아무래도 아내가 곁에 있어야 할 것 같아."

물론 이박사가 악의로 그런 거짓말을 한 것은 아니라고 믿고 또 그럴 수밖에 없었다는 주장도 이해하지만, 어쨌든 그 사람은 필요에 따라 얼마든지 거짓말을 할 수 있는 사람이었다. 게다가 그는 음성과 표정까지 배우 뺨치게 꾸며대어 듣는 사람이 그의 말을 절대적으로 믿도록 하는 재주가 뛰어난 사람이었다.

이박사는 갑오경장으로 과거제도가 없어지자 배재학당에 들어가 영어를 배우고 개화 사상을 갖는 한편 미국인들과 사귀었다.

서재필 박사가 미국에서 돌아와 배재학당 교사로 부임하고 1896년에 독립협회를 결성했는데 이박사는 이때 소장파의 일원으로 참여하였다. 독립협회가 고급 관료의 중심이었던 초창기에서 벗어나 각종 토론회를 통해 국민을 계몽하고 정부 정책을 신랄하게 비판하니까 정부는 압력을 가하고 서재필에게 국외 추방령을 내린다. 이에 이승만 등을 포함한 소장파들은 만민공동회를 개최하여 독립협회 활동을 더욱 활발히 전개했다. 이승만은 이 만민공동회에서 가장 인기 있는 열변가였지만 1897년 구속된다. 그때 이승만에게 실형언도를 한 판사가 함태영이었고 그는 후에 부통령이 된다.

1910년 한국이 일제에 강제 병합되자 국권을 회복하기 위한 독립운동이 갖가지로 벌어졌는데, 이승만은 당시 독립운동 지도자들이 내세운 무력항쟁론이나 실력배양론 등 민족의 힘을 중심으로 한 항일 독립운동보다는 외교적 수단에 의한 독립운동의 필요성을 주장했다. 한승인은 이승만을 이렇게 평했다.

"외교란 단어 없이 이승만을 생각할 수 없다. 그는 외교와 결혼한 사람이다. 외교가 그의 유일한 취미요 장기다. 그는 외교를 통해서만 한국의 독립을 회복할 수 있다고 믿었다."

이승만은 우리가 독립운동을 하려면 중국이 아니라 미국에 가서 해야 한다고 주장했고, 미국에 대사 자격으로 갔지만 가서는 거의 임정 대표로 활동했다. 이로 인해 임정과 이승만 사이에 갈등이 심했는데, 이와 관련해 상해 임시정부와 워싱턴에 있던 이승만 사이에 오간 전보내용이 남아 있다.

워싱턴 구미위원회 이승만 각하(1919년 8월 25일 상해)

임시정부는 국무총리 제도이고 한성정부는 집정관 제도이며 어느 정부도 대통령직명이 없으므로 각하는 대통령이 아닙니다. 지금은 각하가 집정관 총제직명을 가지고 정부를 대표하실 것이요, 헌법을 개정하지 않고 대통령 행세를 하시면 헌법 위반이며 정부를 통일하던 선조를 배반하는 것이니 대통령 행세를 하지 마시오.

대한민국임시정부 국무총리 대리 안창호

상해 대한민국임시정부 안창호(1919년 8월 26일 워싱턴)

우리가 정부 승인을 얻으려고 전력하느라 내가 대통령 명의로 각국에 국서를 보냈고 대통령 명의로 한국 사정을 발포한 까닭에 지금 대통령 명의를 변경하지 못하겠소. 만일 우리끼리 떠들어서 행동이 일치하지 못한 소문이 세상에 전파되면 독립운동에 큰 방해가 있을 것이며 그 책임이 여러분들에게 돌아갈 것이니 떠들지 마시오.

워싱턴 이승만

나는 이박사가 뛰어난 인물이라는 사실을 부인하지는 않는다. 그의 능력 중의 하나는 바로 지도력이었다. 임시정부가 들어섰을 때 요직을 맡고, 인민공화국이 들어섰을 때 초대 주석으로 추대되기도 했던 것을 보면, 그의 지도력은 남다른 데가 있었던 것이다. 뱀 프리트 장군이 미국 의회 증언에서 이승만 앞에 서면 큰 태산 앞에 선 것 같은 느낌을 받는다고 했는데, 이는 이승만이 위대한 정치력을 지니고 있었음을 말해준다.

또한 조선조 말기에 근대화를 위해 활동하고, 일제 식민 통치에 대항하는 독립운동에서도 주도적인 역할을 한 것을 보면 민주주의의 가치를 그가 잘 인식하고 있었다는 것을 알 수 있다. 1960년 4월 학생혁명 수습 방안에 관해 국방부 장관의 보고를 듣고, "아, 피를 흘려서는 안 돼. 불의를 보고서 항거하지 못하는 민족은 죽은 민족이야. 국민이 원한다면 내가 물러나면 돼"라고 했던 점을 보면 단안을 내릴 줄도 아는 정치인이었다고 볼 수 있다.

그러나 내가 직접 겪어본 그는 존재 자체가 정치로 이루어진 인물이었다. 인정이니 의리니 하는 인간적인 면보다는 정치가 항상 앞서는 인물이었던 것이다. 그리고 그의 정치라는 것이, 꼭 자신이 대통령이 되어야만 한다는 게 문제였다. 대통령이 되고 난 후의 이승만은 구시대적인 국부 의식을 버리지 못하고 빠른 속도로 독재자로 변모한다. 그가 말년에 보여준 장기 집권욕과 이를 위해 자행한 수없이 많은 비민주적 행위는 그 자신이 쌓은 공든 탑을 스스로 무너뜨리는 결과를 가져왔다.

대통령 이승만을 가리켜 "외교에는 귀신인데 인사에는 등신"이었다고 말하는 사람들이 있었다. 1950년대에 들어서 정치파동, 3선 개헌, 3·15부정선거 등으로 스스로 건설하고자 했던 자유민주주의 질서를 파괴하는 모순을 범해 그의 공적을 무너뜨린 것은 그로서도 불운이며 우리 민족에게는 큰 불행이었다.

나는 이승만 같은 이가 민족을 단합시키고, 통일로 가는 지도자의 자리에 섰더라면 오늘의 우리나라 역사는 완전히 달라져 있을 것이라고 믿는다. 한국이라는 빈들에서 그는 권력이 아니고는 민족 문제를 해결할 수 없다는 생각에 묻혀 있었다. 바로 그 고집이 빈들에서 예수를 유혹했던 악마의 두번째 제안, 즉 권력지상주의의 유혹으로 넘어가게 된 계기였다.

결론적으로 말하자면 그는 폴리티션이지 스테이트맨은 아니었다. 정치인 중에서도 정략가라고 할 수 있다. 따져보면 권력욕 자체가 나쁘다고만 할 수는 없다. 하지만 먼저 민족 문제를 생각하고 자신의 권력을 생각해야 했다.

그에 비하면 김구 선생은 민족을 훨씬 크게 생각했던 분이다. 김구 선생이 가졌던 민족 의식을 이박사가 반만이라도 가졌더라면, 또는 여운형이 가졌던 인간적인 측면을 조금이라도 가졌더라면 이박사의 운명도 달라지고 우리 역사도 한참은 달라져 있을 것이다.

우리의 총부리는 어디를 향하고 있는가

대구폭동의 비극

좌우 합작운동은 미군정의 지원 아래 정계는 물론 일반 국민의 관심 속에서 계속 추진되었으나 원래부터 안고 있던 한계로 인해 그 과정은 순탄하지 못했다. 좌익계에서 제시한 합작 5원칙과 우익계에서 제시한 합작 8원칙이 서로 대립하여 난항을 겪다가 마침내 합작 7원칙이 결정된 것은 1946년 10월 4일의 일이다.

이렇듯 어렵사리 합의된 7원칙도 토지 문제, 신탁통치 문제, 친일파 문제 등 주요 쟁점에서는 큰 차이를 드러냈다. 우익 중에서도 한민당은 토지를 무상 분배하는 데 반대하며 운동 자체를 외면했고, 좌익은 애매한 중간 노선이라면서 반대했다. 결국 좌우익 내부의 분열만 야기한 결과가 되고 말았다. 합작위원들 역시 소속 집단과 갈등이 생겨 여운형이 좌익 진영에서 거센 비난을 받게 되고, 원세훈은 한민당에서 탈당했으며, 김규식도 기독교계 등 우익진영에서 좌익으로 몰리게 되었다. 그 무렵 우사가 YMCA에서 개최된 한 기독교 모임에 참석한 일이 있는데, 이북에서 온 청년들이 공산당과 합작하는 김박사의 강연은 들을 수 없다고 보이콧했던 일도 있다.

이처럼 좌우 합작이 실세를 얻지 못하고 좌우 양쪽에서 협공을 받던 무렵에 터진 것이 대구 10·1폭동이다. 공산당은 지금까지의 노선을 전환, 전국적인 대중시위를 일으켜 미군정의 실정을 폭로하고 미소공위가 재개되도록 압력을 넣는다는 전술을 채택해 9월에 총파업을 주도했는데, 그 과정에서 10·1폭동이 일어났다.

철도 노동자의 총파업으로 시작된 전국적인 총파업의 와중에서 10월 1일 대구에서는 대구 인민위원회와 대구시 공산조직의 조종으로 시민들이 식량 배급을 요구하는 시위를 벌였다. 여기에 파업 노동자들이 합세하자 무장 경찰이 동원되었고, 이들의 발포에 의해 시위 군중 중 한 명이 사망하는 불상사가 일어남으로써 대구폭동이 시작되었다. 이를 계기로 식량 배급과 파업 지지를 내세웠던 시위는 친일 경찰 관료에 대한 투쟁으로 바뀌어 경찰서 습격, 무기 탈취, 유치장 개방, 경찰 및 경찰 가족 학살 등으로 변했다.

관련자료에 따르면 이 사건 발생 이후 경북 지역은 물론 전라도, 충청도 등에까지 폭동이 확산되어 10월 25일까지 75명의 경찰이 사망하고 300여 명의 경찰이 실종되었다고 한다. 그러나 폭동이 진압되고 치안이 회복되자 이번에는 경찰의 잔인한 보복이 시작되었다.

"폭동에 가담했던 폭도들은 모조리 체포·구속하고 주모자는 즉결 처분해버리라"는 경찰의 지시에 따라 주모자와 가담자들이 연행·고문·즉결처분으로 마구 처리되었다. 경무부 고문 맥글린 대령이 "민주경찰이 국민의 생명을 파리 목숨만큼도 여기지 않으니 이럴 수가 있단 말인가?" 하고 항의를 할 정도였다.

폭동이 거의 진정된 후인 10월 26일, 미군정은 좌우 합작위원회와 한미 공동회담을 열어 이 사건의 수습을 논의했다. 이 자리에서 합작위는 군정청에 일제 잔재 청산을 요구하는 건의안을 제출하고 조병옥 경무부장의 파면을 요구했으나 실질적으로 받아들여진 것은 없었다. 그런데 이 회담에서 맥글린 대령이 보고했던 내용에 따르면 "일제하 한국인 경찰 8천 명 가운데 5천 명이 미군정 경무부에 재임용되었으며 그들이 경찰의 핵을 이루고 있다"는 것이다. 미군정은 경력자를 우대했으므로 1946년 당시 경위급 이상의 간부 가운데 82퍼센트는 일제경찰 출신이었다.

사실 해방 후 남한에서 일제 청산이 제대로 이루어지지 않은 것은 우리 민족의 비극이었다. 미군정은 한국 실정에 대한 무지 때문에 편의상 친일 세력을 기용했고, 그 기회를 재빨리 포착해 보신을 꾀한 것이 한민당을 중심으로 한 세력이었고, 그 한민당을 기반으로 삼아 대통령이 된 사람이 이승만이었다.

여기에 미군정은 공산주의 세력을 견지하기 위해 일제 경찰 출신을 중용, 고등경찰로 악명을 떨치던 노덕술(盧德述) 같은 이도 다시 썼는데, 후일 이들은 반공 활동뿐만 아니라 이승만을 주축으로 한 정치세력의 공작대 노릇까지 담당하게 된다.

10·1폭동이 거의 진압되고 나서, 하지 장군은 민정장관을 통해 민정(民情)조사원을 현지에 파견했는데, 그때 내가 조사원으로 파견되었다. 이미 사건이 끝난 뒤여서 우리가 손쓸 수 있는 것은 거의 없었고, 다만 안창호 선생의 제자라는 평안도 출신의 최희송 경북 도지사가 나를 초대했던 것이 기억에 남는다. 대구에서 제일 큰 음식점에다 성대한 자리를 마련해놓고 만 서른도 안 된 나에게 '영감님'이라고 불러 매우 어색했다.

10·1폭동의 원인을 요약해서 말하면, 폭동의 배후에 공산 세력이 있었던 것은 부인할 수 없지만, 일이 그렇게까지 심각해진 것은 일제 잔재의 청산은커녕 친일파가 계속 득세하는 현실과, 토지 개혁이 지연되고 미소공위마저 결렬되어 통일정부 수립에 대한 기대가 어긋나면서 생긴 국민의 좌절감도 한 원인이었다.

거기다 만연한 실업난과 물가고, 귀환 동포에 대한 무대책, 미군정의 잘못된 양곡 배급 정책 등의 실정이 국민들의 마음을 이탈시켰다. 직접적인 도화선이 된 것은 일제의 공출이나 다름없는 미군정의 하곡·추곡에 대한 강제 매입과 극심한 식량난이었다.

결국 미군정을 비롯한 지도층의 잘못과 이탈된 민심을 이용한 공산 세력의 기도 사이에서 수많은 사람들만 무고하게 희생된 셈이다. 이런 양상은 그 무렵 자주 일어났던 이른바 폭동 사건이라는 것들에 공통적으로 나타나는 것이다. 제주의 4·3사건이 그렇고, 여수·순천 사건이 그렇고, 보도연맹 사건, 부안 농민폭동 사건이 그렇다.

9월 총파업과 10월 사건에 이르는 동안 많은 사상자가 발생하고 피해도 엄청났다. 10월 폭동에서는 100만 명 이상이 참가하여 300여 명이 사망하고, 3천 600여 명이 행방불명됐으며, 2만 6천여 명이 부상, 1만 5천여 명이 체포된 것으로 집계됐다. 체포된 사람들의 가옥은 무참히 파괴되거나 약탈되었으며, 경찰서로 끌려간 사람들은 혹독한 고문에 시달려야만 했다.

이 사건과 부안 농민폭동 사건은 내가 직접 조사를 통해 그 실상을 알게 되었지만, 얼마간의 간격을 두고 일어난 또 다른 사건들도 훗날의 기록에 의해 전말을 알게 되어 기록해 둔다.

제주사건 그리고 여수사건

부안 농민폭동 사건이 일어난 몇 해 뒤인 1948년 4월 3일에 제주도에서 봉기가 일어났다. 4·3사건은 제주도에서 남한만의 단독정부 수립에 반대하여 일어난 무장 투쟁이라고 할 수 있다. 제주 인민위원회 및 대중들과 경찰·우익단체 간의 갈등이 무장 봉기로 폭발한 이 사건은 한라산을 근거지로 하는 유격전으로 발전, 49년까지 계속되었다.

제주도에서 미군정과 지방 정치세력 간의 충돌은 1947년 3·1절 기념식에서 시작되었다. 당시 서울에서는 좌우익이 각각 남산과 서울운동장에서 집회를 갖던 시기였다. 이때 제주도에서는 좌익계의 민주주의 민족전선이 기념식을 주도하여 오현중학교에서

2천여 명이 참석하는 기념 집회를 개최했는데 집회 후 시가행진을 하는 도중 경찰이 발포하여 6명이 사망했다. 이 일로 일반 시민들도 미군정을 불신하게 되었다. 미군정 당국은 군정 경찰을 추가 파견한 데 이어 극우단체인 서북청년단을 파견, 탄압을 가중시켰다. 미군정의 이러한 억압 정책은 제주도민의 격렬한 분노를 자아냈고, 많은 중도적인 도민들마저 반미군정 성향으로 돌려놓게 했다.

미군정 당국은 10월 8일 도 전역에 계엄령을 선포하고 11일에는 제주도 경비사령부를 설치한 뒤 본격적인 토벌에 나섰다. 유격대는 끈질기게 저항했으나 압도적인 토벌대에 밀린데다 지리적인 고립으로 49년 중반 거의 소멸되었다.

당시 토벌대측은 폭도 사살 약 8천, 포로 약 7천, 귀순 약 2천, 군경 전사 209, 부상 142, 이재민 9만, 민간 사상자 3만 명의 희생자가 발생했다고 발표했지만 그후에 밝혀진 자료에 의하면 살상 8만 6천, 방화 1만 5천 호에 달했다니 실로 끔찍하고 엄청난 비극이었다.

제주 4·3사건과 관련해 또 하나의 비극적인 사건이 발생하게 된다. 1948년 10월 15일 국방경비대 사령부는 여수에 주둔한 제14연대에 19일 오후를 기해 1개 대대를 제주도로 출동시키라는 명령을 내렸다. 갑작스런 출동 명령은 제14연대 내 좌익계 사병들에게 동족상잔과 반란 중 택일을 강요하는 일이나 마찬가지였다.

제1대대는 식사 후 출동 준비를 하고 있었고 잔류 부대인 2대대는 출동 부대의 식사 준비를 하고 있었다. 이 무렵에 연대 인사계 지창수(池昌洙) 상사는 대대 내 핵심 세포 40여 명에게 사전의 계획대로 무기고와 탄약고를 점령케 하고 비상나팔을 불게 하였다. 이때 시각이 20시경이었다. 출동 대대는 지체없이 연병장에 집결하였다. 지상사가 나타나서 말하기를 "지금 경찰이 우리한테 쳐들어온다. 경찰을 타도하자. 우리는 동족상잔의 제주도 출동을 반대한다. 우리는 조국의 염원인 남북통일을 원한다. 지금 조선인민군이 남조선 해방을 위해 38선을 넘어 남진 중에 있다. 우리는 북상하는 인민해방군으로서 행동한다"는 등의 선동을 하자 대부분이 "옳소" 하면서 찬성을 했다. 이를 반대한 하사관 3명은 즉석에서 사살되었다. 이미 탄약고는 점령되었고 각자는 실탄을 최대한으로 휴대하라고 지시하면서 지 상사는 "미제국주의의 앞잡이 장교들을 모조리 죽여라"라고 외쳤다. 이리하여 출동 대대는 반란군으로 변하여 난동에 들어갔다"(국방부 전사편찬위, 『한국전쟁사』 제1권 「해방과 건군」).

반란군은 점령 지역에서 숙청과 인민재판을 실시했다. 제일 먼저 고인수 여수 경찰서장과 사찰계 직원 10여 명을 처형한 데 이어, 한민당 여수 지부장 김영준, 대동청년단 여수지구 위원장 박귀환, 경찰서 후원회장 연창희, 한민당 간부 차활인 및 그 가족 수십 명을 무참하게 살해했다.

진압군의 보복 역시 참혹했다. 순천의 경우 5천여 명의 읍민을 순천 북국민학교 교정에 집결시켜 군용 속옷을 입은 자, 머리가 짧은 자, 하얀 고무신을 신은 자 등을 분류하고, 반군이나 인민재판에서 우익 인사 처형에 앞장섰던 자는 즉석에서 곤봉이나 개머리판 등으로 때려죽였다. 이 과정에서 외모, 개인적인 감정, 중상모략으로 무고한 사람들이 수없이 희생되었다. 백두산 호랑이로 이름을 날린 김종원 대대장은 일본도를 휘둘러 수명을 참수, 즉결 처분했다.

여순 사건으로 인한 희생자에 대한 정부의 공식적인 통계에 따르면, 정부군측 군인 141명이 사망하고, 263명이 실종되었으며 391명이 반군에 합류했다. 반군측은 821명이 사망하고 2,860명이 체포되었다. 이 가운데 1,714명의 반군이 군사재판에 회부되었으며, 이중 866명이 사형을 선고받았다. 민간인 사상자에 대한 자료는 나타나 있지 않지만, 순천 지역에서 500여 명이 사망한 것으로 볼 때 여수에서는 이보다 더 많은 수가 희생되었을 것이며 인근 지역의 사상자도 많았을 것이다.

잘못된 미곡공출이 부른 부안농민폭동

그 당시 이렇듯 빈발했던 지방 사건들 중 나와 특별히 관련된 것은 1947년 3월 22일에 발생한 전라도 부안의 농민폭동 사건이다. 나는 사건이 일어난 후 한 달쯤 지난 4월 말 안재홍 민정장관의 지시를 받고 지방 실정 조사단원으로 부안에 파견되었다. 당시 부안을 비롯해 김제, 정읍, 고창 등 소요가 번진 전북 일대에 파견된 조사단원은 나와 이명하 등을 포함해 여섯 명 정도였으며 각자 파견된 지역이 달랐다.

나는 전라북도에 내려가 도지사의 차를 타고 다니면서 폭동 지역을 시찰하며 조사 활동을 벌였는데, 그때 내가 파악한 사건의 전모는 다음과 같다.

당시는 해방이 되었음에도 미군정이 일제의 공출 방식을 답습하고 있었다. 미군정은 동양척식회사 소유의 토지를 비롯해 기타 일본 소유 토지를 몰수한 다음, 1946년 2월 신한공사를 설치하여 일제시대 경력자들을 재임용, 경작농들로부터 소작료를 받았다. 그러는 한편 쌀값 폭등으로 심각해진 식량 위기를 해결하기 위한 방책으로 1946년 1월 미곡 수집령을 시행했으며 또 미국의 잉여 농산물을 들여오기 시작했다.

미군정의 식량 공출이 식량 위기를 겪고 있는 일반인들에게 식량을 배급하기 위한 것이었다고는 해도, 농민 입장에서는 생산비에도 못 미치는 낮은 가격으로 곡물을 공출당해야 한다는 것이 기가 막힌 일이 아닐 수 없었다. 게다가 비료 등 전반적인 물가 앙등으로 곡물 생산비가 급증하는 상황이었으므로 농민들은 어떻게 해서든 공출을 피하려고 했다.

1946년 추수 후 미군정은 공출을 실시했는데, 그해 전북의 평야 지역에서는 공출 거부운동으로 공출이 집행되지 못했다. 거기에는 그럴 만한 이유가 있었다.

내가 조사해보니 군정당국은 각 지역의 공출량을 할당하면서 농촌 실정은 도외시한 채 일제 총독부 공출 관계 자료만을 근거로 삼았던 것이다. 따라서 실제 수확 실적과 배당된 공출량 사이에는 커다란 모순이 있을 수밖에 없었다.

그해 전라북도는 산악 지대에서는 농사가 잘 되었으나 평야 지역에서는 흉작이었다. 그 지역은 질소비료를 써왔는데 38선이 막히는 바람에 흥남 질소비료 공장으로부터 비료 반입이 중단되어 작황이 좋지 않았던 것이다. 그러나 도(道)에서는 이런 사정은 도외시하고 일제시대의 자료를 근거로 무리한 공출량을 배당했고 이것은 그대로 하급단위인 면, 리로 이어졌다.

문제를 더욱 심각하게 한 것은 공출 과정에서 일어난 정실 개입이었다. 공출 담당 공무원이나 권력과 배경을 가지고 있는 사람들, 또 그들과 선이 닿는 사람들에겐 공출량이 적게 배당되고, 힘없는 영세농들에겐 상대적으로 과대하게 부과되니 농민들의 불만이 폭발할 수밖에 없었다. 심지어 수확 전부를 바쳐도 지정량에 모자라는 경우가 적지 않았다.

이렇게 미군정의 농업정책에 대한 농민들의 불만과 분노가 쌓여 있는 상황을 적절히 이용해 불을 붙인 것이 공산 세력이었다. 그들은 농민들을 상대로 이렇게 선전선동을 했다.

"우리는 일제 치하에서도 군량미다 뭐다 해서 공출당했지만 그래도 우리 먹을 것은 있었다. 이제 전쟁도 끝나고 일본으로 쌀을 실어가지도 않는데, 왜 이렇게 더 힘들게 살고 있는가? 미국놈들이 우리 쌀을 전부 빼앗아 실어가기 때문이다. 군산 앞바다에 쌀을 실어갈 배들이 잔뜩 들어와 있다. 지금 이북에서는 농민들에게 토지가 분배되어 행복하게 살고 있다. 우리도 투쟁해야 한다.

공출하라는 대로 순순히 다 내놓으면 우리는 굶어죽고 말 테니 일제히 단결해서 공출 거부운동을 벌이자."

이 같은 공산당의 허위 섞인 선동은 농민들에게 큰 호소력을 띠지 않을 수 없었다. 당시 부안 지역 인구는 15만 명 정도였는데, 이중 경중을 불문하고 사건에 관련된 사람 수는 무려 9만 명이나 되었다. 대부분의 농민들은 문맹이었고 무슨 정치 의식이 있는 것도 아니었다. 단순히 먹고 살 길이 막막한데 공출 거부운동을 벌이자고 하니 너도나도 가담했을 뿐이다.

그렇게 거부운동이 일어났는데, 그해 가을 무슨 이유에서인지 공권력이 발동되지 않았다. 그러자 주동자들은 더욱 기세 높게 선동을 했다.

"봐라, 우리 민중이 이렇게 단결해서 우리의 권익을 지키면 되는 것이다. 앞으로도 우리가 하라는 대로 따르라."

행정이 어떻게 돌아가는 건지 까마득히 모르고 있는 농민들은 공출 거부로 조금 넉넉해진 식량을 그해 겨울 동안 팔기도 하고 술이나 떡 등을 해먹으면서 다 소비해버렸다.

다음해에 접어들어 쌀 배급에 문제를 안게 된 당국에서는 비상 수단을 취하게 되었다. 경찰은 기동경찰대를 조직, 테러를 일삼는 우익 청년단체와 연계해 강제 공출에 들어간 것이다. 그들은 공출 거부를 공산당의 책략으로만 규정해 공출량을 내놓지 못하는 농민을 공산당으로 몰았다. 일방적으로 기한을 통고하고 무조건 기한 내에 지정된 곡식을 내놓으라고 강요하고 "기한을 넘기면 무조건 잡아넣는다"고 협박한 것이다.

아무리 그래도 이미 다 써버린 쌀이 어디서 나올 리 없고, 결국 기동경찰과 청년단이 농민들을 잡아넣기 시작했다. 잡혀간 사람들도 있지만 도망친 사람들이 더 많았다. 도망친 농민들은 산으로 들어가 집결하게 되었으며, 이들이 조직을 구성해 3월 22일 경찰관서를 습격한 것이 '부안 농민폭동'의 발단이었다.

당시 신문인 『한성일보』(1947년 4월 2일자)에는 "22일 오전 11시경 약 3천 명이 부안군 하의줄포 경찰관 지서를 습격하였는데, 이 지서에 근무하던 순경 3명이 이들에게 납치되었다. 이들은 큰 연못에 집어던져서 죽임을 당한 것으로 밝혀져 시체를 찾아냈으며 용의자 100여 명을 검거 취조 중이라고 한다"라는 기사가 실려 있다.

흥분한 농민들은 도끼와 낫, 몽둥이를 들고 경찰서 등 관공서를 습격해 건물과 시설을 파괴했을 뿐 아니라 근무자들을 살해하고 불에 태워버리는 등 피비린내나는 살상을 서슴지 않았다.

하지만 이들을 진압하기 위해 투입된 경찰과 극우 청년단체의 행동 또한 무자비한 것이었다. 그들은 단순 가담자들까지 눈에 보이는 대로 마구 연행, 유치장이 모자라 공출한 쌀을 저장하는 창고까지 사람들로 채웠다. 노인과 어린아이들만 남겨놓고 다 잡아넣었다고 해도 과언이 아니었다. 나는 심지어 집에 숨어 있던 노인과 여자들까지도 테러단에 의해 심하게 당하고 있는 현장을 목격했다.

부안 일대가 쑥밭이 될 정도로 사태가 악화되자 정부에서는 '지정된 쌀을 공출하면 연행된 사람들을 풀어주겠다'는 방침을 발표했다. 그렇게 되자 거의가 다 궁핍한 연행자 가족들은 공출미를 얻기 위해 입도선매를 하는 경우가 많았으니 농민들의 사정은 더욱 비참해지지 않을 수 없었다. 조사원으로 현장을 직접 돌아다니며 실상을 목격한 나는 큰 충격을 받았다.

나는 우익 테러단의 테러 위험에도 직면했다. 나의 신분을 알게 된 극우 청년들이 내가 자기들의 무자비한 행동을 나쁘게 보고할 것이라는 생각에서 테러를 하려 했다.

조사가 거의 끝날 무렵 차를 타고 부안을 지나 줄포를 지나가고 있는데, 어디쯤인가 산 위로 돌아가는 길가에 머리를 질끈 동여맨 청년들이 손에 몽둥이를 들고 모퉁이에 서서 나를 기다리고 있었다. 테러단이 분명했다. 차를 몰던 운전수가 놀라서 내게 물었다.

"어떻게 해야 하죠?"

내가 알아서 하라고 하자 그는 차를 세우려 했는데, 그 순간을 기다린 듯 사람들이 와락 달려들 태세를 취하는 것이었다. 이때 다행히 운전수가 가속기를 밟았기 때문에 우리는 간발의 차이로 그곳을 빠져나올 수 있었다.

그런데 과속으로 달리다 보니 얼마 못 가서 차가 고장나 버리고 말았다. 그들이 우리를 뒤쫓았다면 충분히 잡을 수 있는 상황이었지만 다행히 추적이 없어서 우리는 무사할 수 있었다.

조사를 마친 나는 서울로 조사 내용과 소견을 보냈다. 사실 소견이랄 것도 없었다. 누구든지 그 현장을 본 사람이라면 할 수 있는 말이 이것밖에 없었을 것이다.

"즉각 탄압을 중지하라. 감옥에 수감한 사람들을 석방하라. 양곡 공출을 중지하라."

그 사건을 조사하면서 또 하나 뼈저리게 느낀 것은 잘못된 정책과 관료주의의 폐해가 얼마나 끔찍한 결과를 불러일으키는가 하는 것이었다. 행정당국이 관료주의와 타성에 젖어 현실을 무시한 정책을 강요하면 민심은 이반하게 마련이고, 공산당은 그 기회를 이용한다. 사건이 터지면 모든 원인을 공산당에 떠넘기고 가담자들을 전부 공산주의자로 몰아 탄압하는 것이 당시 빈발했던 사건들의 공통점이었다.

이 사건이 마무리된 후, 사건 진압에 동원된 극우 테러단의 무자비한 행위가 문제가 되자 경무부장 조병옥은 6월 5일 전북 일대 폭동 사건의 진상을 발표한다면서 다음과 같은 해명을 했다.

먼저 이번 사건에 관련하여 6관구 경찰청과 동 지방 청년단체와의 관계, 그리고 청년단체의 출동 협력과 경찰 후원에 대해 세간에 왜곡 와전된 바가 있어 그 진상을 말하고자 한다. 6관구 경찰청 관할에는 독촉청년동맹 동 촉진대, 광복청년동맹 동 촉진대, 광복청년회지부, 서북청년회지부, 정의단 등이 있으나 경찰청과는 아무런 특수 밀접한 관계가 없다. (중략) 경찰 자신으로서는 각 단체에 협력 또는 원조를 요구한 사실도 없고 경찰 권력을 부여한 사실도 없다. 그런데 전기한 촉진대 또는 서북청년회원들이 자진 출동하여 자위적 입장에서 치안 유지에 협력한 사실은 있다.

그 현장에 있던 내게 이 같은 해명은 변명에 불과한 것으로 들린다. 경찰과 청년단체들은 사실상 공동 작전을 펼쳤으며, 그들의 행위가 '자위적 입장'이 아니었다는 것은 누가 봐도 명백했다.

이 부안 농민폭동 사건은 다른 비슷한 사건에 비해 잘 알려져 있지 않고, 진상 규명 역시 4·3 제주도 항쟁이나 여수 순천 반란 사건에 비해 미약한 편이다. 내가 직접 목도해서가 아니라 부안 농민들의 참사는 그 어느 사건보다 끔찍했고 억울한 희생이었다. 더 늦지 않게 이 사건의 진상을 낱낱이 밝혀야 한다. 조병옥의 변명 자료만 남아서야 어찌 억울하게 죽어간 농민들의 원혼이 안식을 취할 수 있겠는가.

너무나도 끔찍한 보도연맹사건

이 일련의 사건들은 내용은 조금씩 다르지만, 민주주의라는 이름 아래 자행된 인권 유린과 무고한 사람들의 희생이라는 점에서 본질은 하나였다. 위 사건들과 성격은 좀 다르지만 당시의 심각했던 인권 유린의 실태를 보여주는 사례가 또 하나 있다. 바로 보도연맹 사건이다. 나도 그 사건의 충격적인 실상을 알게 된 것은 최근에 들어서이다. 1994년 청주 기독교 방송국의 「보도연맹을 기억하십니까」라는 3부작 다큐멘터리와 2001년 문화방송 「이제는 말할 수 있다」라는 프로그램에서 접한 보도연맹 사건의 실상은 참혹함 그 자체였다.

1948년 8월 15일 대한민국 정부가 수립되고 이후 조선민주주의인민공화국이 북한에서 수립되면서 남한 사회의 피를 부르는 이념 싸움은 더욱 치열하게 전개되었다. 미국의 절대적인 지지를 받으며 대한민국 정부를 수립한 이승만 정권은 정부 수립 직후인 1948년 12월 국가보안법을 제정했다. 이 법으로 남한 정부는 좌익 세력을 비합법적이고 반민족적인 세력으로 규정하고 전면 통제에 나선다. 법이라는 제도적인 장치를 통해 마음대로 채찍을 휘두를 수 있게 된 것이다. 결국 남로당 계통의 좌익 세력은 지리산과 태백산 등 남한 전지역에 걸쳐 이른바 '빨치산 투쟁'에 들어가게 된다. 민족간에 피를 부르는 전쟁은 이미 시작되고 있었던 것이다.

정부는 좌익단체에 소속된 사람들을 회유하기 위해 총칼 대신 당근도 내놓았다. 이것이 문제의 보도연맹, 좀더 정확히 말해서 '국민보도연맹'이다. 국민보도연맹은 말 그대로 좌익 전향자들을 대한민국 국민으로 받아들여 보호하고 지도하겠다는 취지에서 정부가 계획하여 조직했다.

보도연맹 조직은 정부 수립 열 달 뒤인 1949년 6월 5일 중앙본부가 결성되면서 전국적인 조직 작업에 들어갔다. 이 조직은 전쟁이 발발하기 석 달 전인 1950년 3월까지 1단계 조직 작업을 마무리지었다. 보도연맹은 겉으로 보기에 좌익에서 우익으로 옮긴 사상 전향자들이 스스로 조직한 것으로 돼 있지만 실제로 조직을 관리하고 총괄하는 부서인 연맹운영협의회는 검찰과 경찰 간부들이 주도했다. 이때까지만 해도 보도연맹은 경찰이나 행정 기관과 상당한 친분 관계를 유지했다.

1950년 6월 25일 새벽 전쟁이 일어났다. 이 부질없고 수치스러운 전쟁은 1953년 7월 27일 휴전협정이 체결될 때까지 3년 동안 400여 만 우리 민족의 목숨을 앗아갔으며 전국토의 3분의 1을 초토화했고 산업시설 절반을 잿더미로 만들어버렸다. 또한 이 전쟁은 보도연맹에 가입했던 사람들의 운명을 한순간에 뒤바꿔놓았다.

전쟁이 시작된 지 사흘 만에 수도 서울을 내줘야 했던 국군과 경찰은 남으로 후퇴를 거듭하면서 과거 좌익단체에 가담했던 보도연맹원들이 북한 인민군에게 동조할 가능성이 높다고 판단했다. 그래서 이들 보도연맹원들을 격리하는 절차를 밟는다. 이른바 '예비 검속'으로 알려진 이 격리 과정은 시간적으로 촉박했던 서울·경기 지방보다는 1주일 이상 시간적 여유가 있었던 충북 지역에서 대대적으로 이뤄졌다.

충북 도내에서 가장 대규모로 자행된 청원군 북위면 옥녀봉 골짜기 학살 사건의 경우, 괴산군 불정면과 칠성면, 사리면 지역의 보도연맹원들이 죽기 나흘 전에 붙들려와 증평 양조장 창고에 갇혀 있었음이 확인됐다. 청원군 북위면 주민들도 북위국민학교에서 이틀 사흘 정도 격리 수용된 것으로 보인다.

보도연맹원들에 대한 격리 작업은 충북 전역에서 실시되었는데, 충북 전선에서도 밀리기 시작한 국군은 이들 격리 수용된 보도연맹원들에게 끔찍한 학살을 자행하였다. 이 같은 비무장 양민에 대한 학살극은 전국적으로 번져갔다. 충청북도 내에서만 적어도 3천여 명의 보도연맹원들이 학살당한 것으로 추산된다.

보도연맹 사건은 피해자 가운데 적어도 80퍼센트 이상이 사상과 이념이 뭔지, 좌우익이 뭔지 모르는 순박한 양민이었다는 데 그 심각성이 있다. 이들은 정부 수립 이전에 이른바 농민연맹이라든지 청년동맹 같은 좌익단체에 가입했던 적이 전혀 없는 사람들이었다. 충북의 경우 전형적인 농촌 지역으로 좌우 이념 대립이 다른 지역보다 비교적 덜했고 보도연맹에 가입한 사람들 대부분도 순박한 소작농민들이었다.

이들 가엾은 농민들은 대대로 물려받아야 했던 소작인 딱지를 떼어주고 토지를 무상 공급해야 한다는 좌익 단체 사람들 말에 공감하여 단체 가입서에 도장을 찍어준 사람들이다. 이때 찍은 도장으로 그들은 좌익 활동가로 분류됐고 그로부터 면죄부를 받고자 보도연맹에 가입했던 것이다.

생업에 종사하던 양민을 대상으로 무장한 군인이 일방적으로 벌인 이 학살극은 국민을 위한 국군이 국민을 향해 총부리를 겨냥한 부끄러운 사건이었으며, 결코 씻을 수 없는 수치스러운 정치적, 군사적 범죄 행위였다. 게다가 보도연맹 사건이 있은 지 50여 년이 지난 지금까지도 희생자 가족들은 경찰의 신원 관리를 받고 있다고 한다.

마녀사냥보다 더 잔혹했던 역사

위정자가 국민의 굶주림을 해결해주지 않고 모범도 보이지 않은 채 억압부터 하는 것을 가리켜 '학'(虐)이라고 한다. 그때 폭동을 일으킨 양민들은 부도덕한 위정자의 학대에 짓밟힌 풀들이었다. 이렇듯 인간의 존엄성을 파괴하고 최소한의 인권마저 짓밟는 사건은 6·25전쟁을 거쳐 박정희·전두환 정권 이후까지 계속되었다. 무슨무슨 폭동 사건, 간첩사건, 녹화사업, 의문사……. 이름은 다르지만 결국 야만성으로 치달은 추한 사건들이었다. 이런 사건으로 희생된 무고한 인명이 얼마나 될까. 지난 50년 간 정치에 휘말려 희생된 우리 형제의 숫자는 몇 세기에 걸친 중세 시대의 마녀사냥으로 죽어간 숫자보다 훨씬 많을 것이다.

해방 후 일제의 잔재가 제대로 척결되지 않은 탓에 목숨을 바쳐가며 싸워온 독립투사들은 한번도 제대로 추모되지 못했다. 그나마 살아서 돌아온 독립투사들은 좌익으로 몰리거나 테러로 희생되지 않으면 가난한 삶을 겨우 이어가야 했다.

독립투사에 대한 대접이 이럴진대 국민에 대한 대접이 더 나을리가 있을까. 일제의 학정에 치를 떨며 고통받던 백성을 이런저런 사건으로 얽어매어 더 잔혹한 방식으로 짓밟았으니 아직 이 땅에는 원혼들과 그 후손들이 가득 있을 것이다. 독립투사의 후손이 아직도 고생하고 있듯 우리 국민들 역시 해방 직후의 질곡을 아직도 완전히 빠져나온 것 같지 않다.

과거의 뿌리는 의외로 깊다. 아니, 현재라는 것이 과거의 자식이니 어쩌면 당연한 것인지도 모른다. 과거를 회상하며 눈물만 흘리며 한탄하고 있을 게 아니라 왜 우리가 이 지경이 되었는지 이해하기 위해 과거의 뿌리를 캐보아야 한다.

해방 후 미군정청에 등록된 정당 수는 344개, 그 중 100여 정당이 활동한 것 같은데 진짜 정당이라고 부를 만한 것은 대여섯 밖에 없었다. 공산당과 여운형이 이끈 중도좌파의 근로인민당, 안재홍이 주축이 된 국민당, 김구의 한독당, 중도우익 김규식의 민족자주당, 그리고 한국민주당(한민당)이다. 친일파와 호남계 재벌, 이북 출신의 친일파들이 대거 모인 한민당은 한국에 아무런 지식도 대비책도 없이 들어온 미군정과 재빠르게 손잡았고, 계산 빠른 이승만이 한민당과 다시 손잡음으로써 우리나라의 정계는 패도의 길로 접어들었다.

일본은 물러나면서 여운형을 불러 건준(건국준비위원회)에 정권을 이양하고 갔는데, 뒤늦게 들어온 미군정청이 자기들의 편의에 따라 한민당을 파트너로 선택해버린 것이 우리 민족으로서는 불운이었다. 이후 한민당의 독주가 이어지며 이른바 '정치'라는 것을 해왔다. 그들의 정치를.

이렇게 시작된 정당의 역사는 정적을 모략하고 탄압하고 죽이는 것만을 능사로 삼아, 4월혁명으로 이승만이 물러난 뒤 새로 세울 인물을 찾을 수 없을 정도였다. 이라크 공격을 준비하는 미국이 가장 고민하고 있는 것이 사담 후세인 이후 세울 인물을 찾는 것이라고 하는데, 우리 역사가 꼭 그랬다. 일제의 탄압을 피해서 살아남은 쟁쟁한 독립투사들이 해방 직후에 이 땅에 적지 않게 있었지만 몇 년 지나지 않아 이 지도자들은 테러나 모략 등으로 하나둘씩 사라져갔다. 그런데도 우리는 아직 그 배후를 밝힐 노력조차 하지 않는다. 아니 어쩌면 할 수 없는지도 모르겠다.

그때부터 지금까지 줄곧 정계를 바라보며 시대마다 양상은 조금씩 다를지 모르지만 그 본질은 한치도 다르지 않은 것을 보고 새삼 놀라게 된다. 현재와 과거를 잇는 뿌리의 그 끈질긴 속성에. 그런 나쁜 뿌리를 뽑아내기 위해서 어떻게 해야 할까. 나는 무엇보다도 먼저 사실을 밝히고 진실을 이야기해야 한다고 생각한다. 그렇게 하지 않으면 나쁜 뿌리는 죽지 않고 계속 이어지고 우리는 같은 실수와 끔찍하고 슬픈 역사를 되풀이하게 될 것이므로.

최근 의문사 진상 규명 작업이 잠시 이루어지는가 싶더니 인혁당 사건에 부딪치자 그 활동마저 중단되고 말았다. 끔찍하고 수치스러운 역사를 밝히는 일이 유쾌할 수만은 없다. 그러나 보복을 위해서가 아니라 용서하기 위해서라도 진상은 규명되어야 한다. 군대에서 의문사한 아들을 둔 어느 부모는 "보복하기 위해서가 아니다. 다만 잘못했다고 인정하고 용서를 구해주기만을 바란다. 그러면 용서를 해줄 것이다"라고 했다.

피로 얼룩진 우리 역사도 마찬가지다. 보기 싫은 우리의 얼굴이지만 제대로 보지 않으면 같은 실수를 계속하게 된다. 억울하게 죽은 고인들은 물론이고 아직도 부당한 대우와 오해로 고통받는 유가족의 명예도 아울러 회복시켜 원망과 미움을 씻어내야 한다. 원한과 미움을 가슴에 숨겨둔 채로 새 역사를 창조하자는 말은 공허할 뿐이다.

이 사건들과 관련해 또 하나 씁쓸한 기록을 남겨두어야 할 것 같다. 박정희 대통령의 형인 박상희도 개입됐다는 대구의 10·1 폭동에서 중심적인 역할을 한 조직은 경상북도 인민위원회였다.

그런데 그 인민위원회의 부위원장이 바로 내 은진중학교 시절 성경 교사였던 최문식 선생이었다. 위원장은 이아무개라는 목사였다. 내가 알기로 이 두 사람은 기독교인으로서 폭력혁명을 지지하는 사람들이 아니었다. 다만 미군정의 정책, 특히 농민의 실제적인 요구와 동떨어진 농업정책에 대해 농민들의 불만을 이해하는 사회주의자였을 뿐이다. 공산당 조직이라는 게 제일 윗자리는 간판용으로 다른 사람을 앉혀놓고 실질적인 주도권을 가진 핵심 분자들은 잘 드러나지 않도록 하는 것이 일반적이었으므로 그들역시 핵심 세력은 아니었을 것이다. 최문식 선생이 극렬 공산주의자가 아니라는 사실은 폭동 과정에서 보여준 그의 행동에서도나타난다.

내가 대구에 도착했을 때 그는 도피 중이었으나 그에 대한 얘기는 자세히 들을 수 있었다. 사태가 살상으로 이어지면서 극렬해지자 미군정에서는 최문식을 만나 평화적 해결을 위해 군중들을 설득해달라는 제의를 했다. 그는 그 제의를 받아들이고 흥분한 군중들을 상대로 방송을 했다.

"인민 여러분, 왜 우리 인민이 인민을 죽여야 합니까? 경찰은 인민이 아닙니까? 즉각 폭력 살상 행위를 중지하고 평화적 해결을 찾읍시다."

하지만 그는 그 일로 반동분자로 몰리게 되었고 미군정에서도 그를 써먹은 다음에는 버리고 말았기 때문에 남이건 북이건 어디에고 갈 곳 없는 신세가 되고 말았다. 그 당시 최문식 같은 사람이 얼마나 많았겠는가.

폭동이 진압된 후 주동자에 대한 검거가 시작되자, 그는 용케도 잡히지 않고 몸을 숨겼다. 그런데 뜻밖에도 정부 수립 직후인 1948년 가을 그가 서울의 우리 집을 어떻게 알아냈는지 몰래 찾아왔다. 그는 여전히 도피 중이었다. 대구에서 몸을 피한 후 이북에도 갔으나 그곳에도 있을 수 없어 다시 내려왔다면서 어려운 사정을 얘기했다. 나는 우선 그를 우리 집에 숨길 수밖에 없었다. 그러나 내가 학생운동에 깊이 관여했던 관계로 우리 집은 학생들의 발길이 잦았으므로 비밀을 유지하기가 어려웠다.

생각 끝에 나는 그를 신사리에서 목회를 하고 있던 조향록 목사의 집에 보냈다. 그러다 어떻게 발각이 됐는지, 그곳에서 한 달 정도를 숨어 지내다가 육군 특무대에 잡혀가고 말았다. 재판에서 10년형을 언도받고 마포형무소에 수감되었는데, 나는 형무소에 찾아가 성경과 도스토예프스키 전집을 넣어주었다. 뒤에 다시 얘기하겠지만 6·25 때 나는 그에게 큰 도움을 받게 된다.

그런데 최문식 선생과의 관계 때문에 나는 목사가 된 후에도 교계에서 한동안 구설수를 겪어야 했다. 사상적으로 이상하다는 것이었다. 내가 아무리 "공산당이 싫어 이북에서 넘어왔고 또 열렬하게 시국강연을 하고 다녔는데 뭐가 이상하단 말이냐"고 반박을 해도 그런 소문은 좀체 없어지지 않았다.

그런 오해와 구설수는 나를 곤혹스럽게 했지만 그렇다고 해서 목숨을 구하러 온 사람을 내팽개칠 수는 없는 노릇이다. 공자는 아비의 잘못을 고발하는 것이 정직이 아니라 숨겨주는 데 정직이 있다고 했다. 인간을 외면한 정직은 정직이 아니라 인간성의 왜

곡임을 지적한 말이다. 나의 지난 세월을 돌아보면 그 말의 참뜻을 새삼 깨닫게 된다. 나는 지사들처럼 대담하고 통이 큰 사람이 아니어서 그런 오해를 받을 때마다 가슴을 졸였다. 그러나 인간에 대한 사랑이 두려움보다는 조금 더 컸는지, 그를 외면하지 않았고, 그래서 나는 지금 후회가 없다. 다시 똑같은 상황이 벌어진다고 해도 나는 아마 최문식을 숨겨주었을 것이다.

사람은 무엇으로 사는가

젊은이들에게 희망을 걸고

지금까지 정치 얘기를 주로 했지만 나는 교회 운영과 학생운동에도 열의를 쏟았다. 선린형제단 전도관은 돈은 없어도 주축이 되는 학생들이 열심히 일한 결과 중고등 학생은 물론 대학생들도 많이 나오게 되어 차츰 신도 수가 불어났다.

1946년 봄 우리 전도관은 만우 송창근(晚雨 宋昌根) 목사가 '성 야고보 전도 교회'라고 쓴 간판을 보내온 것을 계기로 교회로 발전하게 되었다. 앞서 말했듯이 원래 우리는 제도화된 교회는 운영할 생각이 없고 학생들이 모이는 특별한 교회를 의도하고 있었다. 그러나 기성 교단의 간섭 등 이런저런 이유로 '선린형제단 전도관'이라는 간판을 그냥 놔둔 채 '성 야고보 전도 교회'라는 간판을 함께 걸었다. 사랑의 실천을 강조한 야고보는 우리 의도에도 맞아떨어지는 이름이었다.

전도관이 교회로 발전하면서 선린형제단과의 관계는 차츰 약화되고 대신 외부 사람들이 많이 모여들었다. 개중에는 이북에서 장로나 집사 등으로 일했던 교인들도 있어 교회의 역량도 강화되어 갔다. 또 기숙사 1층을 넓혀 집회실을 만들고 거기서 예배를 드리게 되면서 교회 형태를 서서히 갖추어 나갔다.

하지만 기성 교회 제도를 따르기보다는 참신하고 혁신적인 교회를 꿈꾸었던 우리는 장로니 집사니 하는 전통적인 교회 신급제나 당회, 제직회 등과 같은 행정 조직을 두지 않고 단지 위원회를 두어 모든 직제를 대신했다.

한편 교회와는 별도로 선린형제단 역시 활발하게 움직였다. 1946년부터 수색에다 농장을 가꾸기 시작하면서 형제단은 특히 농촌을 중심으로 한 활동에 주력했다. 이 활동을 주도한 사람은 일본에서 농과대학을 졸업한 김기주(金基柱)와 서울에서 알게 된 이주운(李柱雲)으로, 이들은 다른 사람들의 도움을 얻어가며 겨울 농한기에 전국 농촌을 돌아다니면서 농민 복음학교를 개설해 활동을 벌였다. 나도 전북 김제 등 지방에 내려가 그 활동에 동참했다.

신영희와 서울대학교 의과대학에 입학한 내 동생 형용이를 비롯한 의료사업 담당 팀은 조향록 목사가 시무하던 신사리교회 등 경기도 지역 교회를 중심으로 의료 봉사활동을 펼쳤으며, 큰 규모는 아니지만 교육사업과 사회사업에도 힘 자라는 대로 참여해 선린형제단은 그런 대로 잘 움직여 나가고 있었다.

교회 운영과 정계 및 교계 활동으로 바빴던 나를 더욱 바쁘게 한 것은 기독학생운동이었다. 아니, 정확하게 표현하자면 이 운동에 더 많은 애정과 힘을 쏟았다. 나는 서울을 비롯한 전국의 고등학교와 대학교를 돌아다니며 강연을 했는데, 학생들의 반응이 참으로 좋았다. 강연 내용은 그 대상이 미래 우리 사회를 이끌 젊은 학생들이었던 만큼 '민족 전체가 건국을 과제로 두고 있는 요즈음 젊은 학생들은 새 시대의 건설자로 사명감을 가지고 새로운 이념과 비전을 추구해야 하며, 우리 전통 속에 내재한 인습들을 과감히 타파해야 한다. 그러기 위해서는 젊은이를 주축으로 새로운 르네상스, 종교개혁, 산업혁명, 인간혁명 등이 이루어져야 한다'는 요지였다.

학교 역시 좌익계와 우익계 학생이 대립하는 혼란 속에 있었지만 기독학생들이 주축이 된 그룹도 많이 생겼다. 그 중 가장 먼저 이루어진 그룹이 이상설, 양우석, 전상근 등이 활동한 경기중고등학교의 '성화회'(聖火會)였다. 나는 강연을 통해 이러한 고등학교 그룹과 관계를 맺게 되었고, 또 나로 인해 그룹이 조직되는 경우도 있었다. 대학 역시 마찬가지였다.

나는 많은 학교에서 강연을 했는데, 특히 서울여자의학전문학교에서는 매주 화요일에 연속 강좌를 했다. 앞서 말한 대로 이 대학의 박은성, 홍만길, 나신애 등이 나를 잘 따랐으며, 이들은 후에 '애국부녀동맹'이라는 여성단체를 조직했다.

지방에도 자주 내려가 강연했다. 대구의 계성중고등학교에서는 나를 닷새 동안이나 초청하여 강연을 하게 했는데, 이 학교 학생으로 나를 따랐던 사람들은 이성화, 김영일 등이었다. 그때 그

학교의 체육 선생이 뒷날 국회의원을 지낸 신도환(辛道煥)이었는데, 그와 관련된 에피소드가 하나 있다.

학원에서도 좌우익의 대립이 극렬했던지라 내가 대구에 내려갔을 때 그는 좌익 학생들에게 도끼로 머리를 맞아 중상을 입고 기독교에서 운영하는 동산병원에 입원해 있었다. 그의 상처가 너무 심해 사람들의 병실 출입이 엄격하게 제한되고 있었는데, 하루는 그가 나를 꼭 한번 만나보고 싶고 내 기도도 받아보고 싶다는 전갈을 보내왔다. 그래서 출입 제한을 피해 신발을 벗고 2층에 있던 병실에 조심스럽게 올라가 그를 만나보고 기도를 했다. 그 일이 인연이 되어 우리는 가까운 관계를 유지했다.

계성중고등학교에서 한 강연이 좋은 성과를 거두자, 대구의 여학교 등지에서도 강연 요청이 들어오기 시작했다. 몇 달 후에는 기독교 계통인 신명여고에서도 닷새 동안 강연을 하게 되었는데, 그때 만나게 된 그 학교 기독학생들, 즉 편영자, 조화선, 이난주 등과는 지금까지도 변함없이 좋은 관계를 유지하고 있다.

그렇게 각지의 학교를 순회하며 강연을 하면서 학생들과 긴밀한 유대관계를 갖게 된 나는 1946년 말쯤 흩어져 있는 기독학생 모임을 하나로 묶어 기독학생운동을 강화하기 위해 '신인회'(新人會)라는 조직을 만들었다. 이름에서 드러나듯이 나는 기존 인물들에 대한 환멸로 새로운 인간형의 필요성을 절감하고 있었다. 기성세대와는 다른, 새로운 시대를 준비할 새로운 사람들, 한국 안에서 당면 문제에 아웅다웅하는 게 아니라 세계사의 문명 전환에 대비할 수 있는 사람을 길러내야 한다, 그러나 당면문제를 외면할 수 없으니 늘 깨어 있지만 미래를 준비해야 한다는 것이 나의 생각이었다.

신인회는 고등학생 신인회와 대학생 신인회로 나뉘어 있었으며, 학교마다 기독학생들 중 핵심 멤버를 5인 이내로 선정해 이들 '키 멤버'(key member)들로 조직한 것이었다. 신인회 모임은 주로 우리 교회에서 이루어졌고, 이들은 각자의 학교에서 기독학생회를 새롭게 조직하는 데 주도적인 역할을 했다.

대학생 신인회의 제1세대 가운데는 연희전문의 남병헌, 국회의원을 지낸 이화여대의 김현자, 정무장관을 지낸 김영정, 김대중의 부인 이희호 등이 있었고, 고등학생 회원으로서는 민자당 국회의원이었던 박정수와 그의 부인이자 정치학 교수인 이범준 등이 있었다.

고등학생 신인회 멤버들은 지금도 자주 만나고 있을 정도로 돈독한 사이인데, 특히 어린 박정수의 당돌함은 무척이나 인상적이었다. 경북 김천에서 그를 처음 만났는데, 나에게 강연을 해달고 했다. 그때 너무 바빠서 그의 요청을 거절하고 서울로 올라왔는데, 얼마 후 그가 나를 찾아왔다.

"김천 전역에 강선생님이 강연을 한다고 포스터를 붙여놨으니 꼭 오셔야 합니다."

그의 일방적인 통고에 어이가 없었지만 이미 포스터가 붙은 뒤라 어쩔 도리가 없어 결국 내려가 강연을 하고 말았다.

전국을 강연으로 누비던 나는 강연으로 얻은 이름 덕이었는지 1946년 12월, 당시 유일한 방송국이던 중앙방송국에서 강연 프로그램 하나를 맡게 되었다. 매주 목요일 7시 15분이면 이승만 박사가 대국민 연설 같은 것을 해왔는데, 그가 남한만의 단독정부 수립안을 미국 정부와 협상하기 위해 12월 초 미국으로 떠나게 되어, 내가 그 15분짜리 프로그램을 맡게 된 것이다.

당시 방송사는 미군정에서 운영하고 있었으며, 방송국 편성과장은 후에 KBS 이사장을 지낸 노정팔이었다. 후일 그가 표현했던 대로 '참 어려운 때' 내가 방송을 하게 된 것이다. 강연 내용은 생방송이었던 관계로 녹음된 것이 남아 있지 않아 정확히 확인할 수는 없으나, 첨예한 좌우 대립과 흑백 논리가 판을 치던 때에 양쪽 모두에 비판적인 거리를 유지하며 할 말을 해야 하는 것이 무척 어려웠다. 자칫하면 양쪽 모두에게 공격을 받게 되는 경직된 현실이었기 때문이다. 하지만 내가 하고 싶었던 이야기는 그때나 지금이나 한가지다. "국민에 의한, 국민을 위한 민주주의를 해야 한다"는 것뿐.

몇 달 동안 계속됐던 이 연설 프로그램뿐만 아니라 그 이후 자주 방송에 출연하게 된 나는 기회 있을 때마다 "극우와 극좌의 무분별한 테러 행위는 바람직하지 못하므로 양극단은 배제하고 민주적이고 평화적인 방법으로 민족의 단결을 도모해야 한다"고 호소했다. 물론 나는 좌익은 아니었으나 테러를 일삼는 극우 세력 역시 받아들일 수 없었다. 그래서 반탁학생총연맹 같은 데 초청되어 좌담을 하거나 이야기를 나눈 적은 있어도 거기에 가담한 일은 없었다.

극우나 극좌와 같이 색깔이 분명한 어느 한 이념에 몸담지 않고 중도적인 입장을 채택하여 표방하는 것은, 대다수 국민들의 생각과 일치했음에도 당시 사회에서는 불투명하다는 것이 빌미가 되어 위험한 오해를 불러일으키기 안성맞춤이었다. 그때 사람들은 이성적이거나 합리적인 사고보다는 극단적인 경향에 사로잡혀 있었기 때문이다.

6·25 월남한 내 누이동생에게서 들은 얘기 역시 그런 것이었다. 이북 고향에 사시던 부모님은 내가 했던 방송 때문에 "반동 아들을 두었다"며 공산당국의 괴롭힘을 받았다고 하니, 북 역시 마찬가지였던 셈이다. 세상마저 나를 불효자로 만들었으니 나는 천상 불효자의 운명을 타고난 모양이다.

끝까지 불효자로 남은 아들

내가 아버지와 마지막으로 만난 것은 1946년 말에서 1947년 초에 이르는 한겨울이었다. 아버지는 공산 치하의 이북에서는 살 수가 없어서 아들들이 살고 있는 서울에 자리를 잡아보려고 형편을 살피기 위해 38선을 넘어 나를 찾아오셨다. 아버지는 당시 고향에서 어머니와 누이동생만 데리고 살고 계셨다.

누구에게 의지하는 것은 질색이었던 아버지는 아들에게 기댈 생각은 아예 않고 당신 스스로 농토를 물색하러 다니셨다. 마땅한 농토가 있으면 다가오는 봄부터라도 농사를 지으며 서울에서 사실 생각에서였다.

오랜만에 뵌 아버지였건만 나는 제대로 모셔보지도 못했다. 집이라야 교회에 딸린 창고 같은 건물의 단칸방에서 나와 임신 중인 아내, 그리고 두 딸이 오글거리며 사는 처지여서 아버지는 몇 분 안 되는 친구들 집을 전전하며 잠자리를 얻곤 하셨다. 그거야 처지가 그랬으니 어쩔 수 없었다 쳐도, 지금까지 내 가슴을 아리게 하는 것은 담배와 술을 즐기시던 아버지를 내가 그 이유 때문에 냉대했던 일이다.

아버지는 매일 저녁 약주를 들지 않고는 못 배기셨는데, 나는 그런 아버지가 그렇게 못마땅할 수가 없었다. 특히 우리 집에는 학생들과 교인들의 발걸음이 끊이질 않았기 때문에 나는 아버지가 집에서 술과 담배를 하시는 것을 보면 아주 질색을 했다. 그래서 아버지는 손녀들이 보고 싶어도 나 때문에 자주 오지 못하셨다.

아들의 냉대를 받으며 봄이 오도록 마땅한 땅을 찾지 못하자 "그럼 올해 농사만 이북에서 짓고 가을에 다시 내려오겠다"며 고향으로 올라가시고 말았다. 청량리역에 나가 아버지를 배웅했는데, 그것이 결국 아버지와 나의 마지막 상면이 되고 말았다. 1947년 3월의 일이었다.

내 평생의 일 가운데 세월이 흘러갈수록 가슴에 회한이 쌓이고 가책이 더욱 심해지는 일이 바로 이것이다. 이때의 일을 생각할 때마다 나는 찌르는 듯한 통증과 함께 수치스러움을 느낀다. 내가 그때 제대로 된 신앙을 가졌더라면 아버지와 나 사이는 사랑으로 연결되었을 텐데 오히려 나는 기독교를 내세워 아버지와의 관계를 끊어버린 셈이었다. 그 같은 내 태도는 다른 인간 관계에서도 마찬가지였을 것이다. 그때까지만 해도 나는 술과 담배라면 무조건 죄악시했다. 그래서 아버지를 보면서도 "하나님과 아버지 중 누구에게 더 충성할 것이냐?"라는 질문을 던지곤 '하나님'이라는 답에 따라 아버지께 제대로 대접을 못해 드렸던 것이다.

만약 지금 다시 그런 상황에 처한다면 나는 어떤 일이 있어도, 또 아무리 없는 살림이라도 아버지가 즐기시는 대로 술을 드시게 하고 친구분도 초청해서 기분 좋게 대접을 해드릴 것이다. 또 아무리 바깥일이 바빠도 내가 직접 나서서 농토를 구해드렸을 것이다.

하지만 이 모두가 부질없는 희망이 되고 말았다. 지금 아무리 땅을 치고 후회해도 효도할 수 있는 시간과 기회는 부모님이 살아 계셨을 때뿐인 것을. 내가 후일 기독교의 율법적인 면, 즉 도그마티즘(dogmatism)을 증오하게 된 데에는 아버지에 대한 나의 죄책감에서 기인한 부분도 있을 것이다.

이북에서 홀로 눈을 감으신 아버지의 마지막 모습은 최근 북한을 방문한 어느 인사가 건네준 사진으로 짐작해볼 수 있을 뿐이다. 사진 속의 아버지는 내가 기억하는 강건한 아버지가 아니라 굉장히 부드러운 모습의 할아버지였다.

선비 안재홍의 좌절

다시 얘기를 정치로 돌려보자. 좌우 합작이 통일민주정부 수립의 기초를 마련하지 못하고 지리멸렬해지는 가운데서도 미군정은 당초 의도했던 대로 '과도 입법의원' 수립을 추진했다. 입법의원을 통해 개혁입법을 만들어 민심을 만회할 개혁을 추진하고 동시에 한국인을 군정에 참여시켜 민정 이양을 서두르려는 계획에서였다.

이에 따라 10월 중순부터 11월 말까지 전국에서 입법의원 간접선거가 실시되어 45명의 민선의원이 선출되었고, 여기에 좌우합작위가 추천한 관선의원 45명이 합쳐져 12월 12일 입법의원이 개원을 했다. 의장으로는 우사 김규식이 선출되었다.

그 무렵 몽양은 합작 노력이 의도했던 결과를 얻지 못한데다 합작 추진 과정을 통해 좌익 진영에서 세력을 잃어갔고 조직이 손상을 입는 등 곡절을 겪고 "지도자 자리에서 물러나겠다"며 은퇴 의사를 표명하고 나섰다. 그리고 입법의원으로 참여하는 것도 거부했다. 물러나고 싶다고 내게 했던 얘기가 거짓이 아니었다. 이후 몽양은 정치에 마지못해 관여하기는 했으나, 합작에도 매우 미온적이었고 예전처럼 적극적인 활동은 펴지 않았다.

김규식을 중심으로 입법의원을 구성한 미군정은 행정부 역시 한국인에게 이양한다는 것을 보이기 위해 민정장관직에 민세 안재홍을 임명했다. 민정장관이란 행정부의 한국인 관리로서는 최고직으로, 이미 각 부처 책임자로 임명된 한국인 부처장의 사무를 조정하고 책임지는 직책이었다. 다시 말해 미군정의 한인측 행정부 수반이었다.

나는 좌우합작위원회의 선전부에서 일하면서 민세를 알게 되었는데 그는 원래 언론에 오랫동안 몸담았던 애국자로 아주 합리적인 사람이었다. 민정장관 취임 제의가 왔을 때, 그는 며칠 동안 심사숙고한 뒤 '각 부처장의 임면권 보장' 등 다섯 가지 요구 조건을 내걸었고, 하지 중장이 이를 받아들임으로써 1947년 2월 10일 민정장관에 취임하게 됐다.

그러나 어찌 된 연유에서인지 취임 수락 직후, 러치 군정청 공보부장은 민세의 취임 전제조건 여부를 묻는 기자들의 질문에 그런 것은 사실무근이라고 부인했고 실제로 취임 후 민세의 요구는 관철되지 않았다.

민세는 민정장관에 취임한 후 나에게 보좌관으로 일해달라는 제의를 해왔다. 그때 아직 이북에 올라가지 않고 우리 집을 왕래하던 아버지는 그 얘기를 듣고 내가 그 제의를 수락해서 우리 집안을 일으켜주기를 간절히 바랐으나 나는 그럴 의사가 없었다. 나는 민세에게 도와드릴 수 있는 한 성심껏 도와드리겠지만 매일 사무실에 출근하는 것은 힘들다고 거절했다. 그러나 약속한 대로 나는 자주 불려가서 그의 요청에 응하여 이야기도 나누고 심부름도 하는 등 가까운 관계를 유지했다.

민정장관이 된 안재홍의 행로는 결코 순조롭지 않았다. 무엇보다 대부분 한민당 계통이었던 부처장들을 거느릴 실권을 장악하지 못했기 때문이다. 그가 요구해서 하지 장군이 내락했다는 부처장 임면권만 해도 그가 전권을 발휘할 수 있는 게 아니고 부처장들이 참석하는 정무위원회의 동의를 얻도록 되어 있어서 그의 뜻이 관철될 가능성은 없었다. 또 미군정 법령에도 민정장관은 하등의 인사권을 가지지 못하게 되어 있고 오히려 군정장관에게

인사를 보고해야 하는 의무와, 의견을 첨부할 수 있는 권리 정도
가 고작이었다.

정무위원회는 민정장관인 민세의 뜻이 아니라 한민당 계통인
부처장들 뜻대로 움직이는 상황이었다. 민세와 한민당은 넓게 보
면 같은 우익으로 좌익에 대한 생각은 별로 다른 것이 없었지만,
민세가 중간파로 분류되듯이 주요 현안들에 대한 노선과 견해에
는 많은 차이가 있었다.

나는 민세를 '민족주의적 입장에 서 있던 선비'라고 본다. 그
는 친일파 문제나 토지 문제 등에 대해서는 조선의 선비처럼 도
덕적인 입장을 가지고 민중 편에 섰다. 그러니 그런 문제에 소극
적이었던 한민당과는 크게 다를 수밖에 없었다.

한민당 계통의 부처장들은 정무위원회가 열리면 조병옥 경무
부장실에서 미리 회합을 가진 후 회의에 참석해서는 똘똘 뭉쳐
자기네들이 주도권을 잡고 회의를 이끌어갔다. 게다가 부처장들
은 중요 사안에 대해서는 군정장관이나 하지에게 직접 달려가 교
섭하고 지시를 받았으니 항간에는 민정장관의 실권이 여느 부처
장만도 못하다는 설이 구구했다.

안장관에 대한 국민들의 기대는 매우 컸으나 실권이 뒷받침되
지 않은 그가 전국 각지에서 매일같이 벌어지는 대소 테러사건이
나 폭동사건, 그리고 절실한 민생고를 해결해 나가는 것은 솔직히
불가능했다. 민세처럼 도덕적인 생각을 가지고 일할 만한 사람이
제대로 일할 수 없었던 것은 일제의 잔재를 제대로 청산하지 않은
탓이었다. 말하자면 우리 사회는 첫 단추부터 잘못 꿴 것이었다.

송창근 목사의 사랑의 기술

1947년 3월에 내게 조선신학교 입학이라는 개인적으로 중요한 일이 생겼다. 일제의 패망으로 목적했던 신학 공부는 시작도 하지 못한 채 학업을 중단해야 했던 나는 만 서른 살의 늦은 나이에 학생 신분으로 돌아가게 된 것이다.

그때 나는 조선신학교에 영어 강사로 출강하여 현재의 덕수교회에 차려진 영어 강습소에서 알지도 못하는 영어를 가르치고 있었으니, 하루아침에 조선신학교의 강사에서 학생으로 신분이 바뀌게 된 셈이다. 신학에는 여전히 흥미를 못 느끼던 나를 조선신학교에 입학하도록 종용한 사람은 역시 김재준 선생님이었다.

그의 말이라면 꼼짝 못하는 터라 "정식으로 학적에 이름을 올리고 신학 공부를 하라"는 그의 말에 따라 2학년에 편입해 학교를 다녔고 얼마 안 가서는 학생회장이 되었다. 하지만 이미 사회적으로 바쁘게 활동하고 있던 터라 결코 성실한 학생이 될 수는 없었다. 김재준 선생님의 저서 『범용기』(凡庸記)에 다음과 같은 글이 나와 있다.

해방 직후 한신(조선신학교의 후신인 한신대학교를 말함)에서 천리교 재산을 인수하여 동자동으로 교사를 옮겼을 때, 강원용은 간도에서 탈출하여 서울에 왔고 동자동의 한신에 입학했다. 그때 학장은 송창근 박사였다.

강원용은 한 신학생으로 신학에 안주하기에는 너무 활동적이요, 정력적이었다. 며칠 교실에 있는 것 같다가도 어디론가 사라지곤 했다. 강원용 박사는 정치에 흥미를 느꼈고 정치 현실에 대한 강박사의 판단도 명쾌하다. 사건에 대한 판단력도 빠르고 정확했다. 해방 직후 정계에 뜻을 두고 강원용, 조향록, 이명하 등이 이승만 박사의 돈암장을 자주 출입한 것도 그런 흥미에서였다.

이 젊은이들은 이박사에게 종종 진언하는 일이 있었는데, 노숙한 정치 전문가인 이박사에게 이 젊은이들의 말이 경청될 까닭이 없었다. "너희는 내가 하라는 대로만 해!" 하고 일갈한다. 젊은이들이 재미있어 할 리가 없다. 그래서 그들은 'Oxen Heart'(황소심장)를 자부하는 김규식 박사 산하에 갔다. 김규식 박사는 영문학 전공이어서 말하자면 '문화적 정치인'이었다.

이 젊은이들도 그의 막하에서 어느 정도 소망을 느꼈다. 강원용은 점점 정치에 빨려들어가는 것 같았다. 그래서 나는 하루 강원용에게 말했다.

정치가 나쁠 것은 없지만 지금은 혼란기요, 과도기여서 오늘의 정치 지도자가 내일의 몰락 낭인이 될 수도 있으니 어느 특정 정치 지도자에게 너무 깊이 투신하는 것은 바람직하지 않다. 한번 몰락하면 딴 정치 지도자 산하에 들어갈 수도 없을 것이니 자연 낭인으로 젊음을 태워버릴 것이다.

그래서 강원용이 신학교 교실에 앉게 된 것이다. 강원용은 2학년에 편입했기 때문에 일 년 만에 졸업하게 되는데 만우형은 졸업장을 안 주겠다고 신경을 곤두세웠다. 그래도 나는 졸업생

명록(名錄)에 넣고 졸업증서를 써서 강원용을 졸업시켰다. 만우가 반대한 이유는 목회를 기대할 수 없다는 것이었다.

당시 김재준 목사는 조선신학교의 부학장이었고 학장은 만우 송창근 목사였다. 내가 송창근 목사를 알게 된 것은 용정의 은진중학에 다니고 있을 때 김재준 선생을 통해서였다. 나는 김선생님에게서 그에 대한 얘기를 들었고 그가 쓴 글도 읽었으며 그가 경찰에 체포되었다는 소식을 듣고 함께 울면서 기도하기도 했다.

말로만 듣던 송창근 목사를 내가 직접 대면하게 된 것은 해방을 맞아 서울에 도착한 직후였다. 조선신학교 임시 교사였던 지금의 덕수교회 자리에서 만났는데, 초면인데도 구면인 것처럼 대하는 것이 매우 인상적이었다.

그날 나는 생전에 그를 몹시 따랐던 시인 윤동주(尹東柱)와 송몽규(宋夢奎)에 대한 얘기를 해주었다. 윤동주와 나는 친구라고까지는 할 수 없어도 서로 알고 지냈던 인연이 있고, 해방 직전 회령에서 그들이 후쿠오카 형무소에서 옥사한 얘기며 용정 동산교회에서 치러진 장례식 얘기 등을 들은 일이 있어 그들의 소식을 전할 수 있었다.

나는 송목사가 그들을 무척이나 사랑했다는 것을 알고 있었다. 그런데 내 얘기를 듣던 도중 갑자기 "그놈들 꼴도 보기 싫다"며 화를 벌컥 내는 것이었다. 나는 당황하지 않을 수 없었고 우리 사이엔 한동안 침묵이 흘렀다. 그러더니 그는 내게는 눈길도 주지 않고 조용히 신문지를 펴놓고는 그 위에 붓으로 글씨를 쓰기 시작했다. 붓을 입에 물고 쓰는 특이한 광경이었다.

나는 말없이 숨을 죽이며 그가 입으로 붓을 놀리고 있는 신문지 위를 내려다보았다. 신문지 위에는 '오호(嗚呼)! 동주야! 몽규야!'라는 글씨가 오열하면서 흔들리고 있었고 그 위로 굵은 눈물방울이 뚝뚝 떨어져 번지고 있었다. 나는 그제서야 그가 갑자기 화를 낸 심정을 이해할 수 있었다. 후배를 사랑하는 그의 마음은 너무 깊었고 사랑을 표현하는 방식은 매우 독특했다.

나는 송목사를 참으로 좋아했다. 내가 일생을 통해 만난 사람들 중에 가장 멋있고 매력 있는 사람이 누구냐고 묻는다면 정치인 중에서는 여운형, 기독교인 중에서는 송창근 목사를 꼽을 것이다. 송목사도 나를 사랑해줬지만 다만 한 가지, 내가 정치에 개입하는 것을 아주 싫어했기 때문에 그와 나의 관계는 애증이 교차하는 관계였다.

송창근 목사의 정치 기피증은 아마 그 자신의 체험에서 나온 것일 게다. 안창호의 직계라고 할 수 있는 그는 일제시대 때 이런저런 사건에 연루되어 감옥에도 드나들며 무척 고생을 했다. 그는 온갖 고문을 다 받아도 참을 수 있었지만 남산에 끌려가 벗은 몸으로 나무에 꽁꽁 묶여 온갖 벌레들에게 뜯기는 고초를 겪은 뒤로는 항일 활동에서 손을 떼게 되었다고 한다.

일본 경찰은 김천에 숨어 살다시피 하고 있는 그를 불러 친일 유세를 강요했는데 그는 어쩔 수 없이 강연을 했지만 만담 식으로 가볍게 처리하곤 했다. 송창근 목사의 만담 실력은 신불출을 능가할 정도였다.

해방이 되고 난 뒤 한 점 부끄럼 없이 설쳐댄 친일파가 부지기수인데 송목사는 어쩔 수 없는 소극적인 행위였음에도 양심의 부담을 안고 조용하게 살았다. 그랬던 그가 오늘날 친일 목사로 역사에 기록되는 것을 볼 때마다 씁쓸한 마음을 금할 수가 없다.

송목사는 그런 체험을 통해 정치 세계의 생리를 잘 알고 있었기에 내가 정치판에 끼는 것을 그토록 못마땅하게 생각했다. 하지만 젊은 혈기와 열정에 불타 있던 나는 그의 말을 귀담아 듣지 않았다.

송목사와 나 사이의 갈등이 처음 드러난 것은 정동교회에서 열린 기독청년 전국대회장에서였다. 나는 교회청년연합회의 총무로서 3영수를 떠받들고 있을 때였는데 송목사가 내게 정치에 일절 관여하지 말라고 몇 번이나 당부했다. 그러나 나는 "정치에 관여하는 것이 아니라 기독교 신앙을 바탕으로 한 애국운동을 하는 것"이라며 그의 얘기를 듣지 않았다.

기독청년 전국대회에 송목사는 강사로 초청되었고 나는 사회를 맡게 되었다. 그런데 그는 강연을 시작하면서부터 나를 공격하고 나왔다.

"그리스도를 믿는 기독청년 여러분은 오늘날 반기독교주의를 몰아내야 해요. 반기독교주의가 무엇인지 압니까? 내가 지금 말하고 있는 것은 반(反)기독교주의가 아니고 반(半)기독교주의인데, 예를 들면 지금 사회를 보고 있는 강원용이 같은 사람이 전형적인 반기독교주의자예요. 반은 기독교운동 하고 반은 정치운동 하는 그런 사람 말입니다."

나는 그 말을 듣고 분해서 견딜 수가 없었다. 사석이라면 몰라도 4천 명 군중이 모여 있는 장소에서 공개적으로 그런 비난을 당했으니 그대로 있을 수가 없었다. 그의 강연이 끝나자마자 나는 연단에 나가 그의 말을 맹렬히 반격했다. 그러자 그는 벌떡 자리에서 일어나 퇴장해버리고 말았다.

정치에 본격적으로 투신한 것도 아닌 나를 그가 왜 그렇게까지 몰아세우는지 당시로서는 이해할 수가 없었다. 하지만 긴 시간이 흐르면서 그의 본뜻을 이해할 수 있게 되었다. 그는 정치 지도자들의 과거와 현재를 잘 알고 있었기 때문에 나 같은 순진한 청년들이 그들에게 이용당하는 것을 몹시 걱정했고 충고를 듣지 않는 내가 못마땅했던 것이다.

그는 이승만 박사를 아주 싫어했을 뿐만 아니라, 3영수 모두에게 좋지 않은 감정을 갖고 있었다. 그는 결국 나를 사랑했기 때문에 정치에 개입하는 나를 미워했던 것이다. 그것이 그가 나를 사랑하는 독특한 방식이었다.

한번은 내가 없는 사이 송목사가 우리 집에 들른 적이 있다. 웬 보따리를 하나 들고 온 그는 아내에게 "네가 원용이 아내냐?"고 묻고는 냉수를 청해 마시고 잠시 있더니 보따리를 휙 집어던지며 이렇게 말했다고 한다.

"그놈보고 옷이나 제대로 입고 돌아다니면서 떠들라고 해!"

그가 던져주고 간 것은 줄무늬가 있는 헌 감색 양복이었다. 아내가 그것을 뒤집어서 새로 양복을 지어줬는데, 그것이 해방 후 내가 처음으로 입은 제대로 된 양복이었다. 해방 직후에는 일본군이 입다 버린 당꼬바지 하나밖에 없어서 서울운동장에서 반탁 연설을 했을 때도 그 옷을 입고 했다. 그 뒤로 흰 면양복을 한 벌 얻어 입고 다녔는데, 아내가 고생을 많이 했다. 때가 쉽게 타서 매일 밤 빨아 말리고는 아침 일찍 다림질을 해야 겨우 입고 나갈 수 있었기 때문이다.

언젠가 송창근 목사가 미국에 갔다가 병에 걸려 귀국한 적이 있다. 나는 곧 문병을 가려 했지만 강연 일정 때문에 바빠 차일피일 미루고 있었다. 그런데 문병을 갔다온 사람들에게서 들으니 내가 오지 않는다고 나를 무척이나 나무랐다는 것이다. 나중에는 그런 이야기를 몇 번 거푸 들으니 나는 더욱더 겁이 나서 문병을 갈 수가 없었다.

그러나 안 갈 수도 없는 상황이어서 몇 번을 벼른 끝에 야단맞을 각오를 단단히 하고서 그의 집을 찾아갔다. 현관에 들어서니 그를 따르는 여자 한 명이 나와서 말했다.

"아버지(송목사는 남자뿐만 아니라 여자들도 많이 따랐는데, 그들은 송목사를 아버지라고 불렀다)께서 지금 잠이 드셨으니 후에 다시 와주십시오."

내심 잘 되었다고 생각한 나는 "그럼 나중에 일어나시면 제가 왔다가 돌아갔다고 말씀드려 주십시오" 하고 얼른 돌아섰다. 그 때 안에서 큰 목소리가 들려왔다.

"거기 원용이 아니냐? 들어와라."

나는 속마음을 들키기라도 한 것처럼 가슴이 덜컥 내려앉았다. 죄송스런 마음으로 그의 방에 들어갔더니 그가 몹시 수척해진 모습으로 나를 맞았다. 그는 곁에 다가앉은 내 손을 꼭 움켜쥐고 내 손등에 눈물을 뚝뚝 흘렸다. 역시 그는 나를 사랑했기 때문에 내가 문병을 오지 않은 것에 대해서 그처럼 서운해했던 것이다. 언제나 잘못은 내게 있었다.

민족의 큰 별들이 암살에 희생되다

모략으로 만들어진 '적산 보따리사건'

1947년 5월에 김규식 박사에 대한 정치적인 모략 사건이 일어났다. 이른바 '적산(敵産) 보따리 사건'이다. 어느 날 길거리에 대자보가 여기저기 나붙었는데, 그 내용인즉 "입법의원 의장 김규식이 적산 보따리를 받아 그것으로 돈을 챙겼다"는 내용이었다. 그 때문에 김규식은 하루아침에 부도덕한 정치인으로 몰려 그를 처단하라는 궐기대회가 열리는 등 한때 서울이 시끄러웠다.

후에 알려지기로는 "그것은 사실이 아니고 우사의 부인인 김순애 여사가 구호사업 관계로 적산에 관여한 일이 오해를 불러일으켰다"는 것이었으나 그것도 사실이 아니었다. 모두가 우익측에서 만들어낸 모략이었다. 나는 김박사 자택을 자주 드나들어 그 집 형편이 어땠는지 누구보다 잘 아는데 그들은 정말 검약하게 살고 있었다.

부인 김순애 여사는 중국에서 독립운동을 할 때부터 재봉일 등을 해서 생계를 유지해온 매우 헌신적이고 알뜰한 여자였다. 몸이 허약해 음식도 제대로 먹지 못하는 남편의 시중에 온 정성을 쏟았으며, 서울로 돌아온 후에도 재봉틀을 돌리면서 검소하게 살림을 꾸려왔다. 물론 사람들이 돈을 가져다주는 경우도 있었지만 그것은 정치자금으로 따로 관리하고 생활비로는 쓰지 않았다.

당시는 정치 모략이 횡행하던 시절이었다. '적산 보따리 사건' 두 달 뒤인 7월에 들어와서 김박사는 안재홍 장관과 함께 용공분자로 몰리는 모략을 당하게 되었다. 그들을 공격하는 내용이 잔뜩 담긴 전단과 벽보가 거리에 살포된 것이다. 나중에 밝혀진 바로는 극우였던 서민호, 한민당의 김준영, 그리고 일제 고등경찰로 악명을 떨친 노덕술 등이 관련되어 있었다. 실제 행동은 노덕술이 주도했다는데, 그는 당시 수도경찰청 수사과장으로서 맹목적인 반공과 정치공작으로 기세를 올리고 있었다.

그런데 한심한 것은 경찰의 태도였다. 경무부장 조병옥 이하 한민당과 한통속이었던 경찰은 전단 살포나 벽보 부착이 금지되어 있음에도 김규식과 안재홍을 공격하는 전단이나 대자보는 못 본 척 단속을 하지 않았다. 『한성일보』는 "어째서 경찰이 입법의원 의장과 민정장관을 모독하는 삐라는 붙여도 못 본 척하고, 한민당을 비난하는 삐라를 살포한 애국부녀동맹 소속의 두 여성은 체포했는가?"라며 경찰의 공정성을 묻는 항의성 기사를 싣기도 했다.

여론이 나쁘게 돌아가자 경무부장 조병옥은 7월 8일 담화를 발표했는데, 그 내용이란 게 "입법의원 의장이나 민정장관에 대한 공격 삐라 또는 포스터를 첨부하는 것을 보고도 경찰이 단속을 않았다는 것은 교통 정리하는 순경들이 무관심하게 보았던 관계였는지……" 운운하는 어처구니없는 내용이었다.

정치 모략 얘기가 나왔으니 이듬해인 1948년 2월에 일어났던 안재홍 장관에 대한 음해 사건도 얘기하지 않을 수 없다. 하루는 내가 안장관을 찾아가 담소를 나누고 있는데 비서관이 들어와서 누가 찾아왔다고 알렸다.

"지금은 얘기 중이라 만날 수가 없네."

안장관이 비서를 내보냈는데, 조금 후에 그 비서관이 다시 들어왔다. 그리고는 웬 봉투를 내밀었다.

"아까 그 사람이 이 봉투를 두고 갔습니다."

"알았네."

안장관은 무심히 봉투를 받아서는 곁에 놓고 나와 얘기를 계속했다.

그런데 아무래도 내 눈에 그 봉투가 수상했다. 나는 그에게 봉투를 열어보라고 권했는데 열어보니 그 안에 당시 돈으로 1,200만 원인가의 액수가 적힌 수표가 들어 있었다. 수표를 보낸 사람은 당시 공창조합(公娼組合) 책임자였다. 일제 때 고등계 형사로서 수백 명의 독립투사를 잡아넣은 공로로 경찰 최고훈장까지 받았고 해방 후에는 월남한 친일 경찰들을 군정 경찰에 진출할 수 있도록 하는 데 앞장선 인물이었다.

그가 안장관에게 고액의 수표를 건넨 것은 공창 폐지 문제와 관련해서 안장관을 모략하기 위해서였다. 공창제도는 1947년 10월 28일 폐지령이 공포됨에 따라 곧 폐지될 운명에 처해 있었으며, 타격을 받게 된 공창 관계자들은 폐지 시기를 연기하기 위해 교섭을 벌이고 있었다. 안장관은 물론 공창을 반대하고 있었는데, 최연이 그에게 돈을 보낸 것이었다.

봉투를 열어보고 깜짝 놀라 안장관에게 말했다.

"이거 큰일 납니다. 어서 가지고 온 사람을 붙잡아서 도로 돌려보내십시오."

안장관 역시 놀라서 다급히 사람을 불러 지시를 내렸고, 다행히 돈을 가지고 온 사람을 잡아서 돈을 돌려보내게 되었다.

그런데 이튿날 신문을 보니 "민정장관이 공창 폐지 연기를 조건으로 공창조합에서 돈을 받았다"는 내용의 기사가 실려 있었다. 거리 여기저기에는 안장관을 비난하는 벽보도 어지럽게 나붙었다. 경찰청장 장택상은 안장관을 소환하겠다고 으름장을 놓는 한편, 그 사건에 대한 감상을 묻는 기자들의 질문에 "내가 가진 인적·물적 증거로 보아서 불행히 조선 자매의 몸판 돈을 사취한다는 것은 가증 가살(可殺)할 일이다"라는 극언을 해대는 판국이었다. 행정부 최고수반을 경찰청장이 공공연히 모략하고 나선 것이다.

몽양, 쓰러지다

1947년에 들어와 좌우 합작위원회의 활동은 좌우 양쪽에서 펴는 협공과 여운형의 정계 은퇴 선언 등 악재가 겹쳐 침체일로를 걷고 있었다. 이에 따라 합작위를 중심으로 중간 세력을 재집결시켜 보려는 노력이 수차례 시도되었다.

그 중 내가 직접 참여한 것은 당시 『한성일보』(1947년 1월 30일자)에 기록이 남아 있어 확인할 수 있는데, 1947년 1월 29일 합작위를 중심으로 민주주의 원칙 아래서 정계를 재편성하기 위해 11개 정당·사회단체의 통합을 모색했던 일이다. 신문에는 사민당, 신진당, 청우당 등등 중도 정당 단체들과 함께 기독교청년회가 내 이름과 함께 기록되어 있다.

1947년의 정계 역시 숨가쁘게 흘러갔다. 5월 21일에는 제2차 미소공동위원회가 열려 역시 난항을 거듭하고 있었고, 합작위에서 박건웅과 함께 선전부 차장으로 일하던 나는 학생운동 등 다른 활동도 하면서 매우 바쁘게 뛰어다녔다. 그러던 중 나는 합작위가 위원 수를 확대할 때 추가위원으로 임명되었다. 김규식 박사가 의원 수를 확대시키자는 제안을 하면서 "왜 늙은 사람만 임명하느냐. 청년 대표도 위원에 포함시키자"고 제안을 해서 내가 들어가게 되었던 것이다. 그것이 1947년 6월 13일의 일이었다.

제2차 미소공위가 속개되고 여러 정치 세력들이 노선과 이해관계에 따라 혼미한 정국을 펼치는 가운데, 7월 3일에는 좌우 합작위원회를 주축으로 중간 노선의 활로를 열기 위해 시국대책협의회가 결성되었다. 김규식, 여운형, 안재홍 등 중간 노선 지도자들과 각 정당·사회단체를 이끌고 있는 사람들 약 80명이 개인 자격으로 회동했는데, 참가자들의 사상적 폭이 상당히 넓었다.

협의회 결성 모임에는 이승만 반대 세력의 대표자들이었던 김호, 김용중 같은 재미 지도자들도 참석했다.

나도 참석했는데 회동 장소는 한남동에 있는 어느 집이었다. 그 모임과 관련해 가장 기억에 남는 사람은 몽양이다. 처음 김규식 박사가 협의회 결성에 관해 이런저런 얘기를 한 후에 발언 순서를 몽양에게 넘겼는데, 그의 태도가 참으로 엉뚱했다.

"제가 무슨 얘기를 하겠습니까? 제가 좋아하고 존경하는 김규식 박사께서 중국에서 독립운동을 하실 때 지었던 영문시 중에 「양자유경」(揚子幽景)이라는 것이 있는 줄로 아는데, 그 시의 한 구절이나 읽을까 합니다."

그러더니 그 시를 영어로 읽고는 그냥 앉아버리는 것이었다.

그 뒤의 분위기가 어떠했는지는 기억에 없다. 바로 회의가 계속되었는데, 토의된 주요 문제는 임시정부 수립 대책과 미소공위에 보낼 메시지 등이었다. 그런데 사람들이 하는 얘기가 도무지 내 마음에 들지 않아 내가 발언권을 얻어 얘기를 시작했다.

"민족의 지도자이자 선배 어른들 앞에서 나이 어린 사람이 당돌하게 이야기하는 것을 양해하고 들어주십시오."

내가 무슨 얘기를 했는지는 잘 기억이 나지 않는다. 그런데 말을 마치고 자리에 앉자 뜻밖에도 몽양이 내 곁으로 걸어오는 것이었다. 그리고는 내 어깨를 탁 치며 말했다.

"강군, 안 되겠어! 이런 사람들 앞에서 왜 당돌하다느니 미안하다느니 하는 따위의 말을 하는가? 젊은 사람답게 당당하게 얘기해야지."

그러고서 자기 자리로 돌아갔는데, 그날 그의 분위기에는 꼭 집어 말하기는 힘들지만 뭐랄까, 허무적 냉소주의 같은 것이 묻어 있었다. 얼마 남지 않은 자신의 죽음을 예감했을까? 그 일이 있은 후 2주일 정도 지나 몽양은 혜화동 로터리에서 총격을 받고 쓰러지게 된다.

몽양 여운형, 내가 그를 마지막으로 본 것은 그가 죽기 불과 며칠 전이었다. 그는 교회에 있던 우리 집으로 찾아와 "강군이 잘 지내나 한번 보기 위해 들렀지" 하며 들어서더니 방에는 들어오지 않고 잠시 이야기를 나눈 후 일어섰다.

나는 그를 배웅하기 위해 자동차가 세워져 있는 교회 정문 앞까지 함께 나섰다. 차에 오르는 그를 보고 있으려니 그가 자리를 뒷좌석 제일 오른쪽으로 잡는 것이었다. 나는 다가서서 그에게 물었다.

"아니 선생님, 왜 그 자리에 앉으십니까? 가운데로 앉으셔야죠."

"이 사람아, 나는 항상 테러단이 죽이려고 하는 사람 아닌가? 테러단은 가운데를 주로 쏘거든. 그러니 뒷좌석 오른쪽, 여기가 제일 안전하지."

이같은 그의 조심도 소용없이 저격범은 차 뒤에 매달려 위에서 내리쏘았기 때문에 그는 꼼짝없이 명중을 당하고 말았다. 나를 만나고 돌아간 지 채 며칠이 지나지 않아서였다.

1945년 12월에 송진우를 암살한 한현우가 법정에서 한 얘기 중에 놀라운 것이 있다. 자기는 여운형과 송진우 둘을 죽여야 한다고 생각했단다. 여운형을 먼저 죽이려고 그를 미행하다가 종로 파고다 근방에서 쏘려고 했는데, 여운형이 눈치를 챘는지 웃으면서 다가와 "어이 한군!" 하며 손을 내미는 바람에 차마 쏠 수가 없었다고 한다.

여운형은 암살되기 전에도 수차례 테러를 당했다. 늘 좌우익 양쪽으로부터 테러와 암살의 위협을 느끼고 있었기 때문에 경호원을 대동하는 등 신경을 썼으나, 끝내 그들의 마수를 피할 수는 없었다. 기록을 보면, 1945년부터 그가 죽은 1947년까지 무려 이십여 차례에 달하는 테러를 당했다. 집 앞에서 곤봉으로 당하고, 침실이 폭파되기도 하고, 괴한들에게 포위되었다가 행인에게 구출된 경우도 있다. 가장 위험했던 것은 46년 7월 17일의 테러였다.

신당동의 김용기 집에 유숙하고 있던 여운형은 저녁 식사를 마치고 동저고리 바람으로 편지를 부치기 위해 밖으로 나갔다고 한다. 우체통이 가까운 곳에 있던 탓에 느린 걸음으로 다가가서 편지를 막 넣으려는 찰나, 몸이 건장한 괴한 대여섯 명이 에워싸고서 그 중 한 사람이 악수를 청했다. 분위기야 물론 수상했으나 워낙 대범했던 여운형은 스스럼없이 손을 내밀었다. 그러자 이 괴한이 악수한 손을 꼭 잡으며 팔을 비틀고, 다른 한 사람은 권총을 들이대고 소리를 지르면 쏘겠다고 위협을 했다.

그들은 여운형을 끌고 장충동 뒷산으로 갔다. 그곳에서 그들은 여운형을 넘어뜨리고 목을 조르면서 백지를 내놓고는 거기에 서명을 하라고 강요했다. 여운형은 서명한 종이를 무엇에 쓰려는지 알 수 없었지만 혹 자신을 죽인 뒤에 유서를 위조하려는 목적이 아닌가 의심했다.

죽느냐 사느냐의 갈림길에 선 순간이었다. 여운형은 그 짧은 순간 판단의 기로에서 고민하다가 자신이 선 자리 바로 뒤가 깊은 낭떠러지라는 사실을 깨달았다. 순간 한 생각이 섬광처럼 여운형의 머리를 스쳐갔다. 그는 차분한 목소리로 말했다.

"서명을 할 터이니 손을 놓아라."

그들은 손을 놓으며 몽양이 서명하기만을 기다렸다. 몸이 자유롭게 된 몽양은 몇 번 숨을 들이쉰 후 종이를 집어들었다. 물론 그들의 주의를 종이와 손에 집중시키기 위해서였다. 몽양은 이때를 놓치지 않고 필사의 힘을 다해 그들을 밀어내며 몸을 날려 30여 척이나 되는 낭떠러지 아래로 뛰어내렸다. 그렇게 뛰어내리면서 "도둑놈 잡아라!"라고 우레 같은 소리를 질렀다고 한다. 이렇게 되니 괴한들은 달아날 수밖에 없었고 근처를 산책하던 사람들이 달려와 또 한 번 죽음의 위기를 모면할 수 있었다. 이때 몽양은 얼굴과 몸 여러 군데에 상처를 입었다.

이런 위기도 모면했던 그가 결국 자신의 차에서, 그것도 일부러 위험을 피해 앉은 자리에서 총에 맞아 죽게 되다니.

1947년 6월 23일, 우리나라는 국제올림픽위원회 회원국이 되었는데 몽양이 체육회장을 맡고 있었기 때문에 한국올림픽위원회 회장도 겸임하게 되었다. 운명의 7월 19일 오후, 서울운동장에서는 국제올림픽 회원국이 된 것을 경축하기 위해 영국팀과 친선 축구경기가 개최될 예정이었다. 여운형은 여기에 참석하기 위해 집에 들러 옷을 갈아입으려고 전화를 걸었다.

전화는 장녀 난구 씨가 받았다.

"난구냐? 내 돌아갈 테니 갈아입을 옷을 마련해 놓아라. 지금 곧 들어가마."

전화를 받은 아이들이나 부인 진씨는 속내며 와이셔츠, 그리고 몽양이 좋아하는 넥타이와 운동장에 입고 가기에 알맞은 양복과 양말까지 꺼내놓고 기다리고 있었다.

여운형을 태운 차가 혜화동 네거리쯤에 이르렀을 때, 파출소 앞에 서 있던 트럭 한 대가 갑자기 달려나와 몽양의 자동차를 가로막았다. 훤한 대낮이었다. 여운형의 차는 멈출 수밖에 없었다. 여운형 일행이 잠시 어리둥절해하는 찰나, 두 발의 총성이 울리는가 싶더니 여운형이 풀썩 쓰러졌다. 괴한 하나가 자동차 범퍼로 뛰어올라 권총 두 발을 쏘았던 것이다. 오후 한 시의 일이었다.

내가 만난 멋쟁이 여운형

몽양의 노선은 내가 따를 수 없는 다른 길이었지만 인간적으로는 그를 무척이나 좋아했다. 우선 그는 로맨틱한 사람이었고, 한 인물을 평가하는 기준이 되는 신언서판(身言書判)에서 모두 뛰어난 남자였다. 나는 그의 외모에도 감탄을 금할 수 없었다. 그렇게 보는 것이 나 하나만은 아니었던지 그는 정치인으로는 예외적으로 광고 모델로도 가끔 등장했다. 어처구니없지만, 그가 죽었다는 소식을 듣고 가장 먼저 내 머릿속에 떠오른 생각은 '그렇게 잘생긴 사람도 썩을까?' 하는 것이었다. 그의 죽음이 어처구니없는 것이었던 만큼, 내가 떠올린 생각도 그런 것이었다.

하도 잘생긴 사람이라 언젠가 한번 그와 얘기를 나누다 어디 못생긴 데가 없나 하고 그의 얼굴을 곰곰이 뜯어본 적이 있는데, 자세히 살펴봐도 역시 흠잡을 데 없는 수려한 용모였다. 그의 외모에 대한 나의 열등감이었는지, 나는 결국 작은 흠을 찾아내었는데, 그것은 약간 들어간 콧구멍이었다.

그는 용모만 준수한 것이 아니라 말도 설득력 있게 하는데다 대범하고 호탕한 성격의 소유자였다. 그의 말솜씨와 대범함에 대한 일화는 셀 수 없지만, 최근에 발간된 둘째딸 여연구 씨의 『나의 아버지 여운형』에도 소개된, 일본 왕을 만나는 장면에서 특히 돋보인다.

여운형은 1940년 조카인 여경구와 함께 일본에 건너가 직접 일본 왕을 만났는데 자칫 목숨이 위험할 수 있는 상황에서도 굴하지 않고 당당하게 조선의 독립을 역설하였다. 그렇게 당당한 여운형을 보고 일본 왕이 도리어 그가 일본 사람이 아니라 조선 사람인 것을 안타까워했다는 이야기다.

몽양이 중국 쪽과도 각별한 사이인 것을 알고 있는 일본은 2차 대전을 치르는 동안 몽양이 일본을 위해 중국 사신 노릇을 해주면서 친일로 돌아서길 바래 협박과 회유를 계속했는데, 일본의 초청과 일본 왕이 비밀리에 그를 부른 것도 이 때문이었다. 만약 몽양이 친일로 전향을 한다면 그 파장과 효과가 어마어마할 것이므로, 일본은 그것을 노린 것이다. 몽양이 일본 왕을 만나 조선말로 당당히 독립을 주장했다는 이야기는 그 무렵 일본 유학생들 사이에 널리 떠돌았으나 쓸데없는 오해를 피하고자 한 몽양이 그 소문을 일축해버려 그 만남은 공식적인 기록으로 남아 있지 않지만, 통역으로 따라간 몽양의 조카 여경구가 죽으면서 몽양의 딸 여난구에게 들려준 증언 내용은 꽤 구체적이다.

특히 일왕을 만나러 가는 길에 조카에게 몽양이 일러주는 주의사항이 "첫째, 어떤 상황에서도 내가 하는 대로 따라하고 절대로 주눅들지 말 것. 둘째, 나는 조선말을 쓰겠으니 통역을 정확히 하며 내가 언성을 높이면 같이 높일 것. 셋째, 눈길은 앞만 바라볼 것. 넷째, 최후의 시각에도 조선 사람의 기개를 떳떳이 보여줄 것" 등이다.

해방 이후 내가 만난 정치가 중에서 내게 가장 깊은 인상을 준 사람도 몽양 여운형이었고, 인간적 애정과 정치적 입장을 달리한 데서 오는 갈등 때문에 착잡한 심정을 느끼게 했던 인물도 역시 여운형이었다. 이 같은 여운형과의 관계 때문에 나는 그의 추도식 집행위원장을 맡기도 했고, 추모사를 바치기도 했다. 그 일은 지금까지 계속하고 있다.

몽양은 중도 좌파로 분류되지만 사상적으로 워낙 폭이 넓고 스케일이 큰 사람이기 때문에 그를 공산주의자니 사회주의자니 하고 간단히 규정하는 것은 문제가 있다는 것이 내 생각이다.

물론 그에 대한 평가는 여러 가지가 있다. 예를 들어 남로당 간부였던 박갑동은 여운형을 "우유부단한 성격으로 분명한 자기 입장이 없이 우왕좌왕했던 믿을 수 없는 인물"로 혹평하고 있고, 송남헌 같은 이는 그의 책에서 "몽양은 김일성과 가까운 사이로 이북과도 연계가 있었다"고 쓰고 있다. 사실 여부는 알 수 없지만 내가 알고 있는 몽양의 인물됨으로는 김일성과 연관이 있었다손 치더라도 김일성에 의해 좌지우지될 그런 사람은 결코 아니었으며 김일성을 중심으로 한 통일은 생각지도 않았을 것이라고 추측한다. 그에게 정치적 야심이 없었다고는 말할 수 없겠지만, 그렇다고 권력을 잡기 위해 수단과 방법을 가리지 않는 그런 저급한 정치가는 아니었다.

그가 평양에 가서 김일성을 만났던 것도 좌익이니 우익이니, 김일성이니 이승만이니 하는 경계를 넘어 우선 민족을 생각했기 때문에 누구라도 만나 얼마든지 자유롭게 대화를 나눌 수 있는 인물이었기 때문이다. 당시 나는 젊었고 또 정계의 깊숙한 속사정은 잘 몰랐지만 최소한 내가 아는 여운형은 편협한 인물이 아니었다. 흔히들 여운형을 박헌영과 비교하는데, 호탕하고 자유로운 몽양 같은 사람이 박헌영 같은 편협한 공산주의자가 될 수는 없다고 생각한다. 공산당이라면 질색을 하는 김규식조차 여운형에 대해서는 사상적으로 한치도 의심하지 않았던 것만 봐도 잘 알 수 있다.

여운형은 민족주의적 사회주의자라 할 수 있다. 그는 집안을 물려받자마자 노비문서를 태우고 노비들을 해방시켰는데, 그게 공산주의 이념 때문이었겠는가. 단지 인간적인 측면에서 비인간적인 제도와 인습에 일찍부터 반대해온 것이었다. 그는 한국의 독립을 위해 공산주의도 이용할 수 있다고 생각했다. 따라서 공산주의를 절대적으로 신봉하지도 않았고 우파와의 연합도 서슴지 않았다. 그러나 박헌영은 달랐다. 박헌영은 머리끝부터 발끝까지 철저한 공산주의자였다.

여운형의 사상에 대해서는 전문가들이 연구할 일이지만 그가 중국에서 활동하다 일경에 잡혀 고국에서 옥고를 치렀을 때, 그를 조사했던 일본에서조차 그를 공산주의자로 보지 않았던 것이 확실하다. 일제 치하에서 일본은 중일전쟁이나 창씨개명 같은 사안이 생길 때마다 그에게 가서 협조를 구했고(물론 그는 협조를 일절 하지 않았다), 또 해방이 되어 일제가 물러날 때 몽양을 불러 정권을 이양하려고 했던 사실만 봐도 그렇다.

노선과 관련해서 그와 비교할 수 있는 인물이 김규식이다. 중도파는 자기 중심 세력이 없어서 늘 패배할 수밖에 없었다. 좌우합작 때도 김규식과 여운형은 명망 있는 사람들인데다 일반인의 정서를 대표하고 있어 광범위한 지지를 받기는 했지만, 조직력이 없어 구체적인 비전과 이념을 제시할 수 없었고, 조직에서 나오는 힘을 갖지 못했다. 김규식은 특히 몸이 허약했던 것이 적극적으로 정치 활동을 펴나가는 데 걸림돌이 되었다. 김규식도 여운형과 마찬가지로 좌우 합작이 꼭 성공하리라는 확고한 신념이 있던 것은 아니었다. 그럼에도 그들이 합작에 나선 것은 남로당을 중심으로 한 좌파나 이승만과 김구를 중심으로 한 우파 모두를 받아들일 수 없었기 때문이다.

내가 본 여운형은 남자로서 최고의 멋을 갖춘 사람이었고, 세계 어디를 가도 사람들의 이목을 끄는 걸출한 인재였다. 또한 우리나라에서는 거의 유일한 세계적 정치가였다. 그는 일찍이 세계 곳곳을 다니며 민족의 활로를 찾기 위해 고심하고 국제적인 감각을 키웠다. 손문과 레닌, 트로츠키, 보로딘, 미국의 하지 중장, 심지어 적국인 일본의 고관대작들까지 만나 조선의 독립과 통일을 당당하게 이야기했던 이였다.

미국 윌슨 대통령이 주창한 민족자결주의와 파리강화회의를 가장 먼저 의식한 사람도 여운형이었다. 그는 파리강화회의에 대표를 보내기 위해 신한청년단을 결성하였는데(그때는 임시정부가 수립되기 전이었다), 이것이 국제회의에 처음으로 등장한 독립운동 단체였다. 당시 중국 천진에 있던 김규식을 상해로 불러들인 것도 여운형이었고, 김규식이 파리에 가서 조선의 독립을 열강들 앞에서 주장하는 동안 신한청년당원과 김규식의 부인은 국내로 잠입하여 3·1운동에 적극 동참하여 김규식의 활동을 뒷받침하게 되었다.

그가 조선의 독립을 주장하는 논리 역시 국제적인 감각이라고 할 수 있다. 그는 일본의 조선 침략이 동아시아 평화를 깨뜨리며, 이는 결국 세계 평화에 위협을 주는 일이라고 설파했다. 이후 일본이 2차 대전을 일으킨 사실을 보면 그의 식견이 정확했던 것을 알 수 있다. 1946년 『뉴욕 타임스』와 AP통신 인터뷰에서는 그를 가리켜 "한국의 위대한 민주주의자" "진보적 실력자"라고 불렀고 미군정 때 미국 공사였던 랭던은 "인도의 간디와 비견되는 동양의 위인"이라고까지 했다. 서구인들도 민주주의자, 위인이라고 불렀던 이를 우리는 공산주의자로 몰고 헐뜯고 마침내 폐기처분해 버렸다.

몽양의 죽음과 관련하여 아직도 의문이 풀리지 않는 것은 그를 죽인 한지근이라는 사람의 배후가 누구인가 하는 점이다. 당시 미군 정보기관에 깊숙이 관계되어 있던 로버트 키니(Robert Kinney)라는 사람을 하와이에서 만나 물어본 일이 있는데, 그는 "당시 몽양이 공산혁명에 반대했으니 공산주의자들의 작용도 있었을 것"이라고 했다.

그러나 정보기관에서 그 사건을 직접 담당했던 제임스 레이니(James Laney, 현재 에머리 대학 명예총장)는 그와는 다른 얘기를 하고 있다. 나는 그에게 자유주의자, 민족주의자, 사회주의자로서 몽양을 얘기하고 나서 그 같은 면모 중 어떤 것이 그를 죽이도록 한 것 같으냐고 물었다.

그의 대답은, 자기가 조사했던 바로는 공산주의자들이 개입한 것은 아니고, 좌우익의 이념 대립 속에서 사회주의자나 민족주의자들이 많이 죽던 때였으니 그와 같은 맥락에서 발생한 것으로 본다고 했다. 그에 의하면, 배후를 추적하다 보니 조사 대상이 권력 상층부로 올라가면서 콱 막혀버려 더 이상 조사를 진행할 수 없었다고 한다.

몽양은 좌익임에는 틀림없으나 중도 좌익이고 경직된 좌익은 아니었다. 그는 민족 문제라면 우익과도 함께 할 수 있었고, 미국과도 함께 할 수 있었다. 물론 그는 중도 좌파로서 민족주의, 유럽식으로 말하자면 일종의 사회민주주의적인 사고를 견지하고 있었고, 당시 남한의 현실은 그것을 받아들일 정치적 틀이 없었다. 그것을 스스로 알았기에 정치를 하고 싶지 않다는 얘기를 여러 번 했던 것이다. 독립지사로 굳센 의지와 탁월한 능력을 보여준 그가 해방된 조국에서 어지러운 말년을 보내면서 느꼈을 회한과 쓸쓸함, 감회를 젊은 나는 잘 몰랐지만 지금 내 나이에 헤아려 보면 나마저 쓸쓸한 느낌이 든다.

여운형은 열린 인간이었다. 당시 우리나라 사람들은 두 눈으로 세상을 보는 것이 아니라 외눈박이가 되어 사람과 세상을 보았다. 빨갱이의 눈 아니면 극우파의 눈으로밖에는 보지 못했던 것이다.

서로 다른 입장에서 화합을 모색하려면 다른 점은 다르게 보면서도 대화를 나눌 수 있는 열린 눈과 넓은 마음이 필요하다. 여운형은 그런 인물이었던 것 같다. 그래서 외눈박이 소인배들이 어지럽게 설쳐대는 그 시대에서는 지도자가 될 수 없었다. 좌익 외눈박이들도 그를 껄끄러워했고, 우익 외눈박이들도 불편해했으니까. 하지만 앞으로 우리나라가 남북통일을 하고 세계 속의 한국이 될 경우 과거 인물 속에서 지도자 모델을 굳이 찾으려고 한다면 나는 단연코 "여운형이 그 모델감이다"라고 말할 것이다.

합작은 깨어지고 암살만 잇따라

좌우 합작운동과 미소공위가 실패로 돌아가게 된 결정적인 요인 중 하나는 미국의 외교 정책 변화였다. 소련이 동구를 소비에트화하며 노골적으로 팽창 정책을 펼치자 미국도 대소 협조 정책을 버리고 서구 동맹 체제를 발전시키는 한편, 1947년 3월 '트루먼 독트린'을 선언하기에 이른다. 그리고 이에 대해 소련의 대응이 뒤따르면서 세계는 냉전 체제로 돌입하게 되었다.

미국은 9월 17일 미소공위를 포기하고 한국 문제를 유엔에 상정했다. 미국은 유엔에서 다수 회원국의 지지를 얻고 있었으므로 소련으로서는 불리했다. 소련은 미국이 지배하고 있는 유엔에 한국 문제를 이관하는 것은 모스크바 협정에 위배된다며 반대하고 나섰다. 그러나 결국 한국 문제는 유엔으로 넘어갔고 그 결과 11월 14일 남북한 대표 선출을 위한 유엔 한국 임시위원단의 설치를 주장하는 미국의 제안이 총회에서 가결되었다.

이 유엔 결의는 인구 비례에 의한 남북한 총선거를 실시하되 공정한 선거를 보장하기 위해 유엔 한국임시위원단을 설치한다는 것으로, 의도야 통일정부를 상정한 것이었지만 결과적으로 남한만의 단독정부 수립을 초래했다.

우리 문제가 유엔으로 넘어간 것을 두고 국내 정치 세력 사이에는 의견이 분분했다. 좌익은 소련측, 우익은 미국측 입장을 지지하고 나선 가운데 중간 세력은 또 각자 제 목소리를 냈다. 김규식은 유엔 결의에 적극 협조할 것을 표명하면서 유엔위원단 감시 아래 남북 총선거를 적극 지지하고 나섰다.

그런 와중에 12월 2일 장덕수(張德秀) 암살사건이 발생했다. 나는 원래 한민당 인사들과는 별 접촉이 없었으나, 장덕수는 부인 박은혜의 친정이 용정에 있었던 관계로 조금 알고 지냈다. 그는 한민당 계통 사람들 가운데 머리가 뛰어난 편이었고 매일 영어 신문을 읽어 세계 정세에도 밝았다. 하지 장군과의 교제나 교섭도 김성수(金性洙)와 함께 그가 주로 담당했던 것으로 알고 있다.

그가 암살되자 미군정에서는 그 배후로 김구를 지목했던 것 같다. 그 때문에 김구는 재판정에까지 불려나오는 곤욕을 치러야 했다. 김구에 대한 미국의 생각은 민족주의자이자 테러리스트라는 것으로 결코 호의적인 것이 아니었다. 미국은 이승만도 좋아하지 않았다. 좌우 합작을 후원했던 미국은 단독 정부 수립안을 갖고 있던 이승만을 좋아하지 않았으며, 따라서 이승만과 하지, 그리고 미국 국무부와의 관계도 불편한 것이었다.

1946년 12월 이승만이 단독정부 수립안을 미국 정부와 직접 협상하기 위해 도미했을 때 국무부의 태도는 냉담했다. 당시 미국의 한 일간지에 한국 문제를 그린 시사만화가 게재됐는데, 그 내용은 "이승만이 대통령이 되기 위해 미국에 왔으나 미국은 한국 대통령의 옷을 김규식의 몸에 맞게 만들었다"는 것이었다. 하지만 내 생각으로는 김규식 박사 역시 대통령 직책에 맞는 사람은 아니었다. 건강 상태도 좋지 못했을 뿐만 아니라 마음도 약했다.

김규식을 주축으로 명맥을 유지하던 좌우합작위원회는 미소공위의 결렬과 한국 문제의 유엔 이관으로 사실상 해체된 것과 마찬가지였고 대신 중간 세력을 새롭게 결집한 '민족자주연맹'(약칭 민련)이 탄생하게 되었다. 이 민련 결성식은 1947년 12월 20일 천도교 강당에서 거행되었고 의장에 김규식, 부의장에 김붕준, 홍명희, 원세훈, 이극로, 김성규 등이 선임되었다. 결성식에는 미소공위 미국측 대표였던 브라운 소장, 딘 군정장관, 조병옥 경무부장, 장택상 수도경찰청장 등이 참석해 축사를 했다.

민련은 참가 자격을 친일분자와 좌우 양극단을 배제한 중간 진영의 정당·단체나 개인으로 규정했지만, 공산 세력과 조금이라도 연관되어 있으면 철저하게 배제하는 바람에 중간 세력 결집에 노력해왔던 죽산 조봉암 계열마저 제외시키고 말았다. 따라서 이 민련의 성격은 '중간 또는 순수 우익'으로 인식되었다. 이 같은 배경에는 김규식 박사의 공산주의 기피증도 작용했다.

나는 민련 총무국에서 기획업무를 맡았다. 이명하는 조사업무를 맡아 나와 긴밀하게 협력하며 일을 추진했는데, 우리 둘은 총 120명의 중앙위원을 선출하는 일에서도 김박사의 참모노릇을 했다. 그런데 나와 이명하가 중앙위원 후보 명부를 작성해 올리면 그 중 몇 명의 명단이 줄로 그어져 내려오곤 했다. 우리는 왜 그러는지 이유를 알 수가 없었다. 한민당 배경으로 들어와 비서처에 근무하는 송남헌 처장과 권태양이 중간에서 작용을 하는가 해서 김박사를 직접 만났다.

"왜 우리가 올린 사람들 중 ○○○ 등과 같은 사람을 제외시키셨습니까?"

"비록 과거라 할지라도 공산당과 어떤 형태로든 관계 맺고 일하던 사람과는 절대로 같이 일할 수가 없어."

좌우합작은 할 수 없이 했지만, 민련에서는 그럴 수 없다는 얘기였다.

그런데 놀라운 사실은 나중에 알게 된 일이지만 김규식 박사의 비서였던 권태양이라는 사람의 정체였다. 그는 매우 다혈질로 밤낮 "빨갱이놈들, 빨갱이놈들" 하고 소리를 지르며 공산당 혐오증을 드러냈는데, 6·25가 일어난 후에 알고보니 사실은 북로당 계열의 공산주의자였다. 그는 정체를 감추고 민련에 침투했던 것 같다. 전쟁 중에 이북으로 갔다고 하는데, 그 이후에는 소식을 듣지 못했다. 송남헌 역시 사상적으로 비밀스러운 구석이 많은 사람이었다.

이런 상황은 나에게 정치에 대한 실망과 갈등을 안겨주었다. 민련이 정당은 아니어도 그곳 역시 정치 무대의 한 부분이었고 그곳에 모인 사람들의 이중적인 모습 때문에 오래 일하기는 힘들었다. 힘들면 늘 그렇듯이 나는 기독교인으로 돌아가길 원했고 나의 본래 사명인 교회 일에 전념하기로 결정하고 민련을 그만두고 말았다.

경동교회의 장로가 되다

1947년은 우리 교회나 학생운동 모두에서 중요한 변화와 발전이 이뤄진 해였다. 우선 '성 야고보 전도 교회'라는 명칭을 갖고 있던 우리 교회가 '경동교회'로 이름을 바꾸게 된 것이다. 지금에야 아무렇지도 않게 들리는 '성 야고보 전도 교회'라는 명칭은 당시에는 '튀는' 이름이었고 위원제로 운영되는 교회 조직 역시 "이상한 교파를 만든다"는 소문을 낳았다. 따라서 김재준 목사가 소속된 경기노회에서는 우리들에게 교회 이름을 바꾸고 장로회 법에 따라 당회(堂會)와 제직회(諸職會)를 조직하라는 명령을 내렸다.

우리는 말썽이 생겨 명칭을 바꿀 바에는 평범한 것이 좋다고 생각해 '서울 동쪽에 위치한 교회'라는 뜻으로 '경동교회'라는 새 이름을 정했다. 이와 함께 노회에도 가입하게 되어서 경동교회도 제도화된 교회로 거듭나게 되었다.

제도화된 교회가 되기 위해서는 무엇보다 당회를 조직해야 했다. 우리는 김재준 목사를 당회장으로 모셨으나 당회원이 되는 장로가 또 필요했다. 부득이 장로 선거를 해야 했는데, 장로회 헌법에 따르면 이미 장로로 선택된 적이 있는 사람은 등록된 세례교인의 3분의 1 이상의 지지를 받아 취임만 하면 되고, 새로 장로가 되는 사람은 3분의 2 이상의 지지를 받고 난 후 노회에 가서 시취(試取)를 하고 안수식을 하도록 되어 있었다.

장로 선거 결과 김능근(金能根) 장로와 내가 선출되었다. 김능근 장로는 정무 제2장관을 지낸 김영정의 부친으로 이미 함흥에서 장로로 오랫동안 시무해온 사람이었다.

장로가 된 내 기분은 참 착잡했다. 나는 '어른과 노인'이라는 뜻의 '장로'라는 말 자체가 싫었다. 만 서른 한창 나이에 신학교 학생 신분으로 학생운동을 한다고 분주하게 뛰어다니는 나에게 장로는 어울리지 않는 것 같았다. 누가 "강원용 장로님"이라고 부르면 그렇게 멋쩍을 수가 없었다. 한번은 사람들과 극장엘 갔는데, 누군가 "장로님, 여기 자리 있습니다"라고 하는 말을 들었을 때의 기분이란, 내게 맞지 않은 옷을 입은 것처럼 낯설고 어색하고 부끄러운 것이었다.

하지만 교회의 결정을 거부할 수는 없었다. 한동안 갈등을 겪긴 했으나, 결국 교인들의 뜻에 따르기로 하고 노회에 가서 시취를 받고 장로 장립식을 하게 되었다. 그때가 내 아들 대인이를 낳기 바로 전이니 1947년 늦여름이었을 것이다.

그 시절 장로 장립식은 대단했다. 안수식과 축사로 이어지는 식이 끝나자 잔치가 벌어졌다. 새로 장로로 취임하게 된 나에 대한 권면사는 송창근 목사가, 그리고 교인들에 대한 권면사는 김춘배 목사가 하기로 되었다.

그런데 그날 뜻밖에도 김규식 박사가 부인과 함께 식장에 나타났다. 당시 그는 입법의원 의장으로 매우 바빴으므로 일부러 초청장도 보내지 않았는데 느닷없이 그가 나타난 것이다. 아마 이명하에게서 얘기를 들은 모양이었다. 한데 그의 예기치 않은 참석으로 인해 식장에서 해프닝이 벌어지고 말았다.

그 시절엔 입법의원 의장이 움직이면 무장한 호위병들이 따라다니던 때라 그날 우리 교회 앞에 무장한 호위병들이 죽 버티고 서 있었다. 마침 권면사를 하러 교회로 들어오던 송창근 목사가 무장 호위병들과 김박사를 발견하곤 질색을 하면서 권면사고 뭐고 다 팽개치고 그 자리에서 달아나버렸다.

송목사는 너무 화가 나 그 길로 다방에 가서 블랙커피를 일곱 잔이나 연거푸 마셨다고 한다. 내가 김박사를 초청한 줄 알고 장로 장립식에서까지 정치를 한다고 오해했기 때문이다. 나로서는 억울한 일이었지만 그 자리에서는 어떻게 해볼 도리가 없었다.

　그날 김박사는 특별히 축사까지 하게 되었다. 그날 사회를 김박사와는 사촌간인 김관식 목사가 보았는데 김목사가 "지금 이 자리에는 김규식 의장이 와 계신데 정치가로서가 아니라 새문안교회 제1호 장로가 되심으로써 우리나라 장로교회의 첫번째 장로가 된 기독교인으로서 오신 것입니다. 그러니 제일 먼저 장로가 되신 분이 지금 막 새로 태어난 장로에게 한 말씀 해주십시오"라고 요청함으로써 식순에 없던 그의 축사가 끼여들게 된 것이다.

　요청을 받은 김박사는 앞으로 나와 잠시 가만히 서 있다가 잠시 후 말문을 열었다.

　"해외에서 독립운동을 하다가 돌아와서 정치를 하고 있는데 요즘 내 솔직한 심정으론 해외에서 돌아왔건 국내에서 활동했건 기성 정치인들로는 나라를 잘 운영할 것 같지 않아요. 이제 우리들은 물러나고 젊고 새로운 사람들을 키워 물려줘야 하는데, 강원용과 같은 젊은이들이 눈에 띄었습니다. 그런데 듣자니 이 사람이 정치할 생각은 없고 목사가 될 것이라고 하니 나로서는 놀랍고 실망스러운 일이 아닐 수 없어요."

　대략 이런 말을 하더니 잠시 말을 끊고 가만히 있는 것이었다. 그러더니 갑자기 두 주먹으로 책상을 꽝 치면서 소리를 질렀다.

　"잘했어, 잘했어! 정치를 하지 않기로 한 것은 정말 잘한 일이야. 더군다나 한국에서 정치는 사람이 할 일이 못 돼. 아주 잘했어!"

그의 이 같은 언행은 나를 비롯하여 그곳에 모인 사람들에게 큰 충격을 주었다. 당시 그의 복잡한 심경이 그대로 드러난 듯했다.

장로가 되긴 했지만 생활 형편은 여전히 비참했다. 나는 교회에서 살다시피했지만 아내는 입을 옷이 없어 주일에도 교회에 못 나올 형편이었다. 우리 부부야 가난이 새로운 시름도 아니었지만 문제는 아이들이었다. 그해 9월 13일 아내는 큰아들 대인이를 출산했는데, 그애 역시 두 누이들처럼 허약한 몸으로 태어났다.

장로가 되어서 시도한 일 중 하나는 한국 교회 사상 처음으로 남녀 별석을 철폐하고 혼석을 감행한 것이다. '남녀 칠세 부동석'이라는 유교적 규범이 강했던 당시에는 교회에서도 남녀 좌석을 엄격히 구별해서 가족끼리도 한 자리에 앉지 못했다. 그러나 나는 다음과 같이 내 의견을 주장했다.

"이미 버스나 전차도 남녀 혼석이고 극장에 가면 컴컴한 데서도 남녀가 함께 앉는데, 하나님께 예배드리는 교회에서 굳이 남녀를 가르는 것은 넌센스입니다."

지금 시각에서는 남녀 혼석이 아무것도 아닌 일 같겠지만 당시로서는 매우 대담한 일이어서 반발도 만만치 않았다. 우선 교인들부터 쉽게 혼석을 받아들이려 하지 않았다. 습관 때문에 함께 앉는 것을 꺼리는 교인들을 강제로 합석시켰더니, 강제로 시킨다고 불만이 터져나왔다.

김재준 목사도 내 의견을 지지했다.

"속으로는 혼석을 좋아하니까 그대로 계속하면 곧 좋아질 것이야."

김재준 목사의 말처럼 과연 얼마 지나지 않아 어색함이나 불만은 없어지고 자연스럽게 혼석을 받아들이게 되었다.

그러자 이번엔 외부에서 말썽이 생겼다. 다른 교회에서 비난하기 시작한 것이다. 그러나 우리는 남녀 혼석을 계속 고수해 나갔다.

교회를 젊은 학생들로 메우다

경동교회 교인의 대다수는 고등학생과 대학생들이었다. 나는 중고등학생들을 위해 주일 오후에 성경 강좌를 열었는데, 학생들이 몰려와 늘 초만원을 이루었다. 이 같은 성격 때문에 경동교회는 자연스럽게 기독학생들의 근거지가 되었다.

신인회를 얘기할 때 이미 말했지만 경동교회에 나오는 학생들이 각자의 소속 학교에서 기독학생 모임을 만들고, 또 거기에 내가 관여하다보니 경동교회와 기독학생운동은 불가분의 관계가 되었던 것이다.

신인회 조직은 차츰 전국으로 퍼져나가 기독학생운동의 핵심이 되었다. 1947년 여름에는 방학을 이용해 신인회의 주요 멤버들이 수원의 서울대 농대 캠퍼스에서 하기 수양회를 열었다. 전국에서 모인 참석자는 대학생 80명, 고등학생 80명 정도였다. 기간은 대학생과 고등학생 모두 일주일씩이었다. 그때의 사진을 찾아보니 모임의 주제가 '역사를 그리스도에게'라고 되어 있었다. 그때는 말 그대로 우리가 역사를 세워나가는 시기였으므로 '역사'를 강조한 게 당연했다.

수양회 프로그램은 새벽 다섯 시부터 밤 늦게까지 빡빡하게 짜여 있었다. 개인적인 대화를 원했던 참석자들은 프로그램이 끝난 후에도 이야기를 계속했고, 자체적으로 매일 소식지 같은 것을 만들어 돌리기도 했다.

매일 강행군을 거듭하다가 나는 무리를 견디지 못해 수양회 폐회식에서 정신을 잃고 쓰러지고 말았는데 차에 실려 집에 돌아오고 나서도 한참이 지나서야 겨우 깨어날 수 있었다.

기독학생운동과 관련해 1947년 말에 일어났던 특기할 만한 일은 KSCF(Korean Students Christian Federation), 즉 '한국기독학생총연맹'의 결성이다. 이 KSCF 역시 경동교회에서 신인회 멤버들이 중심이 된 것으로, 곧 전국적인 조직망을 갖추게 된다. 이 연맹의 회장은 연회대학 YMCA 회장이던 남병헌이었고, 부회장은 후일 국회의원을 지낸 이화대학 YWCA 회장 김현자였다.

처음 KSCF가 봉착한 난관은 서울대학 기독학생회의 반대 의사 표명이었다. 그들은 당시 신사훈 교수 추종 세력과 무교회주의자였던 함석헌 추종 세력으로 양분되어 있었다. 신사훈은 매우 도덕적인 인물이었으나 독선적인 데가 있었다. 그는 세상을 모두 다 부패한 것으로 보고 독자적으로 '새싹회'라는 조직을 만들어 이끌었다.

이들은 또 다른 기독학생운동 조직이었던 YMCA와도 손잡기를 거부했는데, 그 이유 중의 하나가 YMCA 총무였던 구자옥이라는 사람이 파이프 담배를 피운다는 것이었다. 담배를 피울 만큼 세속화된 사람들과는 가까이 할 수 없다는 것이 그들의 주장이었다. 함석헌 추종 세력은 무교회주의자들이었으므로 반대는 뻔한 것이었다.

결국 기독학생총연맹은 서울대 학생들이 빠진 가운데 구성되었다. 그러나 반대하던 학생들이 졸업을 하고, 대신 고등학교 신인회에서 활동하던 학생들이 입학을 하게 되면서 서울대도 이 연맹에 합류하게 되었다.

우리 세대는 모두 죄인이다

의혹투성이의 장택상 테러 사건

좌우익에 의한 피비린내나는 테러 행위와 잘못된 공권력이 빚어낸 양민 학살 비극은 이미 적은 바 있지만, 경찰에 의한 인권 유린 행위 또한 비일비재했다. 독립운동을 감시하던 일제 경찰들이 그대로 자리를 지키고 있는 경찰은 법을 제대로 지켜 집행한다기보다 과거의 악행을 그대로 답습하는 경우가 더 많았다.

그런 사건 가운데 내가 목격한 것만 해도 몇 건이나 된다. 먼저 얘기하고 싶은 것은 수도경찰청장 장택상 피습 사건이다. 장택상은 조병옥과 라이벌 관계에 있었고 청년들을 자기 편으로 끌어들이고자 청년 모임에도 더러 얼굴을 내비치는 사람이었다.

장택상은 1948년 1월 24일 집 근처에서 청년 두 명에게 수류탄 공격을 받았다. 하지만 그는 무사했으며 현장에서 범인 한 명이 체포되어 수사가 시작되었다. 그런데 며칠 후 신문에 그 저격범이 취조 도중 도주했다는 기사가 실렸다.

바로 그 즈음의 일이었다. 하루는 저녁 무렵 교회에서 일을 보고 있는데, 누군가가 온몸이 피투성이가 된 채 내게로 벌벌 기어 오다시피 다가오고 있었다. 깜짝 놀라 자세히 살펴보니 나와 동향으로서 경향신문 기자로 일하는 사람이었다. 우선 몸의 피부터 닦아주며 어떻게 된 일이냐고 물었더니 경찰서에서 당했다는 것이다. 그는 장택상 저격범 도주 관계 기사를 쓰면서 '장택상 저격범 도주'라고 표현했는데, 고의로 '총감'이라는 직함을 삭제했다는 이유로 그렇게 심한 구타를 당한 것이다.

더욱 놀라운 것은 그 다음 말이었다. 저격범이 도주한 것이 아니라 고문 도중에 죽고 말았으며, 그래서 자기가 항의의 뜻으로 일부러 총감이라는 직함을 빼버렸다는 것이다.

이 사실이 세상에 폭로되어 노덕술 등 관계자들이 구속된 것은 7월 하순에 이르러서였다(그러나 노덕술은 경찰청의 도움으로 기소 전에 도주했다).

고문 경찰관들을 수사한 것은 경무부 수사국이었다. 당시 장택상과 경무부장 조병옥의 관계는 좋은 편이 아니었다. 경무부 수사국에서 발표한 사건 내용은 다음과 같다.

금년 1월 24일 발생한 장 수도경찰청장 저격 사건 혐의자의 한 사람으로 동월 27일 오전 10시경 함북 무산 출신의 박성근(25세)을 체포하여 중부서 형사실에서 취조 도중 노덕술, 최운하 과장은 현장에 출두하여 박성근으로 하여금 자백을 강요하며 노덕술 자신이 곤봉으로 난타하였다. 이어서 김재곤, 백대봉, 박사일, 김유하에게 명하여 물 먹이는 고문 등 전후 3시간 동안에 걸쳐 고문을 계속하여 절명케 한 후, 노덕술은 수도청 관방으로 김재곤, 박사일을 불러 동 혐의자가 달아난 것처럼 가장하기로 하고, 이튿날 오전 2시경 취조실에서 박사일로 하여금 창문을 열어제치고 고함을 치며 창문으로 뛰어나가 추격하는 듯이 하여 범인이 완전히 도주한 것처럼 하고 박사일, 김재곤은 자동차에 시체를 실어가지고 한강으로 나가 인도교와 철교 사이의 채빙하던 얼음 구멍에 내버린 것이다.

이와 비슷한 예는 그 당시엔 아주 흔했다. 그때 경동교회 건너편 오장동에 신영희의 병원이 있었는데, 한번은 그곳에서 얘기를 나누고 있는 도중에 온몸이 완전히 망가져 피범벅이 된 사람이 필사적인 힘으로 기어들어왔다. 그는 경동교회 뒤편에 있던 모 우익 학생단체의 근거지에 끌려가 갖은 고문을 다 당했다고 한다. 고문자들은 그가 죽은 줄 알고 4층에서 떨어뜨렸는데, 구사일생으로 목숨이 붙어 병원까지 기어왔다는 것이다. 하지만 그는 경찰에 신고하는 것은 고사하고 숨어서 치료를 받아야 했다.

이러한 폭력적인 사형(私刑)과 인권 유린은 정치와 관련된 사람에게만 국한되어 일어난 것이 아니었다. 시절이 험악하다 보니 세상일에 관여하지 않고 조용히 생업에만 종사하는 사람도 재수 없으면 폭력의 마수에 걸려들기 십상이었다.

그 무렵 우리 교회당 앞터에는 아버지의 인척인 염형석이라는 사람이 양철로 물건을 만들어 생활하고 있었는데 그는 이미 말했듯 도인 같은 사람으로 정치나 세상사에 전혀 관심이 없었다.

그런데 하루는 그가 별안간 행방불명이 되더니 얼마 후 병신이 다 되어 돌아왔다. 경찰서에 끌려갔던 게 분명한데, 사실을 말하면 다시 잡혀간다며 입을 다물어버려 그가 왜 잡혀갔는지, 가서 어떻게 당했는지는 끝내 알 수 없었다. 그 역시 쉬쉬하면서 망가진 몸을 치료해야 했다.

혁명가에게는 낙관적인 마음이 필요하다

1948년의 정국은 유엔 결의에 의한 남북한 총선거 문제를 둘러싸고 어느 때보다 분열과 혼란이 심했다. 1948년 1월 초에는 유엔 한국임시위원단이 입국하기 시작했으나, 곧 소련에 의해 북한 방문이 거부됨으로써 난관에 봉착하게 되었다. 이에 따라 국내 정치 세력은 남북 통일정권 수립을 위한 남북 정치요인 회담을 개최하자는 김구, 김규식계와 남한 단선을 주장하는 이승만 계열로 양분되었다. 이른바 남북 협상파와 단선 단정파의 대립이었다.

김구, 김규식이 김일성에게 남북 정치회담을 제의하는 서한을 발송하는 등 남북 협상 준비를 하는 가운데 2월 26일 유엔 소총회에서 가능한 지역만 총선거를 실시하는 안이 압도적으로 가결되고 말았다. 남한만의 단독 선거가 결정되고 만 것이다.

하지만 통일정부 수립을 지향하는 정치가와 국민들은 단선 단정을 반대하며 남북 협상을 계속 추진했다. 김구의 비상국민회의와 김규식의 민족자주연맹의 인사들이 주동이 되어 협상을 추진할 새로운 단체를 구성했는데, 나도 이 단체에 간부로 참가하게 되었다.

그러나 이미 민련에서 정치 세계에 환멸을 느꼈던 나는 갈수록 소극적이 되어갔다. 조직이라는 것에 대해 상당히 회의적일 수밖에 없었던 것이, 이 단체에 속한 사람 가운데 이상한 사람들이 너무나 많았다. 남북 협상을 추진하기 위해 모였는데도 김규식 박사의 비서였던 권태양은 여전히 "빨갱이놈들은 다 죽여야 해"라는 말을 입에 달고 다녔다. 이들이 조성하는 이중적이고 기만적인 분위기는 정치 활동 자체에 대한 나의 신념을 무너뜨리고 말았다.

거기에다 젊은 청년인 나를 더욱 소극적으로 만든 것은 무엇보다 내가 믿고 따를 만한 지도자나 정치 세력이 없다는 것이었다. 겉으로는 협상이니 뭐니 하며 손을 잡는 듯하다가도 등을 돌리고 나면 상대를 걸고넘어지는 정치판의 행태에 더 이상 나의 신념과 이상, 그리고 순수한 꿈을 걸 수가 없었다. 당시 우리가 처했던 상황이 자주적인 해결책을 찾기 어려운 난국이어서 그랬는지는 몰라도 모두가 길을 잃고 헤매는 것처럼 보였다.

이미 밝혔듯이 나는 직접적인 체험을 통하여 반공 의식을 갖게 되었다. 그러나 그렇다고 해서 친일파와 대지주 자본가들로 구성된 한민당 같은 데를 지지할 수도 없었다. 분단을 고착화하고 동족 상잔을 부를지도 모르는 이승만의 단독정부 주장에는 더더욱 찬성할 수 없었다. 비록 그것이 미국의 정책으로 우리에게 실현될 가능성이 가장 높다는 것을 알고는 있었지만, 일제의 식민통치에 시달린 우리 민족에게 분단이라는 그런 어리석은 선택을 하도록 내버려둘 수는 없었다. 결국 중간적인 입장을 취할 수밖에 없는 처지였다. 하지만 내가 따랐던 중간 세력 역시 내게 희망을 주지 못했다. 남북 협상만 해도 현실적으로 보면 희망을 걸기가 어려웠다. 당시의 젊은이들과 일반 국민들은 누구를 따라야 할지 몰라 우왕좌왕하며 차츰 절망해갔다.

김구, 김규식의 남북 정치 회담 제의 서신이 발송된 지 40일 정도가 지난 3월 25일 밤 평양방송에서 '전조선 정당 사회단체 대표자 연석회의'의 초청장이 이남의 정당들에 발송되었다는 보고가 있었고, 이어 27일에는 김구, 김규식 등 협상파 지도자들에게 초청장이 도착했다. 이에 따라 각 정당·사회단체에서는 이의 참가 여부를 놓고 의론이 분분했고, 이승만과 한민당을 중심으로 한 단정파와 협상파 간의 대립이 더욱 첨예해졌다.

결국 김구, 김규식, 조소앙, 홍명희 등 협상파 지도자들은 이북에 특사를 파견해 사전 조정 과정을 밟은 후 북행을 결심하게 되었다. 그 소식을 접한 나는 김규식 박사를 찾아가 "이번 일은 하시면 안 됩니다" 하며 반대를 했다. 그러자 그는 "나도 사실은 굉장히 갈등을 겪고 있다"면서 자신의 심경을 토로했다.

"내가 지금 정치를 그만두고 은퇴를 하면 모를까, 정치를 하는 이상은 내 지지 세력의 뜻을 받아들여야 하네. 나를 지지하는 사람들 역시 우리가 김일성과 만난 합의에 이를 수 있을 거라고 믿는 건 아니야. 다만 이승만 박사의 단정 주장을 반대하는 방법으로도 효과가 있으니 추진하자는 것이네."

김박사는 단정에도 반대 입장이었지만 김일성의 통일정부 수립안도 전혀 믿지 않았다. 사실 내가 아는 한 김규식 박사는 김일성이 초청하는 남북 회의에 참석하고 싶은 심경이 아니었다. 따라서 그는 가능한 한 그것을 피하려 했다. 그는 남북 협상을 위한 북한과의 대화 과정에서 비서인 권태양과 배성용을 북에 특사로 보내 "김일성이 내가 제시하는 5원칙을 수락하지 않는다면 북한에 가지 않겠다"는 조건을 내걸었다.

그가 제시한 5원칙은 독재정권 절대불가, 사유재산제 인정, 총선거, 외국군 문제 등 사실상 김일성이 도저히 받아들일 수 없는 것들이었다. 그런데도 김일성은 그 원칙을 수락한다는 회답을 보내왔고 결국 우사도 북행을 피할 수 없게 된 것이다.

나는 김구 선생도 찾아가 "김일성식 공산당과 무슨 협상을 어떻게 하시겠다는 겁니까?" 하고 물은 일이 있다. 그때 그가 마지막으로 했던 얘기가 기억에 남는다.

"혁명가는 모든 것을 낙관적으로 보아야 혁명을 이룰 수 있지 자꾸 비관적으로 보기 시작하면 혁명이 불가능해져."

김구 선생은 옆에 있으면 꼭 바위를 대하는 듯한 느낌을 주는 사람이었다. 두툼한 입술처럼 말도 무겁고 어딘가 장엄한 데가 있었다. "내가 가서 성공을 하지 못하면 오다가 38선에서 죽을 각오가 되어 있다"라고 언명한 김구 선생은 4월 19일 북행을 말리러 경교장에 온 학생 등 군중들을 피해 뒷문으로 빠져나가 평양으로 향했다.

김구 선생의 확고한 의지에 비해 김규식 박사는 좀 달랐다. 그는 내적 갈등을 해소하지 못한 채, 이틀 뒤인 21일 민련 대표들과 함께 서울을 출발했다. 출발하는 날 아침 그는 나를 집으로 오라고 하더니 부인과 가족들이 모인 가운데 기도를 해달라고 해 함께 기도를 올렸다.

김구, 김규식이 주도한 남북 협상은 이미 역사적 판단이 내려졌듯 그들의 민족적 순정이 김일성에게 이용당하는 결과를 가져오고 말았다는 것이 내 생각이다.

이단사건과 종교재판, 그리고 무기정학

남북 협상으로 한창 국내 정세가 시끄러울 때 기독교계는 교계대로 이른바 김재준 목사 이단 사건으로 내부 분열이 심화되었다. 사건의 발단은 1947년 4월 18일 대구 제일교회에서 개최된 제33회 조선 예수교 장로회 총회에서 비롯되었다. 김재준 목사를 자유주의 신신학자로 규정, 그의 사상에 이단성이 있다는 진정서가 조선신학교 학생 51인의 연서 날인으로 총회에 제출된 것이다.

이에 총회는 조사위원회를 구성해 김목사를 심문한 후 그를 신신학자로 확정했고, 다음해인 1948년 4월 20일 서울 새문안교회에서 열리는 제34차 총회에서 그를 강제로 1년 간 미국에 유학보낸다는 보고를 상정하도록 되어 있었다. 문제의 진정서를 제출한 학생들 뒤에는 김목사를 축출하려는 보수파 목사들과 선교사들이 있었다. 그 때문에 학교 내부에서도 얼마든지 토론할 수 있는 문제가 총회에까지 올라가 큰 문제로 비화된 것이다.

은진중학 시절부터 김재준 선생과 각별한 관계를 맺어온 나로서는 그 같은 결정을 수수방관할 수 없었다. 더군다나 조선신학교의 현직 학생회장으로서 이 문제를 어떻게 대처할까 고민하고 있는데 밤에 송창근 목사가 나를 부르더니 은근히 힐난하는 투로 말했다.

"그래, 너희 청년들은 그 못된 늙은이들이 죄 없는 김교수를 간교한 방법으로 추방하려는데 그저 보고만 있는 거냐?"

그 다음날이 김목사에 관한 결정을 내리도록 되어 있는 총회가 열리는 날이었다

송목사에게 잘 알아서 하겠다고 말씀드리고 나온 나는 학생회 임원들과 상의한 후, 다음날 총회장인 새문안교회에 학생들을 스무 명 정도 동원했다. 그리고 "김교수의 이단설에 대해 그에게 직접 배우고 있는 학생들의 대표에게 발언할 기회를 달라"며 언권 신청서를 제출했다. 당시 총회법에 의하면 언권 신청이 들어오면 서기가 총회장에게 물어서 허락을 얻도록 되어 있는데, 그때 서기는 아예 내 언권 신청을 묵살해 버렸다. 총회의 상황은 정치부에서 보고를 한 다음 아무런 토론도 없이 "가(可)하면 '예' 하시오"라고 한 후 사회봉만 딱딱 두드리면 김교수에 대한 결정이 끝날 판이었다.

내 언권 신청이 묵살된 가운데 정치부의 보고가 시작되어 김재

준 목사 얘기를 끄집어내고 있었다. 내가 다급하게 "언권을 달라"고 소리를 질러대자 보수파로부터 "가만히 앉아 있으라"는 반박이 나왔다. 나는 더 큰 소리로 언권을 달라고 주장했지만 계속 거부될 뿐이었다. 나는 더 이상 참고 기다릴 수가 없어 앞으로 뛰어나가 총회장 이자익(李自益) 목사의 사회봉을 빼앗았다. 그리고 서기의 멱살을 잡고 왜 언권 신청을 묵살했느냐고 따지면서 서기록을 던져버렸다.

그렇게 되자 총회장은 아수라장으로 변했고 더 이상 회의를 진행할 수 없게 되어버렸다. 총회장은 정회를 선언했고 송창근 목사가 나와 "학장으로서 학생들이 소란을 피운 것을 죄송스럽게 생각한다"는 사과의 말을 했다.

일이 끝난 후 나는 송목사에게 칭찬을 들을 줄 알았다. 그런데 그는 뜻밖에도 화를 내며 우리를 야단치더니, 결국 이사회의 압력 때문에 나를 비롯한 주동학생 5명을 무기정학시키고 말았다.

몹시 화가 나서 송목사를 찾아가 그럴 수가 있느냐며 항의를 했다. 그랬더니 그는 탄식하듯 말했다.

"이 어리석은 녀석아, 내가 청년들이 왜 가만히 있느냐고 했지 학생들이라고 하더냐? 네가 청년회 간부니 청년들이 나서보라고 말한 것인데 학생들을 동원시키면 어떻게 하느냐?"

어쨌든 이 사건으로 무기정학을 당하게 된 나는 김재준 선생의 권유와 배려로 복교하게 될 때까지 한동안 쉬어야 했다. 우여곡절 끝에 내가 조선신학교를 졸업하게 된 일자는 1948년 10월 28일이었다.

정치적 니힐리즘, 5·10선거

평양에서 돌아온 김구와 김규식이 5월 6일 북행 결과에 대한 공동 성명을 발표하고 남한 단선을 반대한다는 입장을 계속 천명하는 가운데, 5월 10일 단독정부 수립을 예고하는 단독 선거가 유엔 한국임시위원단의 감시 아래 실시되었다. 제헌의회를 구성하기 위한 남한 지역만의 총선거였다. 이 선거는 김구와 김규식이 이끄는 한독당과 민족자주연맹뿐만 아니라 이승만과 한민당 세력을 제외한 거의 모든 정치 세력, 모든 국민이 반대하고 나선 선거였다.

5·10선거를 앞두고서도 미군정은 김규식 박사에 대한 미련을 버리지 못하고 선거 이후의 정국에 그를 내세우기 위해 접촉을 해왔으나, 그는 단선으로 탄생되는 정권에는 어떤 형태로든 참여하기를 거부했다. 남한만의 단독정부의 앞날이라는 것이 분단을 고착시키고 동족간의 전쟁을 불러일으킬 것이 뻔한데, 김규식은 그런 민족의 희생을 담보로 대통령 자리를 탐낼 사람이 아니었다. 그러나 5·10선거에 대한 그의 입장은 '불반대, 불참가'라는 좀 애매한 것이었다.

기독교계는 유감스럽게도 이 선거에 대해 거의 무조건적으로 이승만을 지지하고 나섰다. 이른바 기독교 선교대책위원회라는 것을 조직하곤 교회마다 지부를 만들어 노골적으로 이박사를 지지했는데 이런 양상은 1960년 3·15부정선거 때까지 되풀이되었다. 하지만 우리 경동교회의 입장은 남북 분단을 초래할 그 선거를 지지할 수 없었다. 게다가 교회가 정치싸움에 뛰어들어 어느 한 편을 지지하면서, 그에 반대하는 사람은 죄다 용공으로 모는 그릇된 풍조에는 동조할 수가 없었다.

내 입장은 자연 난처하게 되어갔다. 선거 참여를 독려하는 선전문이 교회로 오고 사람들이 찾아오곤 했는데, 나는 선전문 따위가 오면 그냥 없애버리곤 했다. 마찰은 교회 내부에서도 일어났다. 우리 교회의 장로 한 사람이 예배가 끝나자 앞으로 나와서 "이번 5·10선거를 반대하는 것은 공산당을 지지하는 것이기 때문에 우리 교회는 꼭 이 선거에 참여해야 합니다" 하고 교인들을 향해 선거 참여를 강권하는 발언을 했다. 나는 가만히 있을 수가 없어 교회가 이번 선거에 개입해서는 안 된다고 반박을 했다. 절대 다수의 신도는 내 입장에 동조했지만, 선거 때문에 교회 내부에서 의견 다툼이 생긴 것은 어쨌든 유쾌하지 못한 일이었다.

김구, 김규식 등의 협상파와 좌익의 거센 반대에도 불구하고 5·10선거는 예정대로 진행되었다. 이박사는 임정요인으로서 한독당을 탈당하고 독립촉성국민회에 가입한 신익희(申翼熙)를 선거에 적극 참가하도록 하고, 중간파 중에서 조봉암(曺奉岩)을 선거에 끌어들여 각 정치 세력이 선거에 참여한 것처럼 모양을 꾸미면서 선거를 추진해 나갔다.

조봉암으로서는 다른 선택의 여지가 없었을 것이다. 좌익에서도 받아주지 않았지만 한때 공산주의에 연루되었다는 자신의 과거를 씻기 위해서라도 이승만과 손을 잡을 수밖에 없었다. 선거 후 신익희는 국회의장이 되었고, 인천에서 출마한 조봉암은 초대

농림부 장관이 되어 농촌 사업에 열정을 보였지만, 그의 과거와 정치력은 끝끝내 이승만에게는 눈엣가시였다.

기록에 의하면 거센 반대가 있었음에도 전체 유권자의 95퍼센트가 이 선거에 투표를 한 것으로 되어 있는데, 이는 어마어마한 경찰력이 동원된 통제 속에서 선거가 치러졌기 때문이다. 투표를 하고 싶지 않은 사람도 하지 않은 수 없는 그런 상황이었다.

그때 이승만 박사는 동대문 갑구에 입후보했다. 그런데 단독 입후보를 예상하고 무투표 당선을 노리던 이승만과 그의 추종자들에게 도전장을 낸 사람이 있었다. 바로 최능진이라는 비운의 민족주의자였다. 전술했듯이 그는 해방 직후 우리 선린형제단이 운영하던 기숙사가 다른 사람의 손에 넘어가 곤란을 당할 때, 우리를 도와주려고 무척 애를 썼던 인물이다. 그와 나는 그 이후에도 여러 번 만날 기회가 있었다.

그는 미국의 대학에서 체육학과를 졸업한 뒤 흥사단에 관계해 감옥 생활까지 한 민족주의자로 해방 후 월남, 경찰에 투신해서 경무부 수사국장을 지냈다. 그는 조병옥, 장택상과 함께 경찰행정의 3거두로 꼽혔으나 친일 세력이 판을 치던 경찰계에서 그의 입지는 외로울 수밖에 없었다. 그는 대구 폭동 뒤 열린 한미공동회담에서 폭동의 원인이 친일 경찰의 잔존에도 있다고 주장해 조병옥과 대립하다가 결국 경찰에서 물러나고 말았다.

그는 그해 10월 느닷없이 내란 음모죄로 구속되어 실형을 살다가 6·25의 와중에 이적죄로 총살을 당하고 말았다. 그가 그처럼 비극적인 최후를 맞게 된 것은 물론 이승만에게 감히 도전했다는 이유에서였을 것이다.

5·10선거 당시 이박사가 노골적으로 지원했던 사람으로 개신교계의 이윤영(李允榮) 목사와 카톨릭의 장면(張勉) 박사가 있다. 일반 사람들은 장면 박사가 처음부터 이박사의 독재에 대항한 것으로 알고 있는 듯한데 내가 아는 사실은 그렇지 않다. 장면은 이박사의 지지자였다.

나는 기독교도 연맹에서 활동할 때 회의석상에서 장면 박사를 보았는데, 그는 본래 정치는 잘 모르는 사람이었다. 그런데 이박사가 카톨릭 세력을 자기 편으로 끌어들이려는 계산에서 그를 적극적으로 밀었던 것 같다. 내 기억에 역시 카톨릭 신자였던 시인 정지용과 남상철이라는 사람은 김구 선생을 지지했다. 특히 정지용은 여운형의 지지자이기도 했다.

이박사는 자기의 세력 기반으로서 기독교 세력을 상당히 중시했다. 그는 역사적인 제헌국회 개원식에서 이윤영 목사가 기도를 올리는 순서를 집어넣어 다른 종교를 가진 의원들의 항의를 받기도 했는데, 이는 결코 실수가 아니라 이박사의 정치적 계산이었다. 국회에서 사람들이 보는 가운데 장면 박사를 일부러 불러 귀에 대고 뭔가를 소곤거리곤 한 것도 무슨 특별한 밀담이 아니라 사람들을 의식한 제스처에 불과했다고 나는 생각한다.

어찌되었든 5·10선거를 계기로 한민당과 손잡고 정권의 전면에 나서 자신의 자리를 굳히게 된 이승만은 이번에는 동상이몽 관계에 있던 한민당을 견제하면서 차츰차츰 자신만의 권력을 구축하기 시작했다. 원래 내각책임제 형태로 기초되었던 헌법이 이박사의 뜻에 따라 하룻밤 사이에 대통령 중심제로 바뀌고, 그 헌법에 따라 7월 20일 이승만이 대한민국의 초대 대통령으로 선출되었다.

8월 15일에는 대한민국 정부가 수립되어 미군정이 막을 내리게 되었지만 이 출발은 온 국민에게 희망을 불러일으키지는 못했다. 외세의 간섭에다 정치 세력간의 다툼과 분열로 반쪽만의 정부를 세우는 데에도 제대로 합의를 이루어내지 못한 채 탄생한 정부는 이승만 대통령과 한민당 천하로 그 길을 열기 시작했다. 이박사가 자신과 다른 견해를 가진 정치적 반대자들을 어떤 수법으로 다룰지는 보지 않아도 뻔했다.

조국 분단의 원죄를 안고 태어난 대한민국의 탄생 앞에서 소박한 애국심만 갖고 뛰어다녔던 나와 같은 젊은이들은 커다란 좌절을 느끼지 않을 수 없었다. 그 좌절과 실망은 마음을 다잡을 수 없을 정도로 심각한 것이어서 그 동안 뛰어다니면서 발에 묻힌 먼지 한 티끌까지 죄다 털어내고 싶은 심정이 되어 산 속에 들어가 숨어버릴 생각까지 할 정도였다.

친일파와 민족 반역자를 몰아내고 공산당이나 극우 독재 세력은 배제하고 통일된 민족국가를 세우기 원했던 나의 꿈이 수포로 돌아가고, 조국은 반으로 나뉘어 한쪽은 공산국가, 또 한쪽은 극우 독재 세력이 차지하고 말았으니 나는 심한 정치적 허무주의, 아니 거의 정신적 공황 상태가 되고 말았다. 게다가 친일파는 건재하고 민족 반역자들이 오히려 공권력을 휘두르는 위치에 앉아 있는 세상을 살아가야 한다고 생각하니 일제시대 못지 않은 암담

함과 절망감을 주체하기 힘들었다. 우리 국민은 이런 절망과 회의 속에서 새 나라의 역사를 시작한 것이다.

만약 오늘날 어느 젊은이가 우리 정치는 왜 이 모양밖에 되지 못하는지, 왜 국민들은 정치에 희망을 갖지 못하고 불신하게 되었느냐고 묻는다면, 나로서는 할 말이 없다. 내가 젊었을 때, 건국의 기초를 닦는 역사적 책임이 우리 세대에 주어졌건만 그 역사적 부름에 우리가 만들어낸 역사적 응답이라는 게 그렇게 뒤틀리고 기형적인 세상이었다. 그러니 우리 세대는 모두가 죄인이다. 두 눈 멀쩡히 뜨고서 나라를 토막내고 가장 저급한 정치의 씨앗을 뿌려놓았으니 우리 세대 모두는 그 죄인이며 그 피해자이다.